JN165000

意見文産出におけるマイサイドバイアスの生起メカニズム
―― その克服支援方法の検討 ――

小野田 亮介 著

風間書房

目　次

序章　はじめに……………………………………………………………… 1

第Ⅰ部　問題と目的……………………………………………………… 9
第1章　意見文産出におけるマイサイドバイアスとその問題……… 11
　1.1　意見文産出におけるマイサイドバイアスを捉える視座……… 11
　1.2　意見文産出におけるマイサイドバイアスを克服する必要性… 24
第2章　意見文産出におけるマイサイドバイアスに影響を与える要因…… 33
　2.1　文章産出プロセスからみたマイサイドバイアス……………… 33
　2.2　意見文スキーマに着目した先行研究の概観…………………… 41
　2.3　理由想定に着目した先行研究の概観…………………………… 49
第3章　本稿の目的と枠組み…………………………………………… 57
　3.1　これまでのまとめ………………………………………………… 57
　3.2　本稿の目的………………………………………………………… 58
　3.3　本稿の枠組み……………………………………………………… 59

第Ⅱ部　意見文スキーマと意見文産出の関連……………………… 65
第4章　文章構造が意見文の説得力評価に与える影響（研究1）…… 67
　4.1　問題と目的………………………………………………………… 67
　4.2　予備調査…………………………………………………………… 72
　4.3　実験1：相対評価法による検討………………………………… 75
　4.4　実験2：独立評価法による検討………………………………… 83
　4.5　考察………………………………………………………………… 87

第 5 章　独立評価法において反論想定と再反論が説得力評価に与える
　　　　　影響（研究 2）……………………………………………………95
　5.1　問題と目的……………………………………………………………95
　5.2　方法……………………………………………………………………98
　5.3　結果………………………………………………………………… 102
　5.4　考察………………………………………………………………… 112
第 6 章　意見文評価が意見文産出に与える影響（研究 3）………… 117
　6.1　問題と目的………………………………………………………… 117
　6.2　方法………………………………………………………………… 118
　6.3　結果………………………………………………………………… 123
　6.4　考察………………………………………………………………… 129
　6.5　第Ⅱ部総括………………………………………………………… 132

第Ⅲ部　立場選択と理由想定の関連……………………………… 137
第 7 章　書き手の立場と理由想定の関連（研究 4）………………… 139
　7.1　問題と目的………………………………………………………… 139
　7.2　実験 1：反論想定の特徴に関する検討………………………… 142
　7.3　実験 2：多様な反論想定を促進する方法の検討……………… 148
　7.4　考察………………………………………………………………… 152
第 8 章　立場選択が理由想定に与える影響（研究 5）……………… 157
　8.1　問題と目的………………………………………………………… 157
　8.2　方法………………………………………………………………… 159
　8.3　結果………………………………………………………………… 162
　8.4　考察………………………………………………………………… 168
第 9 章　立場選択が意見文産出に与える影響―理由想定に着目して―
　　　　（研究 6）……………………………………………………… 171
　9.1　問題と目的………………………………………………………… 171

9.2	方法	172
9.3	結果	175
9.4	考察	184
9.5	第Ⅲ部総括	189

第Ⅳ部　意見文産出におけるマイサイドバイアスの克服支援方法の検討……193

第10章　目標達成支援介入が意見文産出におけるマイサイドバイアスに与える影響—中高生を対象とした検討—（研究7）……195

10.1	問題と目的	195
10.2	方法	202
10.3	結果	206
10.4	考察	213

第11章　説得対象者の差異が児童の意見文産出に与える影響（研究8）…219

11.1	問題と目的	219
11.2	方法	221
11.3	結果	225
11.4	考察	230

第12章　目標達成支援介入が意見文産出におけるマイサイドバイアスに与える影響—児童を対象とした検討—（研究9）……233

12.1	問題と目的	233
12.2	予備実験	234
12.3	本実験	240
12.4	考察	249

第Ⅴ部　総合考察 …… 253

第13章　総合考察 …… 255
13.1　まとめ …… 255
13.2　マイサイドバイアス研究への示唆 …… 257
13.3　意見文産出指導への示唆 …… 265
13.4　本稿の限界と展望 …… 270
13.5　終わりに …… 279

引用文献 …… 281
初出一覧 …… 295
付録 …… 297
謝辞 …… 303

序章　はじめに

　現代社会には，賛成・反対といった二項対立的な思考に陥りがちな「論題」が多く存在している。それは，国政やエネルギー問題など社会全体にかかわるものから，周囲とのいざこざといった身近なものまで，社会の至るところに存在しているといえるだろう (Haidt, 2001; 2007; Kahneman, 2011)。本来，これらの論題に対しては，熟考的・客観的思考に基づいた議論が必要となるが，直感的・主観的思考が先行することで，どちらかの立場に偏重した思考に陥り，立場間の対立が深刻化する場合が少なくない (e.g., Haidt, 2012)。特に近年では，情報通信システムの普及を背景とし，様々な論題に対して個人が「意見文」——Twitterなど数文程度のものから，ブログのように長いものまで——によって自分の意見を示し，他者と意見交流する機会が増加している。そのため，異なる立場の他者に意見を提示する（あるいは，一方的に参照される）機会も加速度的に増加しており，文章だけで意見の妥当性や正当性が評価され，さらには書き手の人格まで判断される状況も増えつつあると考えられる。

　こうした状況において，自分と異なる意見を持つ他者，とりわけ自分と反対の意見を持つ他者に対して，いかに自分の意見を提示し，相互理解を構築できるかという問題は市民生活上の普遍的な課題となりつつある (Haidt, 2012)。実際に，近年では「批判的メディアリテラシー」(Kellner & Share, 2005) や「インターネットリテラシー」(Palincsar & Ladewski, 2006) といったリテラシーの重要性が指摘されており，意見の交流方法の急激な変化に応じて，新たなリテラシーを獲得する必要性が指摘されている。これらの現状は学校教育に対しても，立場の対立を超えて自分の意見を明確かつ説得的に外化する能力や態度の育成を要求するものといえるだろう。

　従来，読み手に対して説得的に自分の意見を提示するためには，一方的に

自分の主張を示すのではなく,「反論に言及した上で自分の主張を述べる」ことが重要だと指摘されてきた (e.g., Ferretti, Lewis, & Andrews - Weckerly, 2009; Ferretti, MacArthur, & Dowdy, 2000; Nussbaum & Kardash, 2005; Wolfe, Britt, 2008; Wolfe, Britt, & Butler, 2009)。より具体的には,自分がなぜその立場(主張)に賛成しているかを示す「賛成論」だけでなく,自分の立場(主張)がなぜ正当性を欠いているのか,あるいはなぜ妥当だといえないのか,といった「反論」についても言及し,その反論に「再反論」を行うことが説得において重要になると指摘されてきたのである。

しかし,反論を想定することは我々にとって必ずしも容易なことではない。なぜなら,我々は意見を主張する際に,自分に有利な賛成論は積極的に提示するものの,自分に不利な反論の提示には消極的になるという認知的偏りを有しているためである (Perkins, 1985, 1989; Toplak & Stanovich, 2003)。このような偏りは,マイサイドバイアス (my-side bias) と呼ばれ (Perkins, 1989),書き言葉 (e.g., Ferretti et al., 2009; Knudson, 1992; Nussbaum & Kardash, 2005; Wolfe et al., 2009),話し言葉 (e.g., Kuhn, 1991; Perkins, 1985) を問わず,意見産出活動[1]においてその存在が広く確認されてきた。マイサイドバイアスはある程度の学習歴がある高校生や大学生においても確認されているため (e.g., Baron, 1995; Nussbaum & Kardash, 2005; Perkins, 1985; Stapleton, 2001; Toplak & Stanovich, 2003),加齢的発達や学習経験に伴って自然に克服されるバイアスではないと考えられる。したがって,学校教育において説得的な意見文産出の能力を育成する上では,マイサイドバイアスの克服に焦点を当てた指導を行うことが必要不可欠だといえるだろう。

そこで本稿では,意見文産出におけるマイサイドバイアスの生起メカニズムの解明を第1の目的とし,その結果をふまえて,学校教育で実行可能なマイサイドバイアスの克服支援方法について提案することを第2の目的とす

---

[1] ここでは,書き言葉による意見文産出と,話し言葉による意見提示や議論時の発話の両方を包括する用語として「意見産出」を用いている。

る。第1の目的を達成するために，本稿では「意見文スキーマ」と「理由想定」という2つの要因に焦点を当ててマイサイドバイアスの生起メカニズムについて検討する。意見文スキーマに着目するのは，「説得的な意見文を産出する」という目標下において，学習者は自分にとっての「説得的な意見文のスキーマ」を活性化し，そのスキーマに沿って意見文を産出すると考えられるためである（e.g., Bereiter & Scardamalia, 1987; Nussbaum & Kardash, 2005; Wolfe et al., 2009; Wolfe, 2012）。たとえば，ある学習者にとっての「説得的な意見文」が賛成論のみで構成された意見文であれば，その学習者は説得的な意見文として賛成論のみの意見文を産出するであろうし，逆に反論想定と再反論を含む意見文を説得的な意見文だと考える学習者は，それらを含む意見文を産出すると予想できる。したがって，学習者がどのような意見文スキーマを有し，それをいかに意見文産出に反映していくのかを明らかにすることで，マイサイドバイアスの生起メカニズムについて理解を深めることができるだろう。

　ただし，学習者がマイサイドバイアスを克服した意見文を「説得的な意見文のスキーマ」として有していたとしても，それだけでマイサイドバイアスの克服が達成されるとは限らない。認知バイアスに関する先行研究では，確証バイアス（confirmation bias）（Wason, 1960; 1969）や，正事例検証バイアス（positive test bias）（Klayman & Ha, 1987）として，我々が自分の仮説や主張に不利な理由の参照に困難さを示すことが指摘されてきた。そのため，反論想定と再反論を行おうとしても，自分にとって不利な理由を想定することが困難であるために（e.g., 反論が思いつかない），結果としてマイサイドバイアスの克服に失敗する可能性もあると考えられる。したがって，意見文スキーマだけでなく，学習者が反論となる理由を想定し，産出できるかどうかもマイサイドバイアスの生起メカニズムを解明する上で重要な観点となるだろう。本稿では，先行研究で示されてきた知見をふまえながら，これら「意見文スキーマ」と「理由想定」という2つの観点を通し，意見文産出におけるマイサイ

ドバイアスの生起メカニズムについて検討する。

　本稿の第二の目的は，これらの検討結果をふまえて学校教育で実行可能なマイサイドバイアスの克服支援方法を提案することにある。その際には，特に実践可能性の高さを重視し，実際の授業において，普段授業を担当している教員が介入を実行する「授業内実験」によってその効果を検証する。これまでにも，意見文産出におけるマイサイドバイアスを克服するための指導方法はいくつか提案されてきたが (e.g., Ferretti et al., 2000; 2009; Nussbaum & Kardash, 2005; Wolfe et al., 2009; Wolfe, 2012)，その中には，実験としては効果が認められたとしても，一対一の指導が必要になるなど，学校教育における日常的な作文指導に取り入れることが困難な方法も含まれていた。したがって，学校教育において日常的に取り入れることのできる支援方法を示すことは，実践的な観点から非常に重要だといえる。

　また，第Ⅰ部で述べるように，マイサイドバイアスの克服支援方法を検討してきた先行研究は，マイサイドバイアスの生起メカニズムを解明することよりも，マイサイドバイアスをいかに低減するかに焦点を当ててきた。そのため，提案された支援方法にマイサイドバイアス低減の効果が認められたとしても，それがなぜ効果的であったのかという説明は十分にはなされておらず，「なぜ学習者は賛成論だけの意見文を書こうとするのか」，「なぜマイサイドバイアスの克服は困難なのか」といった根本的な問いについての回答は得られてこなかった。その点で，先行研究におけるマイサイドバイアスの克服支援方法は，対症療法的なものとして提案されてきたといえるだろう。こうした先行研究の課題に対し，本稿ではマイサイドバイアスの生起メカニズムを解明することで，マイサイドバイアスの克服が困難となる原因を特定し，その原因に対して効果的な介入となる指導方法を検討する。これらのプロセスを通し，実証的知見を基盤として学校教育での実践可能性が高い指導方法を提案することが本稿の主たる目的である。

用語の定義

　本稿に入る前に，いくつかの用語について定義を整理する。本稿では，「意見文」を「論題に対する主張と，主張を正当化するための理由から構成された文章」として定義する。たとえば，学校の校則について自分の意見を述べる作文活動や，小論文・レポート産出，さらには学術論文の執筆といった活動が本稿における意見文産出に該当する。一方，文章産出前の草稿やメモのように，いくつかの理由を個別で箇条書きしているような文章は，たとえ意見を述べている内容であっても「理由」として区別する。なお，意見文に関する研究は，アーギュメント（argument）研究の一部として行われることも多く，「意見文」と対応する言葉としてwriting argumentやargumentative essayといった用語が用いられることもある。しかし，富田・丸野（2004）が指摘するようにargumentの意味は使用される文脈によって異なるため，厳密な定義づけを行うことは困難だといえる。また，そのような用語を用いることでかえって本稿の内容が理解しにくいものとなる可能性もあるだろう。そこで本稿では，アーギュメントではなく，意見文という用語を用いることとする。

　また，学習者がどの立場から意見文を産出しているかを示すために，本稿では「賛成立場」，「反対立場」という表現を用いる。前者は学習者が支持する立場を意味し，後者は学習者の主張と対立する立場を意味する。賛成と反対に立場を限定しているのは，本稿が対立的論題についての理由産出，および意見文産出を求めていることによる。この点については，第3章「本稿の目的と枠組み」において詳述する。

　さらに，これらの立場に対応して，本稿では意見文を構成する理由を「賛成論」と「反論」とに分けて表現する。このうち，「賛成論」とは賛成立場を支持する理由であり，賛成立場の利点や，反対立場の欠点を指摘する理由が該当する。一方，「反論」とは賛成立場に不利な理由であり，反対立場の利点

や，賛成立場の欠点を示す理由が該当する。すなわち，本稿では「意見文」を構成する要素として「理由」を捉え，さらにその「理由」を「賛成論」と「反論」とに分けて捉えていく。ただし一部の研究では，反論をさらに機能ごとに分化して捉えるなど (e.g., 第7章, 第8章)，より詳細に理由の分析を行うため，分析の内容に応じてさらなる下位カテゴリを提示することになる。それらについては，以降の各章でそれぞれ説明を行う。

また，マイサイドバイアスの克服において重視される行為として，想定した反論に対する「再反論」がある。一般に，反論に対する応答には，大きく分けて反駁 (rebuttal)，譲歩 (concession)，却下 (dismissal)，の3つがあると指摘されている (Wolfe & Britt, 2008)。本稿では，却下のように理由なしに反論を否定する発話ではなく，反駁や譲歩のように反論をふまえた上でさらなる主張を述べる発話を「再反論」と呼ぶこととする。

最後に，本稿では小学生から大学生までのそれぞれを特定する場合に，小学生に対して「児童」，中学生と高校生に対して「生徒」，大学生に対して「学生」という呼称を用い，学校教育で学ぶ者全般を指す際には「学習者」とする。

本稿の構成

本稿は5部13章から構成される (Figure 1)。第Ⅰ部 (第1章～第3章) では，先行研究を概観し，意見文産出におけるマイサイドバイアスに着目した研究が教育心理学や認知心理学の領域においてどのように位置づけられるか，および，意見文産出におけるマイサイドバイアスに影響を与える要因としてどのような要因が想定されているのかについて知見を整理する。その中で，先行研究における本稿の位置づけと意義を明確化したい。

第Ⅱ部から第Ⅳ部では，本稿の目的を実証的に検討する。第Ⅱ部 (第4章～第6章) では，学習者がどのように意見文を評価し，その評価が意見文産出にどのような影響を与えるのかについて検討を加える。そして第Ⅲ部 (第7章

序章　はじめに　7

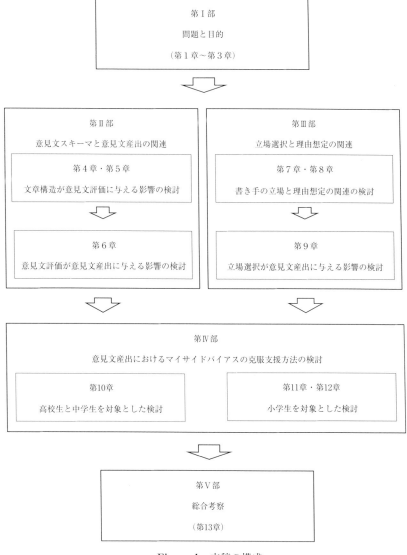

Figure 1　本稿の構成

~第9章）では，「反論の想定はなぜ難しいのか」というマイサイドバイアスの本質に迫る問いについて，書き手の立場と理由想定との関連に着目して検討する。また，第Ⅳ部（第10章～第12章）では，学校教育の作文指導において実行可能なマイサイドバイアスの克服支援方法を考案し，その効果検証を行う。なお，本稿の第Ⅱ部から第Ⅲ部では，ある程度の学習歴を有し，意見文の評価と産出について一定の経験を有すると考えられる高校生と大学生を対象とし，マイサイドバイアスの生起メカニズムについて基礎的知見を得る。そして，その知見を基にマイサイドバイアスの克服支援方法を考案し，第Ⅳ部では継続的に作文指導が行われると考えられる小学生から高校生までを対象に実験的介入を行い，その効果を検証する。

最後に第Ⅴ部（第13章）では，これまでの成果をまとめて，理論的・実践的な示唆と本稿の限界を考察する。

第Ⅰ部　問題と目的

第1章　意見文産出における
マイサイドバイアスとその問題

　自分の意見を説得的に伝えるためには，賛成論をできるだけ多く提示し，自分の立場がどれだけ優れているかを強調することが直感的には効果的であるように思われる。それでは，あえて自分に不利な反論を想定し，それに再反論することが「説得力」を生み出す上で重要になるのはなぜなのだろうか。本章では，意見文産出のみならず，話し言葉による意見提示など，意見の産出活動全般におけるマイサイドバイアスに着目した先行研究を概観し，マイサイドバイアスがなぜ「克服すべきバイアス」として認識されてきたのかを論じる。その中で，先行研究の問題を指摘し，本稿の目的である (1) マイサイドバイアスの生起メカニズム，および (2) マイサイドバイアスの克服支援方法について検討する必要性と意義について考えていきたい。

1.1　意見文産出におけるマイサイドバイアスを捉える視座

　マイサイドバイアスという現象は，David Perkinsとその同僚により，推論プロセスにおける認知的偏りとして確認され (Perkins, 1985)，「自分の立場にとって反論となる情報を無視する傾向」として定義づけられた (Perkins, 1989; Perkins, Farady, & Bushey, 1991)。すなわち，マイサイドバイアスとは「推論プロセスにおいて反論を無視する傾向」を説明するために生み出された概念だといえる。

　ただし，マイサイドバイアスという用語こそ用いられていないものの，意見の構成方法に関する研究では，意見産出における反論想定や再反論の欠如が問題視されていた。特に，Stephen E. Toulminによって提案された

「Toulminモデル」と呼ばれる意見構成モデル（Toulmin, 1958; 2003）では，反論想定の重要性が指摘されており，賛成論だけで意見を構成することが意見の論理的な頑健性を低減するという主張がなされていた。Toulminモデルは直感的に理解しやすく，さらに分析の枠組みとしても援用しやすいことから，反論想定とそれに対する再反論の重要性は，書き言葉，話し言葉を問わず，意見産出に着目する研究において強く認識されることになる（レビューとして，富田・丸野，2004; Nussbaum, 2011）。

これらの点をふまえると，意見文産出におけるマイサイドバイアスは，一つには推論プロセスに着目する中で見出された「マイサイドバイアス」という概念と，もう一つには意見構成方法を検討する中で指摘された「反論想定と再反論の重要性」との重なり合いの中で捉えられる現象だといえる。そこで本節では，(1) 推論プロセスに関する研究と，(2) 意見構成に関する研究，の2つの観点からマイサイドバイアスがどのように捉えられるかを検討していく。これらの検討を通し，本稿における「意見文産出におけるマイサイドバイアス」の操作的定義を行うことが本節の目的となる。

1.1.1 推論プロセスからみたマイサイドバイアス

マイサイドバイアスは，非形式的推論（informal reasoning）について研究していたPerkinsらの研究グループが発見し，定義づけた概念である（e.g., Perkins, 1989; Perkins et al., 1991）。彼らは，立場が対立する問い（controversial question）について発話による意見産出を求め，参加者が賛成論を積極的に発話するのに対し，反論については無視をする，あるいは産出に消極的であることを見出した。ただし，参加者は反論を想定できないのではなく，産出を求めれば，いくつかの反論を産出できることも確認された。このことから，Perkinsらは反論を産出しないのは反論となる情報を知識として有していないためではなく，「自分の立場に不利な情報を無視する」という認知的偏りを有するためだと結論づけ，これを「マイサイドバイアス」と呼んだ。

自分に不利な情報を無視する傾向は，認知心理学の領域において広く知られるバイアスの一つであり，先行研究の知見を参照することでマイサイドバイアスへの理解を深められると考えられる。たとえば，仮説検証において自分の仮説を反証する事例よりも，自分の仮説を確証する事例を調べようとする「確証バイアス（confirmation bias）」がある。このバイアスは，2-4-6課題（Wason, 1960）や，4枚カード問題（Wason, 1969）といった仮説検証課題を用いた実験によって古くから存在が確認されてきた（e. g., Mynatt, Doherty, & Tweney, 1977; 1978）。仮説検証は科学的活動において必要不可欠であり，Popper（1959）による反証主義においては，仮説を反証する事例について確認と検証を行うことが重視されることから，確証バイアスは非合理的，非科学的な思考の特徴として広く認められるようになった。

　その中で，確証バイアスの観点から思考の合理性を論じることの困難さを指摘する研究者も現れた。Klayman & Ha (1987) は，確証バイアスは仮説に対する正事例（仮説と合致する事例）を用いて仮説検証を行う「正事例検証バイアス（positive test bias）」と呼ぶ方がふさわしいと指摘した。なぜなら，いわゆる「確証方略」として正事例による検証を行い，「No」という結果を得たことで仮説を棄却するとすれば，それは実質的に反証方略であり，いわゆる「反証方略」として負事例（仮説と異なる事例）による検証を行ったとしても，「No」という結果を得たことで仮説に対する信頼性を高めるのであれば，それは実質的に確証方略だといえるためである。すなわち，Klaymanらは正事例と負事例のどちらを用いるかによって検証方略が決まるのではなく，どのように事例を用いるかによって方略が決まるのだと指摘したのである。そして，日常生活においては，仮説に対する負事例によって仮説の正しさを検証するよりも，正事例によって仮説の正しさを検証する方が効率的である場合が多いことを示し，正事例検証バイアスが必ずしも非合理的な推論とはならないことを主張した。

　これらの認知バイアス研究は，いずれも我々が自分に不利な情報を無視す

る認知的偏りを有していることを指摘してきたといえるだろう。なお，仮説検証における事例の用い方を区別する上では「正事例検証」という用語が有用であるが，自分の仮説を確証しようとするバイアス自体を指す上では，「確証バイアス」の方が現象をより直接的に表現していると考えられる。そこで本稿では，特にバイアス間の区別が必要な場合を除き「確証バイアス」という用語を用いることとする。

　確証バイアスがマイサイドバイアスと異なる点は，確証バイアスが仮説検証プロセスにおいて，与えられた事例の中からどの事例を用いて検証を行うかという「選択のバイアス」であるのに対し，マイサイドバイアスは意見産出プロセスにおいて，自発的に事例（賛成論・反論）を見出すかどうかという「産出のバイアス」だという点にあると思われる。確証バイアスに思考プロセスを，マイサイドバイアスに産出プロセスを当てはめる場合，想定される批判としては，「思考が産出に先行し，産出の前提的活動となる以上，両者は本質的に同じものとして捉えるべきだ」という指摘が考えられる。しかし，富田・丸野（2004）が「与えられた情報を吟味・検討する能力がありさえすれば，妥当な主張を生成・表現できる能力もあるということを証明した研究はほとんどないだけでなく，その関係を支持しない知見も報告されている」(pp. 189-190) と指摘しているように，思考プロセスにおける確証バイアスがそのまま意見産出に現れると想定することは，安直に過ぎるといえるだろう。その点で，確証バイアスとマイサイドバイアスを区別することには意味があると考えられる。

　ただし，確証バイアスとマイサイドバイアスが「自分に不利な情報や事例を無視する」という現象を示していることをふまえると，両バイアスを区別しながらもその共通点に着目することは，マイサイドバイアスの本質的を捉える上で妥当だといえるだろう。たとえば，マイサイドバイアスがみられる参加者であっても，反論を求めれば産出できる（e.g., Toplak & Stanovich, 2003）ことは，参加者がすでに賛成論と反論という事例を知識としては有しており，

それを理由として選択できないことを示している。この場合のマイサイドバイアスは「自分が有している反論という『事例』を意見産出に用いるかどうか」という，選択のバイアスだと解釈することも可能である。さらに，意見産出という活動自体が本質的には仮説検証と類似したプロセスに基づく活動だと考えることもできる。なぜなら，仮説検証とは「『仮説』の正当性を『事例』によって『検証』する」活動であるのに対し，意見産出とは「『主張』の正当性を『理由』によって『保証』する」活動であり，いずれも主体者が「示したいこと（仮説・主張）」を合理的かつ説得的に示すための活動だという点で共通しているためである[2]。そのため，「仮説の正当性を『仮説を支持する事例』によって検証する」という確証バイアスは，「主張の正当性を『主張を支持する事例』によって示す」というマイサイドバイアスと通底しており，同じバイアスが異なる活動において発現しているのだと解釈することもできる。

このように，確証バイアスとマイサイドバイアスは異なる現象を説明する概念だといえるが，両バイアスが共通する部分を多く含むことをふまえると，マイサイドバイアスの生起メカニズムを解明する上でも，確証バイアス研究の知見を援用することが有意義な試みとなる可能性がある。たとえば，「同じ事例であっても，確証のためには参照されやすいが，反証のためには参照されにくくなる」という確証バイアスが意見文産出においても生起するならば，「同じ理由であっても，主張を支持する賛成論としては産出されやすいが，主張を反証する反論としては産出されにくくなる」という予想がたつ。もしそうだとすれば，賛成論に比べて反論の想定が困難になるのは，書き手にとって反論の内容が想定の難しい内容となっているためではなく，中立的な立場からは十分に想定できるはずの理由が「自分の立場を反証する反論」と意味づけられることで想定しにくくなるためだと考えられる。そして，この仮説

---

[2] たとえば，学術論文の執筆は研究における仮説検証プロセスを文章化する活動だといえるだろう。

に沿って考えていくと，反論想定を促進する上で重要になるのは，学習者が理由を「賛成論」や「反論」として区別し，意味づけることを回避することだと考えられる。たとえば，賛成・反対の立場選択のように，賛成論・反論の区別化につながる行為をやめる，あるいはその影響を低減することでマイサイドバイアスの強さは変化する可能性があるだろう[3]。

このような仮説や予想を想定できる点において，確証バイアス研究の知見をふまえて，マイサイドバイアスの生起メカニズムについて理論的な想定を行うことは，メカニズム解明のための効果的な試みになると考えられる。そこで本稿では，確証バイアス研究の知見を参考としながら，マイサイドバイアスの生起メカニズムについて検討していく。

1.1.2 意見構成の観点からみたマイサイドバイアス

教育心理学，および認知心理学の領域では，いわゆる「良い意見」の評価基準としてToulminモデルが多く参照されてきた（レビューとして，富田・丸野，2004; Nussbaum, 2011）。その結果，Toulminモデルのアイデアは，文章産出研究（e.g. Marttunen, 1994; Kuhn, Shaw, & Felton, 1997; McNeil & Krajcik, 2009; Reznitskaya, Anderson, McNurlen, Nguyen-Jahiel, Archodidou, & Kim, 2001）のみならず，議論活動研究（e.g., Chin & Osborne, 2010; Erduran, Simon, & Osborne, 2004）など意見産出に関わる研究全体に影響を与えることになった[4]。Toulminモデルは一般にFigure 1.1のように表現されており，6つの要素によって論理的な意見伝達が可能になるとされる。

Toulmin (2003/2011) によれば，[①主張] とは結論（conclusion）とも表現されるもので，意見全体の結論として述べたいことを指す。[②データ] は主張の基礎となる事実・情報であり，[③論拠] はデータがなぜ主張を支持し得る

---

3) この可能性については，実際に第Ⅲ章で検討を加える。
4) Toulminモデルがそのまま用いられてはいないとしても，そこに含まれる構成要素の一部は多くの研究において援用されている。

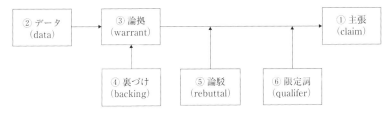

Figure 1.1 Toulminモデル（Toulmin（2003/2011）より製作）

のかを示すものである。そして，［④裏づけ］は論拠の妥当性を示す理論や法則を指す。［⑤論駁］は主張に対して存在する例外をあらかじめ述べるものであり，［⑥限定詞］もまたデータが論拠によって主張に与える力の程度を明示するものである。それぞれの要素についてToulminは以下の国籍の例によって説明している。

①ハリーはイギリス人である［主張］
②彼はバミューダで生まれており［データ］
③バミューダで生まれた人はたいていの場合イギリス人だからだ［論拠］
④それはイギリスの法律によって決まっている［裏づけ］
⑤彼の両親が外国人であったり，彼が帰化したアメリカ人でない限り［論駁］
⑥推定するに［限定詞］，彼はイギリス人だといえよう。

6つの要素によって意見を構成する必要があるのは，日常生活において誰の目から見ても明らかな理論や法則がほとんど存在していないことによる（戸田山，2002）。たとえば，最も古典的な意見構成法の1つである三段論法では，「全ての人間は死ぬ運命にある［大前提］。ソクラテスは人間である［小前提］。ゆえに，ソクラテスは死ぬ［結論］」という意見構成によりソクラテスが死ぬことを論理的に示している。このとき，3つの要素だけで意見の正当性が保証されるのは，「人間は死ぬ」という大前提がどの世界，どの場面でも通用する一般的，絶対的法則であるからに他ならない。しかし，日常生活

において我々が取り組む論題では,ここまで明確かつ正当性が保証された法則が利用できることはほとんどない[5]。そのため,Toulminはデータから主張に至るプロセスを6つの要素によって構成することで,「誰の目から見ても明らかな理論や法則」を提示する代わりに,主張の正当性を保証するためのモデルを提唱したのである[6]。

Toulminモデルにおいて,［データ］,［論拠］,［裏づけ］は［主張］の正当性を示すための要素となっているのに対し,［論駁］や［限定詞］は［主張］の正当性が損なわれる可能性に言及する要素となっている。特に,反論の可能性に言及する「論駁」は,ともすれば読み手や聴き手に不要な(知らせる必要のなかった)情報を与える可能性をもつ要素となっており,その必要性に疑問を感じるかもしれない。この［論駁］の必要性について,Toulminは法廷の例を挙げながら以下のように説明する。

> 「法廷では,単に所与の制定法や慣習法の原則にうったえるだけではなく,個別の法律が,どの程度考慮中の事例に当てはまるのかを明示的に討議することがしばしば必要となる。その法律がこの個別事例に不可避的に適用されなければならないのか,あるいは特別な事情によって事例が規則の例外とされるのか,ただある限定を前提としてのみ法律が適用しうるのかといったことを討議しなければならないのである」(Toulmin, 2003/2011, pp.148-149)

---

[5] むしろ,このような絶対的法則がないからこそ,「自分の意見を分かりやすく,説得的に伝える」ための方略が必要になるのだといえる。

[6] 本節でToulminモデルに着目したのは,このモデルが教育心理学や認知心理学,学習科学といった領域に対して大きな影響力を有してきたこと,そして「反論想定」や「再反論」といった行為の重要性について明確な説明が提示されていることによる。ただし,Toulminモデルもまた,多くの批判を受けていることには言及する必要があるだろう。たとえば,欧米ではToulminモデルに沿った文章が高い評価を受ける一方で,そこから離れた他の共同体によっては低い評価を受ける (e.g., Fahnestock & Sector, 1991; Kochman, 1981) など,Toulminモデルが必ずしも最良の意見構成方法ではないことを示す知見が多く報告されている (e.g., Smagorinsky & Mayer, 2014)。特に,発話による議論活動に着目した研究では,Toulminモデルのように個人内で完結する意見構成ではなく,他者と対話的に意見構成を行うことが必要不可欠であるという指摘から,Toulminモデルを超えた枠組みの必要性を指摘する研究もある (e.g., Leitão, 2000; Nussbaum & Edwards, 2011)。しかし,これらの背景を踏まえた上でも,Toulminモデルに含まれる示唆がいずれも重要であることは疑いようのないものであり,反論想定と再反論の重要性を検討する上で必ず触れる必要のあるモデルであることは間違いないだろう。

ここでToulminは，法的な文脈においてデータや論拠がどのような前提の下で正当性を有するのかについて説明する必要性を指摘している。それは，「論拠が普通のケースではもつはずの権威が，退けられねばならない状況を示す」（Toulmin, 2003/2011, p. 149）ことに他ならない。たとえば，ハリーがイギリス人であることはほとんどの場合において「バミューダ生まれ」のデータと論拠によって示すことができるが，例外となる条件下（e.g., ハリーが帰化している）ではその論理が通用しなくなるため，その通用しなくなる範囲をあらかじめ提示しておくために論駁が必要になるのである。それは，どの文脈でも適用可能な絶対的法則がほとんど存在しない日常生活での意見伝達において，意見の正当性を担保するための重要な行為だといえるだろう。このように，論駁という行為は主張にとって不利な情報を提示するものでありながら，「考慮から除外する必要があること」を明示することで，限定された範囲内での主張の正当性を最大化する方略であり，反論を想定して立論するという重要なアイデアを提案するものであった。

ただし，上述したハリーの例は，あくまでもToulminモデルの構造を簡単に示すための例であり，実際の意見伝達においてはさらに複雑な論駁が必要になる。なぜなら，実際の意見交流場面では例外的な可能性（e.g., ハリーの例における「両親が外国人であること」や「ハリーが帰化していること」）を除外するだけでなく，除外した可能性について「なぜその可能性を考慮から除外する必要があるのか」を説明する必要性がある場合も多く存在するためである。特に，賛成・反対といった立場が明確に分かれるような論題においては，ある立場にとっての「考慮から除外すべきこと」が別の立場にとっての「考慮すべきこと」となる場合が少なくない。そのため，予想される反論を除外するだけでなく，その反論を除外するに足る理由を「再反論」として先に提示しておくことは，意見産出において重要だといえる。

以上のことから，意見産出活動に着目した先行研究の多くは，Toulminモデルにおける「論駁」を反対立場からの反論を想定する「反論想定」と，そ

の反論に対する「再反論」の双方を含むものとして (e.g., Nussbaum & Edwards, 2011)，あるいは，それぞれを2つの要素に分けて (e.g., Chin & Osborne, 2010; Erduran et al., 2004) 分析を行ってきた。たとえば，Chin & Osborne (2010) は，中学校理科の授業を対象にToulminモデルを基盤としたOur argument sheetというワークシートを導入している。このワークシートでは，Toulminモデルにおける「論駁」が「反論想定 (counterargument)」と，「再反論 (rebuttal)」とに分けられており，それぞれについて「自分たちの意見に反対する人はこう言ってくるだろう（反論想定）」と，「もし反対されたらこのように説得したい（再反論）」といった書き出しによる記述の枠が設けられている。Chinらは，このワークシートをグループでの議論活動前に用いることで，自分の意見とそれに対する反論との間にある問題点が可視化され，その問題点を解決するための議論を行うことで，学習内容への理解が深まることを示している。また，Erduran et al. (2004) は，中学校理科の授業における生徒の発話を分析対象とし，反対立場に対して単に反対の主張を述べるだけではなく，なぜ反対なのかを理由によって示すことを論駁（rebuttal）として重視している。

　これらの研究からも示されるように，現実の意見交流場面では反論を単なる例外として「考慮から除外すべきこと」とするのではなく，反論を想定し，「なぜその反論が妥当だと言えないのか」あるいは「反論が妥当であったとしても，なぜ自分は異なる立場の正当性を主張できるのか」といった点について再反論として言及し，説明することが重要になると考えられる。それは，他者に説得的に意見を伝える上でも，論題への理解を深める質の高い意見交流を実現する上でも重要になるといえるだろう。

　特に，反論と再反論を意識的に行うことは，話し言葉に基づく議論活動に比べ，書き言葉に基づく意見文産出において，より一層重要になると考えられる。なぜなら，議論活動では反対立場の参加者から直接反論を受けるため，再反論の必要性が喚起されやすいのに対し，意見文産出では読み手から反論を受ける機会はほとんどないため，自発的に反論を想定し，それに対する再

反論を考えるという能動的な態度がなければ，マイサイドバイアスは克服されないと考えられるためである。その点で，意見文産出はその他の意見産出活動に比べ，「反論を無視しやすい」活動であり，反論想定と再反論を促すための支援がより一層重要になる活動だといえる。だからこそ，意見文産出における反論想定や再反論の欠如は，マイサイドバイアスという「克服すべきバイアス」として捉えられ，その克服の重要性が指摘されてきたのだと考えられる。

　本節ではToulminモデルにおける「論駁」という観点を中心に，反論想定や再反論の重要性を検討するとともに，マイサイドバイアスとの関連を検討してきた。そこで，最後にここまでの検討内容をふまえ，「論駁」に関する用語の整理を行いたい。本稿では，Toulminモデルにおいて「論駁」とされてきた行為を，「反論想定」と「再反論」という2つの行為に分けて捉える。それは，自発的に反論を考える必要がある意見文産出において，「論駁」という行為は必然的に「反論を想定する」行為と，「その反論に再反論する」行為の2つの行為によって達成されるためである。この分節化は，マイサイドバイアスという現象を明らかにする上でも重要な意味をもつ。たとえば，反論を想定したにもかかわらず，その反論への再反論は行わないといった現象が確認されたとき，論駁という単一の概念ではこうした現象を説明することができない。しかし，「反論想定」と「再反論」を分けて捉えることで「反論想定までは達成したが，再反論の産出に失敗している」といったように，マイサイドバイアスという現象をより詳細に記述することができる。さらに，論駁という概念の抽象度が高く，そのままでは論駁の産出を促すための指導が困難であることも理由の一つである。すなわち，「反対立場からの反論を想定し，その反論に再反論する」といった具体的な行為の必要性を示す上でも，「反論想定」と「再反論」とをあらかじめ異なる行為として区別しておくことは，本稿の目的の一つである「マイサイドバイアスの克服支援方法の検討」を行う上で重要だと考えられる。そこで，以降では反対立場からの反論を予

想することを「反論想定」とし，自分で想定した反論に再反論することを「再反論」と呼ぶこととする。

1.1.3 マイサイドバイアスの操作的定義

以上より，推論プロセスと意見構成という2つの観点からマイサイドバイアスがどのように捉えられるかを検討してきた。推論プロセスの観点からみたマイサイドバイアスは，自分の意見を提示する上で自分に不利な理由を無視する，あるいは産出に消極的であるという傾向であり，意見構成の観点からみたマイサイドバイアスは，反論想定や再反論を行わずに論理的に脆弱な意見構成を行うことであった。そこで最後に，ここまでにみてきた研究の知見をふまえ，本稿における「意見文産出におけるマイサイドバイアス」の操作的定義について考える。

Perkinsらの定義によれば，マイサイドバイアスとは「自分の立場に不利な情報を無視すること」である。しかし，その傾向をいかに捉えるかというマイサイドバイアスの操作的定義は研究によって多様である。たとえば，Wolfe (2012) はマイサイドバイアスの操作的定義が研究間で以下の5つに分けられることを指摘している。すなわち，(1) 産出された反論の総数，(2) 反論に比べ，賛成論の産出数が多い状態，(3) 反論に比べ，賛成論の産出数が多い程度[7]，(4) 理由産出総数のうち，賛成論産出数が占める割合，(5) 反論が1つも含まれていない状態，の5つである。

このうち，(1)～(4) は反論の産出数に焦点を当てており，「反論を産出すればするほど，マイサイドバイアスが低減する」定義となっている。しか

---

[7] (2) と (3) の違いは，マイサイドバイアスの「程度」の算出方法の違いに基づいている。たとえば，学習者が6つの意見文を産出し，その意見文をもとに学習者のマイサイドバイアスの「程度」を測定しようとしたとする。(2) の方法では，文章ごとに賛成論と反論の産出数を比較し，賛成論が多い場合に1を，反論が同数以上の場合に0を与える2値変数により評価する。そして，その得点を6文章で合計し，合計得点 (Min: 0, Max: 6) が大きいほど，マイサイドバイアス傾向が強いと評価する。一方，(3) の方法では，6文章全体の賛成論産出数と反論産出数を求め，その差分によってマイサイドバイアス傾向を評価する。

し，意見文の構成という観点から考えると，反論を量的に多く産出したからといって，必ずしも意見文の質が高くなるとは限らない。むしろ，意見文産出が自分の主張の正当性を他者に伝えるための活動であることをふまえると，反論よりも賛成論が多く産出されることは自然なことだといえる（Wolfe & Britt, 2008）。したがって，意見文産出におけるマイサイドバイアスや，その克服の達成度を捉える上では，(1)〜(4)の操作的定義は適さないと考えられる。

一方，(5)の操作的定義は反論の数ではなく，反論をふまえたかどうかという「反論の有無」に焦点を当てたものとなっており，意見文産出との整合性も高いといえる。ただし，意見文産出では「論駁」という言葉に示されるように，反論を示すだけでなく，その反論を「駁する」ための再反論が必要となる。たとえば，「ただし，こういう反論もある」と反論に言及するだけで，再反論が行われずに意見文が終えられていた場合，読み手はその反論が「考慮すべきこと」なのか，「考慮から除外すべきこと」なのかを判断できず，意見文に対する評価は低いものになるだろう（e.g., Allen, 1991; O'Keefe, 1999）。すなわち，意見文産出において重要なのは，想定した反論への再反論を通して賛成立場の正当性を示すことであり（Allen, 1991; Ferretti et al., 2000; 2009; Nussbaum & Kardash, 2005; O'Keefe, 1999; Wolfe et al., 2009），ただ反論に言及するだけでは，反論の可能性を十分に考慮した立論を行っているとは評価できない。したがって，意見文産出におけるマイサイドバイアスは，反論想定と再反論の産出の有無によって捉えることが必要になるといえるだろう。

以上の点から，本稿では「意見文産出におけるマイサイドバイアス」を「意見文産出における反論想定と再反論の欠如」として操作的に定義する。したがって，本稿における「マイサイドバイアスを克服した意見文」とは，「反論想定と再反論を行っている意見文」を意味するものであり，「マイサイドバイアスの克服支援方法」とは，「反論想定と再反論の産出を促す方法」を示すものとなる。なお，本稿では第Ⅲ部において理由産出に着目した検討を行う。

そこでは，(1)～(4)の定義のように，賛成論と反論のどちらがより多く産出されているかという量的な観点から検討を行うため，該当する章においてあらためて操作的定義を述べることとする。

1.2 意見文産出におけるマイサイドバイアスを克服する必要性

前節でも述べてきたように，論理的かつ説得的な意見構成という観点から見れば，意見文産出におけるマイサイドバイアスは克服するべき問題だといえる。しかし，それはあくまでも論理的にみたマイサイドバイアスの克服の必要性であり，マイサイドバイアスの克服が説得力の向上に寄与するという実証的知見に基づいた指摘ではない。そこで本節では，意見文産出におけるマイサイドバイアスがなぜ克服すべき問題となるのかを意見構成以外の観点から検討する。そして，学校教育を通してマイサイドバイアスを克服するための指導を行う必要性についても考えていく。

1.2.1 説得力評価の観点からみたマイサイドバイアスの克服の必要性

意見文の説得力評価に関する先行研究の多くは，マイサイドバイアスが強い意見文ほど，読み手から低い評価を受けることを示してきた (e.g., Allen, 1991; O'Keefe, 1999; Qin & Karabacak, 2010; Wolfe et al., 2009)。たとえば，O'Keefe (1999) はメタ分析によって，反論を想定し，それに対する再反論を含む意見文は，賛成論のみの意見文と比べて説得力が高く評価されることを明らかにしている。また，マイサイドバイアスを克服した意見文は，文章自体の評価のみならず，書き手に対する評価にも影響を与える可能性がある。Wolfe et al. (2009) は大学生を対象に，「賛成論」，「賛成論＋反論想定」，「賛成論＋反論想定＋再反論」という文章構造の異なる3つの意見文を提示し，主張に対する賛成度や意見の質の評価に加えて，著者への印象についても評価を求めた。その結果，賛成論だけで構成された意見文に比べ，反論想定と再反論を含む

意見文は，主張への賛成度だけでなく，著者への印象も高く評価されることが明らかになった。これらの研究は，マイサイドバイアスが意見文の評価と，書き手に対する評価の両方に負の影響を与える可能性を示唆するものである。

　また，先行研究に共通して確認される傾向として，反論を想定するだけの意見文（賛成論＋反論想定）は，賛成論だけの意見文よりも評価が低くなることが指摘されている（Allen, 1991; O'Keefe, 1999）。すなわち，反論想定は再反論と共に行われるからこそ説得力を高める効果を有するのであり，反論を想定するだけでそれに再反論しなければ，意見文の説得力は十分には高まらないのである。したがって，本稿でも操作的に定義したように，「マイサイドバイアスの克服支援方法」として重要になるのは，反論想定だけでなく，再反論の産出を促すことにあると考えられる。

　しかし，マイサイドバイアスを克服した意見文に対する説得力評価の傾向は必ずしも先行研究間で一致しているわけではない。たとえば，Hovland, Lumsdaine, & Sheffield（1949）は賛成論だけの意見構成と，反論を含む意見構成のどちらの意見伝達方法が優れているかは一意に定まるのではなく，読み手の立場や教育水準によって異なることを指摘している。具体的には，教育水準が低い読み手は反論を含む意見に比べ，賛成論だけの意見を説得力が高いと評価し，反対立場の読み手や，教育水準が高い読み手は反論を含む意見の方を説得力が高いと評価する傾向にあることが示された。ただし，Hovlandらの指摘は，反論想定が常に説得力評価を高めるわけではないという可能性を示すものではあったが，評価の違いが読み手の立場や教育水準と関連していた理由については十分な説明がされていなかった。そこで，Hass & Linder（1972）は，Hovlandらの知見をより精緻化し，説得力評価に影響を与えているのは，読み手の教育水準そのものではなく，「反論への気づきやすさ」であることを指摘した。すなわち，反対立場の読み手や，高水準の教育を受け，批判的に文章を読むことのできる読み手は，自分で反論を想定しな

がら読むために，賛成論のみの意見を低く評価していたのだとHassらは考察したのである。また，上述したように，メタ分析を行った研究では賛成論だけの意見に比べ，反論想定と再反論を含む意見の方が説得力をより高く評価されると報告しているが，その効果量はAllen(1991)で $r=.076$, O'Keefe(1999)で $r=.077$ ときわめて小さい値となっている。こうした値が得られていることも，反論想定や再反論が説得力評価に与える影響の限界を示しているように思われる。

　以上の知見は，マイサイドバイアスを克服することが常に説得力の向上に寄与するわけではなく[8]，「読み手を説得する」という目的に照らすならば，マイサイドバイアスの克服は必ずしも必要不可欠とはならないことを示している。たとえば，批判的な読みを行わない読み手や，自分と同じ立場の読み手に対しては，反論想定や再反論を行うことの必要性は高くはないと考えられる。しかし，意見文産出は自分の立場にすでに賛成している読み手や，批判的な読みを行わない読み手だけを対象に行うものではなく，本質的には「自分と異なる意見をもつ読み手」に対して自分の意見を説得的かつ分かりやすく伝えるために行うものである。少なくとも，教育目標としては批判的に読まれたとしても，説得的だと評価される意見文を産出できることが重要になるだろう。その目的を達成する上で，マイサイドバイアスを克服することはやはり重要な教育目標になると考えられる。

　また，意見文産出におけるマイサイドバイアスの克服は，批判的な読み（市川, 2001）を促すための効果的な支援になる可能性もある。なぜなら，マイサイドバイアスを克服する必要性を理解し，またそのような意見文を産出でき

8）このことは，説得力を感じる心理的メカニズムの複雑性をふまえると，むしろ当然の結果だといえるだろう。説得力評価は「送り手」，「メッセージ」，「チャンネル」，「受け手」といった複数の要因と関連しており（深田, 1998），さらにそれぞれの要因の中に，「受け手の感情」，「メッセージのもつ脅威性」，「意見伝達に用いられる媒体」，「受け手の感情」など複数の下位要因が含まれている。そのため，要因自体の数が多いことはもちろんのこと，その交互作用を含めると，説得力を感じる心理的メカニズムはきわめて複雑性が高く，反論（再反論）の有無といった1つのメッセージ要因だけで説得力評価への寄与を論じることは難しいと考えられる。

る学習者は，賛成論のみの意見文を読んだ際に，そこに書かれている内容だけで納得するのではなく，自発的に反論を想定し，反論を考慮していないこと自体を問題視できると考えられるためである。このような態度を養う上でも，学習者自身が書き手としてマイサイドバイアスを克服した意見文を産出できるようになることは重要な教育目標になると考えられる。

1.2.2 反論想定の観点からみたマイサイドバイアスの克服の必要性

　マイサイドバイアスを克服することの重要性は，「反論を想定する」という行為そのものの重要性からも示唆される。ある論題について直感的・主観的思考が先行する場合，反対立場の他者が論題をどのように捉えているかといった熟考的・客観的思考を行うことが困難になり（e.g., Kahneman 2011），自分の意見の正しさを信じて疑わないなど，偏った判断や推論が行われることがある（Haidt, 2012）。その場合，立場間の意見交流は，互いの利点を押しつけ合う（あるいは，互いの欠点を指摘し合う）など対話性を欠いた内容になるだろう。この問題を克服するためには，反論に目を向け，反対立場の意見を理解し，それに応答することが効果的だと考えられる。こうした行為を両立場の成員が実践できれば，立場間で相互理解を構築し，立場を超えた解決策の検討が促進されると考えられる（Leitão, 2000; Nussbaum & Edwards, 2011）。だからこそ，意見産出活動を対象とした研究では，反論を聴くことや，反論を想定するといった反論の意識化が重視され，また促されてきたのだといえる（e.g., Anderson, Nguyen-Jahiel, McNurlen, Archodidou, Kim, & Reznitskaya, et al., 2001; Erduran et al., 2004; Ferretti et al., 2000; 2009; Chin & Osborne, 2010; Knudson, 1992; Kuhn, 1991; Nussbaum, 2008; Nussbaum & Edwards, 2011; Nussbaum & Kardash, 2005; 小野田, 2015d; Osborne, Erduran & Simon, 2004; Reznitskaya et al., 2001; Wolfe et al., 2009, レビューとして, 富田・丸野, 2004; Nussbaum, 2011）。とりわけ, 意見文産出では反対立場から直接反論を受ける機会がないため，書き手が意識しない限り，一方的に「利点を押しつける」ような独白的な意見提示を行う可

能性が高いと考えられる。したがって，自発的に反論を想定し，それに再反論を行う態度や能力は，意見文産出においてより一層重要になるといえるだろう。

　また，反論を想定することは，論題に対する理解を深める上でも重要である。繰り返しとなるが，我々は直面する論題に対して直感的・主観的思考を先行的に駆動させるため，自分と異なる理解が存在する可能性に気づきにくい場合がある（Haidt, 2001; 2012; Kahneman, 2011; Kuhn, 1991）。それは，論題に対する熟考的・客観的思考を阻み，社会的論題（Nussbaum & Edwards, 2011; Nussbaum & Kardash, 2005; Wolfe et al., 2009）のみならず，科学的論題（岡田・横地，2010; Osborne, 2010）においても真の解（あるいは，最適な解）に到達する妨げとなりうる。このような問題を克服する上では，自分と異なる意見に触れることが重要であり（秋田，2007; Kuhn, 1991; 2005; Nussbaum & Edwards, 2011），他の意見との比較検討を通して複眼的に論題を捉えることによって，新たな理解を生成することが必要になると考えられる[9]。したがって，マイサイドバイアスの克服は，論題に対する思考プロセスにおいて，反論に注意を向け，反論を重視する態度を形成する上でも重要だといえるだろう。

1.2.3　学校教育におけるマイサイドバイアスの克服支援の必要性

　マイサイドバイアスは書き言葉，話し言葉を含む意見産出活動において広く認められており[10]，発達的な観点からみても，幼児期（e.g., Stein & Bernas,

---

9) 一方，全ての論題についてマイサイドバイアスを克服する必要はないという指摘もある。Tetlock（1992）は「ヒトラーは良い人物であったか？」といった，片方の立場の正当性や優勢性が確実だと思われる論題については，両方の立場を考慮する必要はないと指摘している。また，Baron（1994; 1995）も片方の立場についての吟味がすでになされており，一般原則と考えられる場合には，必ずしもマイサイドバイアスの克服は必要とならないと論じ，Tetlock（1992）の指摘に賛同している。しかし，歴史における指導者の役割や，その後に与えた影響を考察する上では，あえて両面的に思考することが新たな理解を産み出すことに寄与する可能性もあるだろう。
10) ここでは，意見文産出活動だけでなく，理由産出活動や議論活動といった意見産出活動全般を対象とした検討を行っているため，「反論想定と再反論の欠如」だけでなく，「賛成論に比べ反論の産出数が少ない傾向」を含む，広い定義のもとでマイサイドバイアスを捉えている。

1999），児童期（e.g., Ferretti et al., 2000; 2009）から，青年期以上（e.g., Nussbaum & Kardash, 2005; Toplak & Stanovich, 2003）まで確認されるように，その一般性はきわめて高いといえる。特に，高校生や大学生など，ある程度の学習歴があると見込まれる年齢になってもマイサイドバイアスが確認されることは，マイサイドバイアスを克服する能力が発達に伴って自然に獲得されていく能力ではなく，克服ための特別な指導が必要になることを示唆している。すなわち，学校教育の中でマイサイドバイアスを克服するための指導を行わなければ，学習者はマイサイドバイアスの克服を達成しないまま社会に進出する可能性が高いといえるだろう。したがって，学校教育，とりわけ，全ての子どもが教育を受ける義務教育期において，マイサイドバイアスの克服支援を行うことは，学習者のその後の学校生活，社会生活における意見産出能力を保証する上でも重要になると考えられる。

また，マイサイドバイアスの克服は，学校教育に対する社会の要請に応える上でも重要であろう。直面する論題を熟考的・客観的思考によって捉え，自分の思考を内省的に吟味する能力（e.g., 合理的思考（rational thinking），批判的思考（critical thinking）の能力）は，社会的論題や科学的論題を扱う専門家のみならず，市民にも求められる基礎的な能力として見なされ始めている（楠見，2010）。そのため，市民生活を営む上での基礎能力や態度の形成に責任を負う学校教育においても，これらの能力の育成は重要な目標の一つとなっている（e.g., Kuhn, 1991; 2005）。

こうした社会的要請に伴い，思考の表現者・産出者として合理的・批判的思考に基づいた意見産出を行う能力も重視されつつある。たとえば，本邦では情報や知識を論理的に分析・表現する力が社会人基礎力（経済産業省，2007）のような基礎的能力の一つと位置づけられており，初等・中等教育課程では「言語力」（文部科学省，2008）として，高等教育課程では「学士力」（中央教育審議会，2008）として，意見産出能力の育成が重視されている。これらの動向は国際的にも広く認められており，学習や社会生活，仕事の実践を支えるスキ

ルとして，批判的・合理的思考に基づく意見産出能力が位置づけられている（e.g., OECD, 2013; Rychen & Salganik, 2003）。その点で，意見文産出におけるマイサイドバイアスを克服する能力は，学業（e.g., 小論文・レポート執筆）だけでなく，趣味的活動（e.g., インターネットを用いた他者とのコミュニケーション），仕事における書類作成（e.g., 意見書，学術論文執筆）といった様々な「書く活動」に寄与する実用性の高い能力だといえる。したがって，社会への貢献を考える上でも学校教育を通して意見文産出におけるマイサイドバイアスの克服支援を行うことには，大きな意義があると考えられる。

一方，こうした背景を有しながらも，本邦の作文指導では反論想定や再反論などの産出はさほど重視されていないように思われる。たとえば，学習指導要領（文部科学省, 2008）では小学校から「書くこと」についての目標が設定されており，低学年では「自分の考えが明確になるように，事柄の順序に沿って簡単な構成を考えること」，中学年では「関心のあることなどから書くことを決め，相手や目的に応じて，書く上で必要な事柄を調べること」，高学年では「自分の考えを明確に表現するため，文章全体の構成の効果を考えること」，「事実と感想，意見などとを区別するとともに，目的や意図に応じて簡単に書いたり詳しく書いたりすること」など，意見文産出と関連する指導を行うことが目標とされているが，反対立場の読み手を想定し，反論を想定して自分の意見を書くといった指導については言及されていない。同様の傾向は中学校学習指導要領においても認められるところであり，第2学年で「自分の立場及び伝えたい事実や事柄を明確にして，文章の構成を工夫すること」，第3学年で「論理の展開を工夫し，資料を適切に引用するなどして，説得力のある文章を書くこと」など，文章構成に関する記述がなされているものの，やはり反論想定や再反論については言及されていない。

反論を想定することの重要性が示されるのは，高等学校学習指導要領である。国語科の「国語総合」における「話すこと・聞くこと」では，具体的な活動として「反論を想定して発言したり疑問点を質問したりしながら，課題

に応じた話合いや討論などを行うこと」によって各指導内容を達成すように示されている。しかし，こうした指摘はあくまでも「話すこと・聞くこと」にとどまっており，「書くこと」についての目標や指導の内容においては，反論想定や再反論についての記述はなされていない。このように，学習指導要領において反論想定や再反論の産出が高校の段階から重視され始めることは，これらの産出能力が意見産出の基礎的能力というよりも，むしろ義務教育後に習得するべき発展的能力として捉えられていることを示唆している。他の先進諸国において，すでに児童を対象に反論想定や再反論の産出を促す指導についての実践と研究が行われていること（e.g., Ferretti et al., 2000; 2009）をふまえると，こうした本邦の現状は国際的な動向の後塵を拝していると言わざるを得ない。

　このような現状から脱却するためには，義務教育期の学習者であっても反対立場の読み手を想定し，反論想定と再反論を行いながら意見文を産出できることを示し，そうした意見文産出を促すための方法を学校教育に適用可能な形で提案することが必要になるだろう。そこで，次の第2章では，マイサイドバイアスの克服支援方法を検討するための基礎として，意見文産出におけるマイサイドバイアスと関連する要因について検討する。

第 2 章　意見文産出における
マイサイドバイアスに影響を与える要因

　本章では，意見文産出におけるマイサイドバイアスに影響を与える要因について，先行研究で提案されてきた文章産出プロセスモデルをふまえて検討し，(1) 意見文スキーマの活性化と，(2) 理由想定が意見文産出におけるマイサイドバイアスの生起と関連していることを指摘する。また，マイサイドバイアスの克服を促すためにどのような支援方法が考案されてきたかについても概観し，先行研究の限界点と検討するべき課題について明確化していく。

2.1　文章産出プロセスからみたマイサイドバイアス

　本節では，先行研究で提示されてきた主要な文章産出プロセスモデルの枠組みにおいて，意見文産出におけるマイサイドバイアスの生起メカニズムをいかに捉えられるかについて検討していく。そして，意見文産出におけるマイサイドバイアスの克服を目指す上で，どのような要因に焦点を当てる必要があるのかを考えていく。

2.1.1　Hayes & Flower(1980)・Hayes(1996)の文章産出プロセスモデル

　文章産出のプロセスについては，認知心理学の領域を中心にこれまでいくつかのモデルが提案されてきた。それらは，我々がどのように文章を産出しているかについて理解するための枠組みであると同時に，どのような要因が文章産出に影響を与えているのかを検討するための枠組みとしても機能するものである。
　その中で，最も有名な文章産出プロセスモデルの 1 つと言えるのがHayes

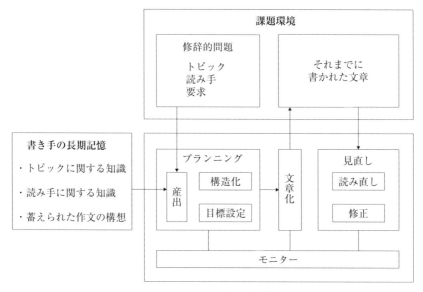

Figure 2.1 Hayes & Flower (1980) の文章産出プロセスモデル

& Flower (1980) のモデル (Figure 2.1) である。このモデルでは，「プランニング」，「文章化」，「見直し」といった文章産出プロセスと関連する要因として，「書き手の長期記憶」と「課題環境」を設定している。それまで，文章産出のプロセスは「プランニング」，「文章化」，「見直し」といった要因の一方向的な関係性の中で捉えられてきた (e.g., Rohman, 1965; レビューとして崎濱, 2013)。このような単純化された文章産出プロセスの捉え方に対し，Hayesらは発話思考法によって書き手の認知的活動を捉えることを試み，Figure 2.1 に示す要因と，それらに含まれる下位要因の相互作用の中で文章産出が行われることを明らかにした。さらに，Hayes (1996) はこのモデルを発展させ，Figure 2.2に示す新たな文章産出のプロセスモデルを提案している。このモデルでは，認知心理学の発展（とりわけ，ワーキングメモリに関する知見の増加）に伴い，より包括的に文章産出に関連する要因を取り入れたものとなっている。

第2章 意見文産出におけるマイサイドバイアスに影響を与える要因　35

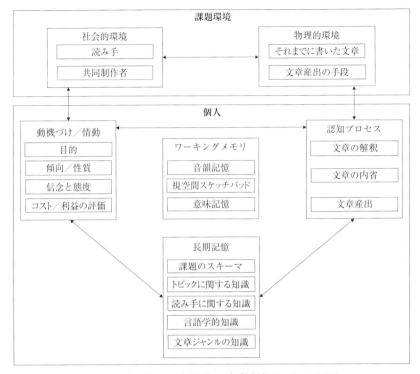

Figure 2.2　Hayes（1996）の文章産出プロセスモデル

ここで，Hayes & Flower（1980）やHayes（1996）のモデルを参考として，マイサイドバイアスの克服に重要な要因を考えてみると，第1に，書き手の長期記憶における「説得的な意見文のスキーマ」の重要性が示唆される（e.g.,「蓄えられた作文の構想」）。なぜなら，書き手がどのような意見文を「説得的な意見文」として長期記憶に保持しているかによって，その後のプランニング（e.g., 反論を想定するか否か）の内容も異なると考えられるためである。このことは，Hayes & Flower（1980）のモデル（Figure 2.1）において，書き手の長期記憶として「蓄えられた作文の構想」が含まれており，文章産出の最初の段階であるプランニングとの関連が想定されていること，また，Hayes（1996）

のモデル (Figure 2.2) においても，長期記憶の中に「課題のスキーマ」や「文章ジャンルの知識」が含まれており，個人内の各要因，各変数との関連性が想定されていることにも示されている。

　言うまでもなく，書き手がマイサイドバイアスを克服した意見文を「説得的な意見文のスキーマ」として有していたとしても，それだけでマイサイドバイアスの克服が実現するわけではない。しかし，意見文産出におけるマイサイドバイアスの克服のためには，まず，「反論想定と再反論を含んだ意見文を構成する必要がある」という文章構成に関する知識を有していることが必要不可欠である。そうでなければ，たとえ論題に対する知識を豊富に有し，読み手の特性を熟知していたとしても，マイサイドバイアスの克服は実現しないだろう。このように，Hayesらのモデルからは，「どのように書くか」というプランニングと関連する書き手の「意見文スキーマ」がマイサイドバイアスと関連する重要な要因になることが示唆される。

　また，第2には，意見文のスキーマを有するだけでなく，そのスキーマに合わせてどれだけ自分の知識を引き出せるか，すなわち，適切な「理由想定」を行えるかどうかということも，マイサイドバイアスの克服において重要だといえる。なぜなら，たとえ反論想定や再反論の重要性を理解していたとしても，論題内容に沿った反論や再反論を想定できなければ，意見文を完成することはできないためである。こうした意見文の内容に関する知識の要因は，Hayesらのモデルでは「長期記憶」の中に含まれているものの，文章産出のプロセスにおけるそれらの位置づけは明確ではない。そこで，次に文章産出プロセスモデルとして頻繁に引用されているBereiter & Scardamalia (1987) のモデルを参照しながら，これらの点について考えていきたい。

2.1.2　Bereiter & Scardamalia (1987) の文章産出プロセスモデル

　Bereiter & Scardamalia (1987) は，非熟達者と熟達者の文章産出プロセスの差異に着目し，両者の文章産出プロセスを表現する2つのモデルを提案し

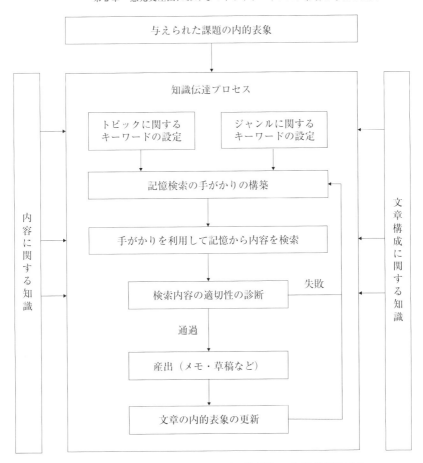

Figure 2.3 Bereiter & Scardamalia（1987）の知識伝達モデル

た。このうち，非熟達者における文章産出プロセスモデルは「知識伝達モデル（knowledge-telling model）」と呼ばれる（Figure 2.3）。このモデルでは，トピックやジャンルに基づいて「何を書くか」に焦点を当てた活動が行われ，書く内容の適切性の診断などを経て最終的にどのような文章を書くかという文章の内的表象が決定されていく。知識伝達モデル内では，文章の内的表象

の更新から記憶検索へのフィードバックが行われ,「何を書くか」についての情報が更新,精緻化されると想定されている。しかし,それはあくまでも「何を書くか」のみに着目した活動であり,文章全体の整合性や一貫性を確認することまでは含まれていない。

その一方で,文章産出の熟達者は文章全体の整合性や一貫性を確認し,さらには良い文章を書くために自分の知識を変化させていく。Bereiterらはこのような熟達者にみられる文章産出プロセスモデルを「知識変形モデル(knowledge-transforming model)」と呼んだ（Figure 2.4）。このモデルでは,与えられた課題から問題や目標を捉え,その翻訳を通して「何を（内容的問題空間）」,「どのように（修辞的問題空間）」書くかを決定していく。そして,知識伝達プロセスはさらに問題分析や目標設定という,文章産出の方向性を決定する最初の段階へとフィードバックされるため,書き手は文章内容だけでなく,文章全体が問題や目標に照らして適切なものとなっているかどうかを評価できると考えられる。

知識伝達モデルと知識変形モデルの最も大きな違いの1つは,知識伝達モデルにおいては「内容に関する知識」と「文章構成に関する知識」が知識伝達プロセスに一方向的に影響を与えるものとして捉えられているのに対し,知識変形モデルにおいてはこれらの知識が「問題の翻訳」を介して変化し合うものとして捉えられている点にある。

この関連性について,Bereiterらは以下の「責任」についての文章産出例により説明している。たとえば,ある書き手が文章を構成していく上で,前もって「責任」の概念を定義しなければならないと考えたとする。これは,文章構成上の問題でありFigure 2.4における「修辞的問題空間」で扱われることになる。すると,次に書き手は「そもそも,『責任』を自分はどのような意味で使っていたのか？」と自問し始め,責任の定義問題は「内容的問題空間」で検討されることになる。そして,その結果として「この文章で本当に重要な概念は『責任（responsibility）』ではなく,『判断能力（competence to judge）』

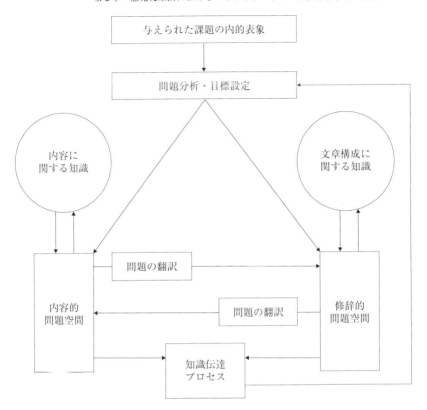

Figure 2.4 Bereiter & Scardamalia (1987) の知識変形モデル

にある」と書き手が気づくならば，それは再び修辞的問題空間で検討されるようになる（Bereiter & Scaldamalia, 1987）。このように，文章内容と文章構成とが双方向的に影響を及ぼし合うことが知識変形モデルの特徴であり，文章産出の熟達者が「質の高い」文章産出を実現する要因の1つとして考えられている。

　Bereiterらのモデルでは，Hayesらのモデルと同様に，「内容に関する知識」と「文章構成に関する知識（スキーマ）」が文章産出に重要な影響を与えていることが想定されている。このことは，知識伝達モデル，知識変形モデルの

いずれにおいても，最終的には「内容に関する知識」と「文章構成に関する知識」から導かれる問題空間で決定されたことが知識伝達プロセスの内容を規定していることからも明らかである（Figure 2.3, 2.4）。そして，Bereiterらの知識変形モデルにおいてより明確化されているのは，課題の問題や目標に合わせて「内容に関する知識」をいかに引き出すかが文章の内容を規定するという観点である。この観点からは，書き手が反論想定や再反論の必要性を理解していたとしても，それに合わせて内容に関する知識を変形し，引き出すことができなければ，マイサイドバイアスを克服した質の高い意見文は産出されないことを示唆するものである。たとえば，賛成論を賛成論としてしか捉えられない学習者と，賛成論として捉えていた理由が解釈によっては反論になるという知識の変形が可能な学習者を比べると，後者の方が反論や再反論を容易に産出できると考えられる。言い換えれば，マイサイドバイアスを克服した意見文を「説得的な意見文」とするスキーマを有していたとしても，理由の想定において賛成論しか引き出すことができなかったり，賛成論を異なる視点から捉え直すといった知識の変形ができなかったりするならば，マイサイドバイアスの克服は困難化するといえるだろう。

　Bereiterらのモデルからは，意見文産出におけるマイサイドバイアスの生起メカニズムを明らかにする上で，「意見文スキーマ」と「理由想定」という2つの観点から検討することの有効性が示唆される。なぜなら，意見文産出におけるマイサイドバイアスは，反論や再反論の重要性を理解しているかどうかという「文章構成に関する知識（意見文スキーマ）」と，反論と再反論に用いることのできる知識を適切に引き出すことができるかという「内容に関する知識（理由想定）」のいずれか，あるいは両方におけるバイアスによって生起すると考えられるためである。したがって，意見文産出におけるマイサイドバイアスの克服を促す上では「文章構成に関する知識」と「内容に関する知識」を意見文産出プロセスを支える両輪として捉え，これら2つの要因の両方に対する支援を行う必要があるだろう。そこで本稿では，(1) 文章構成

に関する知識としての「意見文スキーマ」と，（2）文章内容に関する知識としての「理由想定」の2つの要因に着目し，意見文産出におけるマイサイドバイアスの克服支援方法について検討することとする．

2.2 意見文スキーマに着目した先行研究の概観

書き手の意見文スキーマに対する介入は，意見文産出におけるマイサイドバイアスの克服支援方法の主流を成している．その理由は，2.1節でみてきたように，意見文産出に対する意見文スキーマの影響が文章産出プロセスモデルにおいて重視されていること，そして，学習者は自分が高く評価する意見文を「良い意見文のスキーマ」とし，そのスキーマに沿った意見文を産出する傾向にあることが指摘されてきたこと (e.g., Baron, 1995) による．そこで本節では，マイサイドバイアスの克服を目的とした意見文スキーマに対する介入研究を概観し，それらの研究に残された課題について検討する．

2.2.1 意見文スキーマに対する介入の効果

学習者の意見文スキーマを最も直接的に変化させる介入としては，意見文の「型」を提示し，その型に沿った意見文産出を求める方法が挙げられる (e.g., Englert & Mariage, 1991)．たとえば，清道（2010）は，高校生に対して「私は〜と考える．」，「理由としては，第一に〜．第二に〜．」，「確かに〜という意見もあるが，しかし〜．」，「以上より〜．」という型を提示している．この型には反論想定と再反論の文章構造が含まれているため，型に沿って意見文を産出することにより，短期間での介入でも意見文の質を向上させられることが示されている．このような型の効果は近年実証的に示されているが，その方法自体は小論文試験対策のための受験指導などで以前から行われており (e.g., 樋口，2005)，いわゆる「民間療法」として長く実践されてきたといえる．その背景には，短期間で意見文の質を最低限の水準まで高めることができ，実施

さらに，学習者の意見文スキーマを変化させることを目的として近年多く行われている支援方法の一つが「目標提示（goal instruction）」である（e.g., Ferretti et al., 2000; 2009; Nussbaum & Kardash, 2005; Wolfe & Britt, 2008)。たとえば，Ferretti et al. (2009) は，小学校4年生と6年生の児童を対象に「①自分の意見や立場がどのようなものかを明確に示しましょう」，「②自分の意見を支持する2つかそれ以上の理由を考えましょう」，「③なぜ，それらの理由が自分の意見を支持するのに適しているのかを説明しましょう」，「④論題について異なる意見を持つ人がいることを忘れてはいけません。そのため，あなたは他の人が異なる意見を持っていることについて言及する必要があります」，「⑤異なる意見を持つ人が自分の意見を支持するために用いうる理由を2つかそれ以上考えましょう」，「⑥なぜ，それらの理由が異なる意見を支持するのに適していないのかを説明しましょう」，「⑦論題に対する自分の意見をまとめて結論を書きましょう」という7点の目標を提示し，マイサイドバイアスを克服した意見文産出を促している。また，目標提示介入は児童だけでなく，大学生に対しても効果が認められている。Nussbaum & Kardash (2005) は大学生を対象に「あなたの立場を正当化する理由を産出し，その理由を支持する証拠を提示してみましょう」，「そして，なぜ他者があなたの意見に賛同しないかについて，2つか3つの理由を考え，またそれらがなぜ間違っているかについても考えましょう」というFerrettiらの研究よりも簡略化された目標を提示し，マイサイドバイアスの克服を促している。これら目標提示研究の知見として重要であるのは，「自分の主張を正当化するための理由を書きましょう」といった一般的な目標（general goals）にはマイサイドバイアスの克服を促す機能はなく，「自分に賛成しない人たちがなぜ間違っているのかについて理由を考えましょう」といった焦点化した目標（specific goals）でなければマイサイドバイアスの克服は促進されないという点である (Ferretti et al., 2000; 2009; Nussbaum & Kardash, 2005)。このことは，「反対立場の

人を説得するように書く」といった抽象的な目標がマイサイドバイアスの克服に対してほとんど貢献しないことを示唆するものであり，具体的な克服方法について教示することの重要性を示すものといえる。

　さらに，議論活動を経験することが学習者の意見産出に対するスキーマを変え，意見文産出におけるマイサイドバイアスの克服に寄与することも報告されている。たとえば，Reznitskaya et al.（2001）は，参加者の児童を児童中心で議論活動を行う「児童中心群」と，教師中心で議論活動を行う「教師中心群」とに分け，議論活動時の発話と，議論活動後に産出される意見文の質を比較している。その結果，教師中心群の児童に比べ，児童中心群の児童は，反論に対する再反論発話をより多く行っており，さらには議論活動後に反論想定や再反論を含む意見文を多く産出していることが示された。すなわち，反対立場から反論を受け，それに対して再反論を行うといった議論活動の経験により，児童は反論想定や再反論を重視する意見構成のスキーマをもつようになり，書き言葉による意見文産出においても反論想定や再反論を産出するようになったのだと考えられる。このように，学校教育における様々な意見産出活動を関連づけながらマイサイドバイアスの克服を促すことは，効果的な支援方法の一つになるといえるだろう。

　ただし，意見文産出におけるマイサイドバイアスの克服という目的に照らすと，議論活動を通して意見文スキーマを変化させることは，実践者にとってコストが高い介入となるかもしれない。なぜなら，この介入が効果を有するためには，反論や再反論が多く生起する質の高い議論活動を行うことが必要条件となるためである。議論活動に関する研究が明らかにしてきたように，学習者は議論で反論を受けたとしても，それに対する再反論を積極的に行うわけではない（e.g., Nussbaum & Edwards, 2011; 小野田，2015d）。そのため，この介入を実行する上では，教師による発話支援がきわめて重要になるといえる。実際に，Reznitskaya et al.（2001）では，教師が協働的推論（collaborative reasoning）を促す手法（Anderson, Chinn, Waggoner, & Nguyen, 1998）[11] のレク

チャーを受け，そのための指導を行うことによって児童中心型の議論活動を促している。すなわち，この手法は質の高い議論活動を構成し，その「副産物」として意見文の質を高めるものであり，意見文産出におけるマイサイドバイアスの克服に特化した介入手法とはなっていないのである。したがって，様々な学校において応用可能性が高いマイサイドバイアスの克服支援方法を検討する上では，型の提示介入や，目標提示介入のように実施にかかるコストが低く，作文指導の一環として実施できる介入手法を基盤とすることが望ましいと考えられる[12]。

2.2.2 限界点

意見文スキーマの捉え方に関する問題 以上の研究は，いずれも書き手に新たな意見文スキーマを与えることで，マイサイドバイアスの克服を促す研究だといえる。しかし，これらの研究はいずれも，学習者がマイサイドバイアスを克服した意見文を「説得的な意見文のスキーマ」として捉えていない原因については関心を向けてこなかった。つまり，「なぜ学習者は『マイサイドバイアスを克服することで説得的な意見文を産出できる』と考えないのか」という根本的な問いについて十分に検討を深めてこなかったのである。

もし，学習者が日常生活の中でマイサイドバイアスを克服した意見文を説得的だと評価しているのだとすれば，その学習者はマイサイドバイアスを克

---

11) 協働的推論の支援方法としては，(a) 児童の立場選択と推論を促す，(b) 発話思考法により，推論プロセスをデモンストレーションして児童に示す，(c) 児童を反論に対して立ち向かうように促す，(d) 良い推論とはなにかを教える，(e) 児童の発話をまとめる，(d) 批判的，内省的思考のための言葉を用いる，など他者と協働で推論を行うように支援するための方略が含まれている（Anderson et al., 1998）。この手法を用いることで，参加者は質の高い発話が行えるようになるだけでなく，参加者間の対人関係の調整など議論を組織するようになることが示されている（Li, Anderson, Nguyen-Jahiel, Dong, Archodidou, & Kim, et al., 2007）。

12) もちろん，議論や意見文産出といった様々な意見産出活動を通して「意見構成に関する知識」を構築していくことは，意見文スキーマを変化させるための効果的な手法の一つであり，本稿はその有用性を否定するものではない。しかし，本稿では学校教育での「作文指導」において実行可能なマイサイドバイアスの克服支援方法を検討するため，議論活動との関連の中での支援方法については検討していない。

服した意見文を「説得的な意見文のスキーマ」として意見文を産出すると考えられる。したがって，マイサイドバイアスが多く確認されていることは，マイサイドバイアスを克服した意見文が必ずしも学習者にとって説得力が高い意見文とはなっておらず，「説得的な意見文のスキーマ」として獲得されていない，あるいは指導によって一時的に獲得していても，それが維持されていないといった可能性を示している。言い換えれば，「反論想定や再反論を行うことが説得性や論理性を高める」という有効性の認知は，学習者にとって獲得されにくいものとなっているのかもしれない。

学習方略研究が指摘するように，ある方略を用いるかどうかには，その方略を知識として有するだけでなく，その方略に対する有効性の認知を獲得しているかどうかが重要な影響を与える (e.g., McCombs, 1988; 村山, 2003; Nolen & Haladyna, 1990; 佐藤, 1998)。そのため，学習者が説得力の向上に対してマイサイドバイアスの克服が有効であるという認識を有していなければ，そうした意見文のスキーマを活性化した意見文産出は行われないと考えられる。したがって，マイサイドバイアスの生起メカニズムを明らかにする上でも，また，マイサイドバイアスの克服支援方法を検討する上でも，「なぜ学習者はマイサイドバイアスの克服が説得力評価を高めるという有効性の認知を有していないのか」というリサーチ・クエスチョンについて検討することは必要不可欠であろう。この点を明らかにできれば，「学習者はマイサイドバイアスを克服した意見文を説得的だと評価しているにもかかわらず，意見文産出に反映することができない」のか，「マイサイドバイアスを克服した意見文を説得的だと評価していないために，意見文産出においてもマイサイドバイアスの克服を行わないのか」というマイサイドバイアスの生起メカニズムに踏み込んだ考察が可能となる。

これらの検討に関連して，もう1つ先行研究における意見文スキーマの捉え方に関する問題を指摘できる。それは，多くの先行研究において，意見文スキーマが論題にかかわらず個人内で一貫して活性化することが暗に仮定さ

れている点である（O'Keefe, 2004）。すなわち，先行研究では論題の差異を要因として扱っておらず，マイサイドバイアスを克服した意見文を「説得的な意見文のスキーマ」とする学習者は，どの論題に対してもそのスキーマを活性化した評価や産出を行うという前提の下で検討を行ってきたといえる。しかし，この点については実証的な検討が必要であろう。たとえば，マイサイドバイアスを克服した意見文を「説得的な意見文のスキーマ」として有している学習者であっても，「ヒトラーは良い人物であったか」という立場が明らかに偏ると想定される論題（Tetlock, 1992）や，「ドラマ『相棒』は傑作だ」という個人の趣向が強く反映される論題については，反論想定や再反論は不必要だと考えるかもしれないし，その一方で，「死刑制度の是非」など社会や人命にとって重要な論題であれば，反論想定や再反論による吟味が必要不可欠だと判断するかもしれない。

　上述したように，先行研究では学習者の「意見文スキーマ」が論題によって異なるかどうかは十分に検討してこなかった（O'Keefe, 2004）。もし，論題によって学習者の「説得的な意見文のスキーマ」が異なるのだとすれば，「マイサイドバイアスを克服した意見文に対する評価が一致しない」という先行研究間の結果の不一致は，研究間での論題の差異に起因している可能性がある。したがって，学習者がどのような意見文を「説得的な意見文のスキーマ」としているかを検討する上では，論題の要因を考慮する必要があるといえるだろう。

意見文スキーマに対する介入研究の問題　2.2.1節で取り上げた介入研究はいずれも効果が実証的に示されており，実践的な示唆に富む。しかし，それらを学校教育へ応用する上では，いくつかの検討すべき課題が残されている。まず，型の提示（Englert & Mariage, 1991; 清道, 2010）については，量的には好ましい記述（e.g., 反論想定，再反論）を増加させられる一方で，画一的な意見文産出を助長する可能性を孕んでいることも指摘されている（e.g., 難波, 2008）。すなわち，型の指導は，読み手や論題に合わせた創意工夫を低減する

可能性があり，ただ型に沿って書きさえすればそれで良いとする書き手を増加させる可能性が懸念されるのである。この指摘に対し，清道（2010）は学習者が自然に反論想定や再反論を行うことは困難であることから，最低限必要となる意見文産出方法を型として教えることは，当然の教育的配慮であると反論している。このように，意見構成に関する最低限の知識を教える必要があるという点については本稿も同意するものであるが，学校教育において長期的に実行可能な作文指導の方法を考えると，型の提示を行うことで画一的な意見文産出が助長される可能性については慎重に判断する必要があると思われる。すなわち，型の提示とは，清道（2010）も主張しているように短期間で意見文の質を高めることには適しているが，作文指導として長期的に実施するには必ずしも適していない支援方法になる可能性がある。したがって，長期的な観点からみれば，型の提示介入のように文章表現を固定化した介入ではなく，目標提示介入のように意見文産出において重要な点を教示しながらも，書く内容や書き方について学習者側に自由度を残した介入が適していると考えられる。

　ただし，目標提示介入にも検討すべき課題は残されている。第1に，学校教育への導入を考える上で重要であるのは，学習者の自発的なマイサイドバイアスの克服を促すために，学習者が独力で内容を理解し，意見文産出に反映できるような目標を設定することである。たとえば，上述したFerretti et al. (2009) の7点の目標は，いずれも質の高い意見文産出において重要な目標であるが，学習者が一度に全ての目標を理解し，内化することは困難だと考えられる。特に児童にとって7点の目標を全て独力で理解し，目標達成することは難しいといえるだろう。実際に，Ferretti et al. (2009) は目標の理解を促すため，児童に対して実験者が個別に目標を説明している。したがって，これらの目標提示がたとえ効果的な指導であったとしても，学校教育の作文指導において全ての学習者に個別指導を行うことの困難さを考えると，それは実現可能性の低い方法であると言わざるを得ない。その一方で，

Nussbaum & Karadash（2005）が提示している目標は，Ferrettiらの目標に比べて数も少なく，学習者が一度で理解しやすい内容となっている。しかし，この目標は大学生を対象に設定されたものであり，少数の目標だけで十分にマイサイドバイアスを克服できる能力を前提として作成されたものである。したがって，Nussbaum & Kardash（2005）の目標をそのまま児童や中学生，高校生を対象に提示することは現実的ではないだろう。

このように目標の数や内容にばらつきが見られるのは，研究間で対象が異なることに加え，目標とそれを達成するための方略とが混在していることに起因していると考えられる。たとえば，Ferretti et al.（2009）における⑤の目標（異なる意見を持つ人が自分の意見を支持するために用いうる理由を2つかそれ以上考えましょう）は，「目標」そのものというよりも，④の目標（論題について異なる意見を持つ人がいることを忘れてはいけません。そのため，あなたは他の人が異なる意見を持っていることについて言及する必要があります）を達成するための「方略」として捉えるべきものである。特に，抽象的な目標ではなく，具体的な目標が重要になるという知見（e.g., Ferretti et al., 2000; Nussbaum & Karadash, 2005）をふまえるならば，抽象的な目標と具体的な方略を区別し，対応づけることは，目標の達成方法を示すための効果的な工夫になると考えられる。また，目標と方略とを区別することは，一度に提示する目標数を少数に抑えることにも寄与するため，一斉授業での実施を考える上でも，一度に提示する目標数が少ないことは利点になるといえるだろう。

第2の課題は，より本質的な課題である。それは，先行研究において提示されている目標の多くがトップダウン的に決定されており，必ずしもマイサイドバイアスの生起メカニズムをふまえたものとはなっていないという点である。すなわち，先行研究ではToulminモデルなどの理論的枠組みに基づいて「理論的に重要だと想定される目標」を設定しているものの，実際に学習者がマイサイドバイアスの克服においてどこにつまずいているか，といったボトムアップの知見に基づいた目標設定はほとんど行われていないのであ

る。そのため，提示される目標の内容や数は，各研究が重視するモデルや理論によって異なっており，どの学習者に対しても一貫して指導するべき重要なポイントについては明確にされていない。この問題を克服するためには，意見文産出におけるマイサイドバイアスの生起メカニズムを解明し，その結果をふまえて提示するべき重要な目標を選定する必要があると考えられる。

最後の課題は，先行研究のほとんどが目標提示の効果を高める方法について検討してこなかったということである。先行研究では，目標提示を行ったとしても，その効果がみられない学習者も存在することが示されている (Ferretti et al., 2000)。すなわち，目標や方略の提示によってマイサイドバイアスを克服できる学習者がいる一方で，それだけでは十分な変化が起こらない学習者も存在すると考えられる。したがって，目標提示介入を基盤としたマイサイドバイアスの克服支援方法を検討する上では，目標提示の効果がみられない学習者の特徴を明らかにし，そうした学習者に対して目標提示や方略提示の効果を高めるための方法を検討する必要がある。そうすることで，幅広い学習者を対象としたマイサイドバイアスの克服支援方法を提案することができ，さらには先行研究で提案されてきた目標提示介入の効果を高める方法についても示唆を提供できると考えられる。

2.3 理由想定[13] に着目した先行研究の概観

前節で概観してきた研究は，いずれも「どのように意見文を構成するか」という「文章構成に関する知識（スキーマ）」に着目してきた研究である。しかし，仮に「反論想定と再反論を産出する必要がある」というスキーマを有していたとしても，反論を思いつくことができない，あるいは思いついたと

---

13) 本稿では，先行研究と同様に「理由の産出」をもって，その理由が想定されたと考える (e.g., Toplak & Stanovich, 2003; Toplak, West, & Stanovich, 2014)。したがって，本稿では「理由想定」と「理由産出」を同じ意味で用いることとする。

しても意見文に書くほどの内容ではないなど，立論に適した反論を想定できない可能性もある。このように，「文章内容に関する知識」としての理由想定が困難化すれば，マイサイドバイアスの克服もまた困難化するだろう。そこで本節では，「理由想定」に着目した先行研究を概観し，反論や再反論の想定をいかに支援できるかについて検討する。

2.3.1 理由想定におけるマイサイドバイアスと関連する要因

認知的要因の影響　理由想定におけるマイサイドバイアスは，賛成論産出数と反論産出数の差分によって評価され（e.g., Toplak & Stanovich, 2003），「賛成論に比べ，反論の産出数が少ない程度」として捉えられてきた。こうした賛成論や反論を想定する能力，すなわち，ある論題について多様な理由を想定する推論能力について，Kuhn（1991）は教育経験が重要な影響を与えていると主張し，高水準の教育を受けてきた学習者ほど推論能力の水準が高いことを指摘している。

その一方で，教育経験が多くても推論におけるバイアスは克服されないという指摘もある。たとえば，Perkins（1985）は教育年数が推論能力に与える影響はきわめて小さく，むしろIQとして測定される認知能力が推論能力と関連していることを示している。また，理由産出（e.g., Toplak & Stanovich, 2003）や意見文産出（e.g., Nussbaum & Kardash, 2005; Wolfe et al., 2009）におけるマイサイドバイアスが大学生でも確認されていること，そして，類似した教育経験を有すると考えられる同じ大学の学生の中でも，マイサイドバイアスの程度に差があること（e.g., Wolfe et al., 2009）をふまえると，教育経験の長さ自体がマイサイドバイアスの克服に寄与する可能性は低いように思われる。

このように，先行研究では理由想定と関連する要因として，教育経験や認知能力に焦点を当てた検討を行ってきた。しかし，上述のように，どちらが理由想定におけるマイサイドバイアスとより強く関連しているかについては明確な回答が得られておらず，認知能力に限ってみても，認知能力と推論能

力の間に正の関連があることや（e.g., Kitchener, King, Wood, & Davison, 1989），認知能力とマイサイドバイアス傾向との間に負の関連がみられること（Perkins, 1985）が報告される一方で，認知能力とマイサイドバイアスとの間に有意な関連は見られないという報告（Klaczynski, 2000; Klaczynski & Gordon, 1996）もみられるなど，結果は一致していなかった。そこで，Toplak & Stanovich（2003）は，認知能力と教育経験のどちらが理由想定におけるマイサイドバイアスとより強く関連するかを明らかにするための検討を行った。具体的には，大学生に対して3つの論題について賛成論と反論の産出を求め，「賛成論産出数—反論産出数」によって算出した「マイサイドバイアス指数（my-side bias index：MB指数）」を従属変数とし，年齢，学年，認知能力（WAIS-Rで測定したIQ）のそれぞれがMB指数とどのように関連しているかを検討した。その結果，学年とMB指数との間に有意な負の関連が認められ，学年が高くなるほどマイサイドバイアスの傾向が低下することが示された。マイサイドバイアスを克服する能力が加齢的な発達や認知能力とは関連しておらず，高等教育の経験年数に伴って向上していたことは，「マイサイドバイアスの克服が学校教育を通して達成される」というKuhn（1991）の指摘と整合するものといえる。したがって，マイサイドバイアスの克服において重要であるのは，大学の授業で重視されているように，問題を複眼的，批判的に捉えることを経験し，「反論を考えることが重要だ」とするスキーマを獲得することにあると考えられる（e.g., Reznitskaya & Anderson, 2002; Wolfe 2012）。

　さらに，近年ではToplak et al.（2014）が認知能力をWASIで測定される「知能」と，ストループ課題の成績や，センテンス・スパンテストによって測定されるワーキングメモリの容量などによって構成される「実行機能」とに分け，それぞれの要因とマイサイドバイアスとの関連を検討している。その結果，Toplak & Stanovich（2003）と同様に「年齢」や「知能」はマイサイドバイアスと関連していないことが再確認され，さらには「実行機能」が高い参加者ほどマイサイドバイアス傾向が低いことが示された。このように，自分

の思考を調整するための認知能力とワーキングメモリの容量の大きさがマイサイドバイアスと関連していたことは，自分の思考の偏りを認識し，制御することがマイサイドバイアスの傾向に影響を与えている可能性を示唆するものといえる。また，実行機能が大学の学年とともに向上することは想定しにくいため，Toplak & Stanovich（2003）において学年の影響がみられたのは，実行機能として測定される認知能力の向上よりもむしろ，反論を受け（想定し），再反論するという経験を積み重ねることによる熟達化の結果であると推察される。このこともまた，Kuhn（1991）の指摘の妥当性を補強する証拠になるといえるだろう。

立場選択の影響　マイサイドバイアスが「自分の立場（my-side）」に依存するバイアスであることから，理由想定が「立場を決定すること」によって影響を受ける可能性を指摘する研究もある。Wolfe et al.（2009）はマイアミ大学の学生に対し「マイアミ大学では，学生に2学期間の数学の履修を課すべきだ」という論題を提示し，立場決定前に論題に対するWeb上の議論を検索させる群と，立場決定後に議論を検索させる群とで，参照される理由の傾向や，それをふまえて産出された意見文の内容を比較した。なお，学生の立場は研究者によって「賛成・反対」のいずれかにランダムに割り振られていた。その結果，立場選択前に理由を検索した群は，立場選択後に検索した群に比べ，自分と反対の立場の理由についてより多くメモし，参照していることが明らかになった。すなわち，学生は立場が決定されていなければ，両立場についての議論を参照するにもかかわらず，立場を割り振られることで，自分の立場に不利な理由の参照と産出に消極的になっていたのである。このことは，同じ理由であっても，主張を支持する賛成論としては参照されやすいが，主張を反証する反論としては参照されにくくなるという関係性を示唆するものであり，立場選択が理由の参照と産出に関連していることを示唆する結果だといえる。

　また，立場選択と理由想定に関連する研究として，道徳的論題における視

点取得の研究がある。Kohlberg（1963）はある論題について対立する2つの立場があり，両立場について利点と欠点があるという「ジレンマ問題」を考案し，その問題に対し参加者がどのような理由づけで自分の立場の正当性を主張するかについて検討した。その結果，自分の立場に固執する参加者は自分の視点からのみ理由を述べるのに対し，立場を俯瞰する第三者視点から考える参加者は立場間の差異や共通点を比較しながら自分の立場の正当性を述べることが明らかになった (e.g., Kohlberg, 1976; Selman, 1976)。このことは，第三者視点のように客観性の高い視点を取得し，自分の立場への固執を回避することがマイサイドバイアスの克服に寄与する可能性を示唆している。したがって，視点取得という観点から考えても，立場選択によって立場を固定化することは，マイサイドバイアスの生起につながりうると考えられる。

　これらの知見から示されるように，立場を決めることは，たとえそれが外部から与えられたものであったとしても（Wolfe et al., 2009），理由想定におけるマイサイドバイアスを強化する可能性がある。ところが，多くの理由想定課題では，理由想定の前に各立場に対する賛成度の評定や，立場の決定など，学習者の立場を固定化する活動が行われており (e.g., Toplak & Stanovich, 2003; Toplak et al., 2014)，理由を産出した後に立場を決定するといった立場選択の影響を取り除いた活動はほとんどみられない。さらに，意見文産出においても書き手がどちらかの立場を選択していることは前提となっており，マイサイドバイアスを克服するための介入も，立場選択後の意見文産出を対象とした内容となっている (e.g., Ferretti et al., 2000; 2009; Nussbaum & Kardash, 2005; Wolfe & Britt, 2008)[14]。

　もし，立場選択がマイサイドバイアスを強化するのだとすれば，従来の研究は立場選択によってあえてマイサイドバイアスが生起しやすい課題状況を

---

14) 中学校学習指導要領（文部科学省，2008）では，第2学年の国語科の「書くこと」において「多様な考えができる事柄について，立場を決めて意見を述べる文章を書くこと。」が指導内容として示されており，立場を決めてから意見文を産出することが学校教育においても多く行われていることが示唆される。

作り，その上でマイサイドバイアスを克服するための支援を行ってきたと解釈することもできる。だからこそ，立場に固執しがちな条件下において，自分の思考を調整し，偏りを是正するための実行機能がマイサイドバイアスと関連する重要な要因として認められてきたのかもしれない（Toplak et al., 2014）。したがって，立場選択によって書き手の立場を固定化することがその後の理由想定，さらには意見文産出に与える影響を明らかにすることは，マイサイドバイアスの生起メカニズムの解明に寄与するだけでなく，これまでに行われてきた様々な理由産出・意見文産出課題の在り方について新たな示唆を与えうると考えられる。

2.3.2 限界点

理由想定におけるマイサイドバイアスについては，Perkins（1985）らの研究をはじめとしていくつかの知見が積み重ねられており，近年では，学校教育において合理的思考や批判的思考に基づく活動を行うかどうかがマイサイドバイアス傾向と関連しているという見解が中心となっている（e.g., Kuhn, 1991; Toplak & Stanovich, 2003; Toplak et al., 2014）。ただし，合理的思考や批判的思考の能力や態度を育成するための教育方法が報告される中で（e.g., 道田, 2010）[15]，理由想定のような意見産出活動において，どのようにマイサイドバイアスを克服できるかについては未検討の部分が多く残されている。したがって，理由想定におけるマイサイドバイアスに影響を与える要因を特定することは，合理的思考や批判的思考に基づく意見産出活動の実現に貢献すると考えられる。

また，その検討に際しては「立場選択」の影響に焦点を当てた検討を行いたい。なぜなら，知識量や認知的能力，教育水準といった要因は，たしかに

---

[15] 批判的思考力を高めるための教育方法としては，作文指導だけでなく，読解，グループ討論など様々な活動がある。これらについては，楠見・子安・道田（2010）にいくつかの実践事例が紹介されている。

理由想定に影響を与える重要な要因ではあるものの，いずれも外的な介入によって変化を促すことは困難だからである。その中で，立場選択は理由想定に直接的に影響を与えうる要因であり (e.g., Wolfe et al., 2009)，立場選択を行わずに理由想定を求めるなど，介入によってその影響を低減することが可能である。また，ほとんどの意見産出研究において立場選択は産出活動前の前提的活動となっていることから (e.g., Ferretti et al., 2000; 2009; Nussbaum & Kardash, 2005; 小野田，2015d; 小野田・松村，2016; Toplak & Stanovich, 2003)，その影響を明らかにすることは先行研究に対しても重要な示唆を与えると考えられる。したがって，立場選択が理由想定や意見文産出に与える影響を明らかにし，さらにその影響を低減する方法について提案することは，学校教育における理由産出活動のみならず，先行研究に対しても有意味な示唆を提供するといえるだろう。

第 3 章　本稿の目的と枠組み

　第 1 章では，意見文産出におけるマイサイドバイアスがどのように捉えられてきたかについて，推論と意見産出に関する先行研究の概観を通して検討してきた。第 2 章では，意見文産出におけるマイサイドバイアスに影響を与える要因として意見文スキーマと理由想定に焦点を当て，それぞれに着目した先行研究の知見と，残された検討課題について述べてきた。本章では，これまでの議論を整理した上で，本稿の目的を提示することとする。また，第 4 章以降で対象とする範囲と方法を明確化するため，本稿の枠組みについても言及する。

3.1　これまでのまとめ

　マイサイドバイアスが説得的な意見文産出のために克服すべきバイアスとなることは，Toulmin モデルをはじめとする様々な研究において認められてきた。しかし，その克服支援方法の多くは，マイサイドバイアスの生起メカニズムをふまえたものとはなっておらず，対症療法的な側面が強いものであった。そのため，小学校から大学までのそれぞれの段階で，局所的に短期的指導を行うことが意見文産出におけるマイサイドバイアスの克服支援方法の主流となっており，それらの介入が効果を有する原因についての説明や，どの学習者に対しても共通して指導・支援すべき核となるポイントは示されてこなかった。これらの問題点をふまえ，前章ではマイサイドバイアスの生起メカニズムに関連する要因として，「どのように書くか」に関わる意見文スキーマと，「何を書くか」に関わる理由想定に着目する必要性を論じてきた。
　まず，意見文スキーマに関しては，「なぜ学習者はマイサイドバイアスの克

服が説得力評価を高めるという有効性の認知を有していないのか」について検討する必要があることを指摘した。この点を解決することにより，スキーマという観点からマイサイドバイアスの生起メカニズムを解明するための基礎的知見を得ることができる。また，意見文スキーマに対する介入としては，目標提示介入を基盤とする方法が継続的な指導に適していることを論じ，現在の目標提示研究の限界点についても言及した。理由想定に関しては，すでに推論研究の知見から我々が自分に不利な理由の想定に困難さを示すことが明らかにされているため，それらの産出を促す方法について検討する必要があること，そして，その際に書き手の立場に着目した検討を行う必要性があることについて言及した。

以上より，本稿では意見文産出におけるマイサイドバイアスの生起メカニズムを「意見文スキーマ」と「理由想定」の観点から解明することを第一の目的とする。この点を明らかにすることにより，作文指導において重点的な支援が必要となるポイントを明確化することができる。そして，これらの検討結果をふまえて，小学校から高校の作文指導で実行可能なマイサイドバイアスの克服支援方法を提案し，その効果を検証することまでを本稿の検討範囲とする。

3.2 本稿の目的

本稿では，(1)「意見文スキーマ」と「理由想定」の観点から，意見文産出におけるマイサイドバイアスの生起メカニズムを解明し，その結果から (2) 学校教育での応用可能性が高い「マイサイドバイアスの克服支援方法」を導出し，提案すること，の2点を目的とする。これらの検討を通し，意見文産出におけるマイサイドバイアス現象を説明する基礎的知見を提供し，学校教育における作文指導に対して示唆を与えていきたい。

近年では，インターネットを通した意見交流のツールやソフトウェア開発

が進み，SNSなどを通して自分の意見を様々な読み手に提示することが日常的な活動となっている。そのため，反対立場の意見を一方向的に非難するのではなく，自分の意見の問題点や反論に目を向け，論理的で偏りのない思考に基づいて意見文を産出する能力は，今後より一層重要になると考えられる。また，インターネットに限ってみても，その利用者層が低年齢化している（内閣府, 2014）ことから，これらの能力の育成は学校教育の初期から重要な課題になると予想される。その中で，意見文産出におけるマイサイドバイアスの生起メカニズム，およびその克服支援方法を明らかにしようとする本稿は，意見文産出研究，認知バイアス研究に対する学術的な貢献だけでなく，学校教育の作文指導，および合理的・批判的思考に基づいた意見産出活動に対する実践的な貢献が期待できるものとなるだろう。

3.3 本稿の枠組み

具体的な研究に入る前に，本稿で扱う論題や対象など，いくつかの点について基本的な枠組みを説明する。そして最後に，本稿の構成を述べる。

3.3.1 論題

本稿では，理由産出課題，意見文産出課題のいずれにおいても，賛成・反対という明確な立場が存在し，絶対的な正解がない中で相対的に立場の正当性を示す必要がある「対立的論題」を用いる。対立的論題によって，書き手を賛成・反対という二項対立的な立場に置くことは，第1に，マイサイドバイアス傾向を明確に把握できる点で有用である。すなわち，賛成・反対という立場が明確に存在するからこそ，主観的な基準ではなく，客観的かつ明確な基準によって理由を賛成論と反論とに区別することができる。そして第2に，立場選択の影響を捉える上で適した論題である点が挙げられる。たとえば，問題の解決策を論じるような論題（e.g.,「原子力発電に頼らずにエネルギーを

確保する方法はあるか」）では，必ずしも明確な立場は存在していないため，何が賛成論で，何が反論であるかといった区別が困難であり，立場選択といった要因の検討も困難になる。その点で，対立的論題は本稿の目的に適しているといえるだろう。

なお，現実社会には対立的論題以外の論題も多く存在しているため，論題を対立的論題に限定することには批判があるかもしれない。しかし，意見文産出の本質的な目的とは，自分と異なる意見をもつ他者に対して，自分の意見を論理的かつ説得的に伝えることにある。そのため，様々な論題におけるマイサイドバイアスの生起メカニズム，およびその克服支援方法の検討を行う上でも，まずは対立的論題に焦点を当てた検討を行うことが重要だと考えられる。また，中学校学習指導要領（文部科学省，2008）において「多様な考えができる事柄について，立場を決めて意見を述べる文章を書くこと」が指導内容とされているように，学校教育における意見文産出課題では，立場が明確な論題が多く扱われると考えられる。したがって，立場が明確化される典型的論題の1つである対立的論題を用いることで，一般的に実施されている意見文産出課題の多くに応用可能な知見を提供できると考えられる。

また，対立的論題の内容として，本稿では領域固有の知識を必要とせずに意見を考えることができる論題を選択した。論題に関する書き手の知識量は理由想定（e.g., McNeil & Krajcik, 2009），意見文産出（e.g., Tobias, 1994）のいずれの活動に対しても影響を与える要因となる。したがって，本稿で扱う論題はKohlberg（1963）のジレンマ問題や，SNSにおける匿名性の是非など，いずれも領域固有の知識を必要とせずに論じることのできる社会的・道徳的論題とした。そして，研究間で内容の異なる対立的論題を用いることで，知見の一般化可能性を担保できるよう試みた。

もちろん，特別な知識を必要としない論題は，社会的・道徳的論題に限られるものではない。たとえば，遺伝子治療の是非に関する問題や，クローンに関する問題（Topcu, Sadler, & Yilmaz-Tuzun, 2010）は，日常生活でも話題にな

るように，特別な知識をもたなくても議論できる内容だといえよう。しかし，本稿では「思いつく限りの」理由産出を求め，カテゴリごとの理由産出数と立場選択との関連を検討するといったように，ある程度の理由産出数を前提とした分析を行う。このように，なるべく多くの理由想定を求める課題においては，領域固有の知識を有している書き手ほど，理由産出数の期待値が高くなることは十分に予想できる。特に，科学的論題における理由産出では，領域固有の知識がきわめて重要になるため (e.g., Erduran et al., 2004; Osborne et al., 2004; Topcu et al., 2010)，書き手の知識量が理由産出に影響を与える程度も，社会的・道徳的論題に比べて大きいと考えられる。以上の理由から，本稿では社会的・道徳的論題を用いることとした。

3.3.2 対象

本稿の対象は，小学生，中学生，高校生，大学生である。ただし，個々の研究内容によって対象者は異なる。まず，マイサイドバイアスの生起メカニズムについて基礎的な知見を得ることが目的となる第Ⅱ部・第Ⅲ部の研究では，高校生と大学生を主たる対象とした検討を行う。ある程度の教育経験や認知能力，知識を有していると想定できる学習者を対象とすることで，マイサイドバイアスの生起に関連する要因に焦点を当てた検討が可能になると考えられる。

そして，マイサイドバイアスの克服支援方法の効果検証を行う第Ⅳ部では，小学生，中学生，高校生を対象とする。小学生から高校生を対象とするのは，学校教育を通したマイサイドバイアスの克服支援を考える上で，継続的な作文指導が行われる小学校から高校で応用可能な方法を提案することが重要だと考えたためである。もちろん，大学においてもレポートライティング（鈴木，2009）や，アカデミックライティング（関西地区FD連絡協議会・京都大学高等教育研究開発推進センター, 2013）のように，意見文産出の指導は行われている。しかし，筆者は大学進学の有無にかかわらず，市民生活を支えるスキルの一

つとして，学習者が意見文産出におけるマイサイドバイアスの克服能力を獲得することが望ましいと考えており，そのためには義務教育期を中心とする学校教育が重要であると考えている。むしろ，その段階での作文指導が効果的に機能していないからこそ，大学入学時点で新たに論理的な意見文産出のための指導を行う必要が生じ，初年次教育といった名称できわめて基礎的な作文指導が行われているのではないだろうか。したがって，本稿では，小学校から高校の授業で利用可能なマイサイドバイアスの克服支援方法を提案することを目的とする。

このように，高校生や大学生から得た知見を基に小学生から高校生までを対象とした介入方法を考えるという発想は，それぞれの母集団間に共通のメカニズムが存在することを前提としたものとなっている。マイサイドバイアスが幼児期（e.g., Stein & Bernas, 1999）から，青年期（e.g., Nussbaum & Kardash, 2005; Toplak & Stanovich, 2003）まで確認されていることをふまえると，こうした前提は必ずしも憶測にとどまるものとはいえないだろう。しかし，それぞれの母集団間に共通のメカニズムがあると想定することは，母集団間の差異を見えづらくする可能性もある。そこで，この点については，それぞれの研究を通して具体的な結果を得た上で，総合考察において論じることとする。

3.3.3 本稿の構成

本稿の実証的研究は，3部構成である（Figure 1）。第Ⅱ部（第4章～第6章）では研究1～研究3を，第Ⅲ部（第7章～第9章）では研究4～研究6を，第Ⅳ部（第10章～第12章）は研究7～研究9を実施する。第Ⅱ部（意見文スキーマと意見文産出の関連）では，学習者による意見文の評価が意見文産出とどのように関連しているかについて検討する。具体的には，研究1において意見文評価課題を実施し，マイサイドバイアスを克服した意見文に対して学習者がどのような評価を行っているかを検討する。ただし，ここでは「マイサイドバイアスを克服した意見文全体」の評価を求めているため，反論想定や再反

論の記述が意見文の評価とどのように関連しているかは明らかではない。そこで研究2では，文章を1文ずつ評価する「単文評価課題」を作成し，学習者が反論想定や再反論の文に対してどのような評価を行うかについて明らかにする。そして，研究3では意見文評価が意見文産出に与える影響について検討し，意見文スキーマが意見文産出におけるマイサイドバイアスと関連していることを示す。

　第Ⅲ部（立場選択と理由想定の関連）では，立場選択に着目し，立場を決定することがその後の理由想定に与える影響を検討する。まず，研究4において立場選択と理由想定の関連について検討する。ここでは，従来「反論」としてまとめられていた理由を質的に分類し，立場にとって不利な反論ほど産出数が低下することを示す。研究5では立場選択の方法を実験的に操作し，立場選択によって反論の産出数が変化するかどうかを検討する。研究6では，立場選択が意見文産出に与える影響を理由想定の観点から検討する。研究4や研究5の結果からは，立場選択が反論想定に負の影響を与えることが示されるが，研究6では意見文産出において多様な反論を想定することがかえって意見文を完成させづらくさせる可能性を示すことになる。

　第Ⅳ部（意見文産出におけるマイサイドバイアスの克服支援方法の影響）では，ここまでに得た知見をふまえ，マイサイドバイアスの克服を促す支援介入を行い，その効果を検証する。それは，第Ⅱ部と第Ⅲ部で得た知見と，そこから導かれる仮説の妥当性を教育的介入によって検証していくという意味もある。研究7では，中高生を対象に介入を実行し，研究8と研究9では児童を対象に介入の効果検証を行う。

　以上3部の結果をふまえて，第Ⅴ部では総合考察を行い，本稿の結果の意義や学校教育への示唆について考えていく。学術的には，意見文産出研究や推論研究に対して本稿の結果がどのような示唆を与えるかについて論じ，実践的には批判的思考や合理的思考に基づく意見文産出を促すためにどのような指導が必要になるかを論じていく。

第Ⅱ部　意見文スキーマと意見文産出の関連

第4章 文章構造が意見文の説得力評価に与える影響（研究1）[16]

4.1 問題と目的

「意見文産出において学習者はなぜマイサイドバイアスを克服しないのか？」と考えると，最も簡単な理由として「学習者はマイサイドバイアスを克服することが意見文の説得力を高めると思っていないから」という回答を思いつく。マイサイドバイアスを克服することの有効性を認知していない学習者は，意見文産出において「マイサイドバイアスを克服した意見文のスキーマ」を活性化しないため，マイサイドバイアスの克服に失敗するのだと予想できるためである（e.g., Baron, 1995; Nussbaum & Kardash, 2005; Reznitskaya et al., 2001; Wolfe, 2012）。

それでは，なぜ学習者は「マイサイドバイアスの克服が意見文の説得力評価を高める」という有効性の認知をもちにくいのだろうか。もし，反論想定と再反論が意見文の説得力を高めることに寄与しているのだとすれば，学習者は日常生活や学校生活で意見文に触れる中で，ある程度は自然に「マイサイドバイアスの克服が意見文の説得力評価を高める」という有効性の認知を獲得すると考えられる。しかし，日常生活，学校生活を問わず，様々な意見文に触れてきたと考えられる大学生であってもマイサイドバイアスが確認されている（e.g., Baron, 1995; Nussbaum & Kardash, 2005; Wolfe et al., 2009）ことからは，反論想定や再反論が必ずしも説得力評価に寄与していない，あるいは，説得力評価に寄与していても，それが有効性の認知に結びつくほど明確では

16）本研究のデータを再分析し，加筆修正したものが小野田・鈴木（2017）である。

ないといった可能性が示唆される。実際に，反論想定や再反論を含む文章構造が意見文評価に与える影響については，先行研究間でも結果が一致しているとはいえず（e.g., メタ分析の結果，反論想定と再反論を行うことの効果量はAllen (1991) で $r = .076$, O'Keefe (1999) で $r = .077$ときわめて小さい），そもそも学習者はマイサイドバイアスを克服した意見文を説得的な意見文として評価しているのか，という基本的な問いについて明確な回答は得られていない。そこで本研究では，まず反論想定や再反論を含むかどうかという文章構造の差異が意見文評価に与える影響を検討する。

文章構造の影響を正確に検出するためには，いくつかの要因の影響について考慮する必要がある。O'Keefe (2004) によれば，その要因は以下3点に集約できる。第1に，「変数の効果を調整する要因」（moderating factors）の問題がある。たとえば，意見の構成要素に着目したメタ分析によれば，想定される反論をあらかじめ提示することは，政治的信念に関する論題においては説得力を低減するが，商品広告についての論題においてはそうした効果を有さないことが示されている（O'Keefe, 1999）。すなわち，反論想定が説得力評価に与える効果は論題という要因から影響を受けており，その影響を考慮しない研究デザインでは，文章構造の効果を適切に検討することは不可能だといえる。

第2に，「変数の多重役割」（multiple roles for variables）の問題がある。これは，たとえば「文章の長さ」という1つの変数であっても，文脈によって非精緻化処理を活性化したり，精緻化処理を活性化したりするということである[17]。より具体的には，文章の長さは，「長い文章はたいてい良い文章だ」と

---

17) 非精緻化処理および精緻化処理は，説得の二重過程モデル（Dual process model of persuasion）において想定される評価者の情報処理過程である。二重過程モデルには，精緻化可能性モデル（Elaboration Likelihood Model, Petty & Cacioppo, 1986）やヒューリスティック・システマティックモデル（Heuristic-systematic Model, Chaiken, 1980）が含まれており，両モデル間にはいくつかの相違があるものの，評価者の情報処理について (1) 情報を精緻化して処理する精緻化処理過程（e.g., 情報の本質的な点について熟考して評価する）と，(2) 情報を精緻化せず処理する非精緻化処理過程（e.g., 情報発信者の好感度や専門性など，情報の本質的でない点に基づいて評価する）という2つの過程を想定する点で共通している。

いうヒューリスティックを喚起し，非精緻化処理を活性化することもあるが（Wood, Kallgren, & Preisler, 1985），論題が複雑でテクニカルな内容であった場合，長い文章は読み手の注意を引き，精緻化処理を活性化することもある（Soley, 1986）。このように，変数の効果は文脈によって異なる可能性があるため，研究間で一貫した効果を確認することが難しかったのだと考えられる。

第3の課題は「論題間の変動性」（message-to-message variability）の問題である。これは，論題間差を考慮した研究デザインの欠如を指摘するものであり，上述2点の問題を生起させる最も重大な問題だといえる。具体的には，第1の課題は特定の論題だけを扱った場合（e.g., 政治的信念に関する論題のみを用いて，反論想定の効果を検討する）に生じやすく，第2の課題も特定の論題だけを用いた場合に生起可能性が高まる問題だといえる。すなわち，ある変数が説得力評価に与える影響を正確に捉えるためには，複数の論題を扱うと同時に，論題の違いを要因とした上で変数の影響を評価する必要があるのである。ところが，O'Keefe（2004）が指摘するように，従来の研究は単一（あるいは少数）の論題のみで変数の効果を検討しているものが多く，それが研究間の知見の不一致を招いている主たる原因の1つになっていると考えられる。したがって，上述2点の問題を克服するためにも，論題間の変動性の問題を克服する必要性があるといえるだろう。

論題間の変動性を考慮し，複数の論題を用いた研究としては，Wolfe et al. (2009) がある。Wolfe et al. (2009) は，「賛成論」，「賛成論＋反論想定」，「賛成論＋反論想定＋再反論」という文章構造の異なる3つのターゲット文章を35の論題で提示し，個人内でそれらを比較した評価を求めることで，反論想定と再反論が文章の評価を高めることを明らかにしている。しかし，Wolfe et al. (2009) の研究にも大きく2つの問題がある。第1に，35の論題に対する評価得点をプールして分析を行っており，論題の違いを要因として扱っていない。つまり，論題によって評価得点が異なることや，論題によって文章構造の効果が異なる可能性については検討を行っていないのである。こうした実

験刺激（論題）の違いによる反応（文章に対する評価）の変動は変量項目効果（random item effect）と呼ばれ，変量項目効果を無視して分析を行った場合には，第一種の過誤の確率が上がることが指摘されている（Murayama, Sakaki, Yan, & Smith, 2014）[18]。しかし，Wolfe et al. (2009) の研究を含め従来の実験研究では，実験刺激の違いによる反応の変動はあまり考慮されない傾向にあった（Westfall, Kenny, & Judd, 2014）。したがって，文章構造の効果における論題間差を検討する上でも，研究デザインに適した分析を行う上でも，論題間差を考慮したモデルで分析をすることは重要になる。

　第2に，Wolfe et al. (2009) では文章構造を被験者内要因として研究が行われている。つまり，各参加者は同一の論題について，「賛成論」，「賛成論＋反論想定」，「賛成論＋反論想定＋再反論」という構造の異なる3つのターゲット文章を読み比べて評価している。しかし，日常場面においては，国語教師が学習者の意見文を評価する場合のように，1つの論題について文章構造の異なる複数の意見文を読み比べることもあれば，広告や新聞の社説など，特定の論題について述べられた単一の意見文だけを読むこともある。そのため，文章構造を被験者内要因として研究を行うだけでなく，文章構造を被験者間要因とし，他の意見文との読み比べができない場合の反論想定と再反論の効果も検討する必要がある。

　また，文章構造を被験者内要因として扱った場合と，被験者間要因として扱った場合とを比較することで，先行研究間の知見の不一致を解決しうる知見を得ることが期待できる。なぜなら，文章構造の効果がほとんど認められない研究では，1つの論題について1つの文章構造の意見文だけを評価させているものが多く（e.g., Bettinghaus & Baseheart, 1969（$r = .052$）；Dipboye, 1977（r

---

18) Wolfe et al.（2009）の研究のように，複数の研究参加者が複数の論題について評価を求められる場合，参加者と論題は互いにクロスした関係にあることになる。つまり，1人の参加者が複数の論題について評価を行うため，論題は参加者にネストされているとみなせるが，同時に，1つの論題は複数の参加者に評価されるため，参加者が論題にネストされているとみなすこともできる。このような研究デザインでは，学校と児童生徒の関係のようなネストされている関係にあるというよりも，互いにクロスした関係にあることになる（Murayama et al., 2014）。

= .008)），文章構造の効果が示された研究では，複数の文章構造を相対的に評価させているためである（e.g., Wolfe et al., 2009（r = .549)[19]）。複数の文章構造を相対的に評価する場合，参加者にとって文章構造の差異は認識しやすくなる。そのため，同じ論題でも文章構造の差異によって意見文の評価は変化しやすいと考えられる。一方，1つの論題について1つの文章構造のみを評価する場合は，文章構造の特徴には気づきにくいと考えられる。そのため，文章構造が被験者内要因であるときに文章構造の効果はみられ，被験者間要因となる場合は，文章構造の効果はみられない可能性が高いと予想できる。

以上の問題意識から，本研究では，説得力評価の論題間差や文章構造の効果の論題間差を変量項目効果としてモデルに加えた，混合効果モデル（mixed-effects model; Baayen, Davidson, & Bates, 2008）によって分析を行う。これにより，論題の違いを要因とした上で文章構造の効果を検討することが可能となる。また本研究では，参加者が構造の異なる複数の文章を相対的に評価する方法（文章構造を被験者内要因とする方法）を「相対評価法」，参加者が単一の構造の文章のみを評価する方法（文章構造を被験者間要因とする方法）を「独立評価法」と呼び，両方法において文章構造が説得力評価に与える影響を検討する。具体的には，実験1において相対評価法の下で文章構造が説得力評価に与える影響について検討し，実験2において同様の検討を独立評価法の下で実行する。これら両研究の結果を比較することで，評価方法の観点から文章構造の影響を明らかにできると考えられる。

なお，本研究では「説得的かどうか」という単一の項目で説得力について評価を求めるのではなく，説得力評価を認知的側面と情緒的側面から多面的に捉える。反論想定や再反論を含むことが説得力の向上に効果的だと予想されるのは，それらの記述がデータから主張に至る論理性や反論困難性を高めるためだと考えられる（e.g., Toulmin, 1958）。したがって，文章構造は説得力評価そのものだけでなく，論理性や一貫性，反論困難性といった認知的側面

---
19) ここでは，「意見文の質の高さ」に対する評価得点の効果量を示している。

での評価にも影響を与える可能性がある。また，人の選択や判断は感情的情報から強く影響を受ける (e.g., Damasio, 1994; Duncan & Barrett, 2007; Haidt, 2001; Kahneman, 2011) ため，反論想定や再反論が文章の情緒的側面の評価に与える影響についても考慮する必要がある。たとえば，あえて反論に言及することに対して興味や公平感を感じ，説得力を高く評価する読み手がいる可能性はあるだろう。さらに，意見の内容に興味がない，あるいは嫌悪感をもつ場合には，その内容に対する理解や学習は生じないと考えられる（McGuire, 1985）ため，文章に対する嫌悪感なども説得力を構成する要素になると考えられる。したがって，認知的側面の評価だけでなく，情緒的側面の評価にも着目することで，文章構造の差異が説得力評価に与える影響を多角的に捉えることができるだろう。

　以上より，本研究では (1) 相対評価法と，(2) 独立評価法の両方の評価方法の下で，文章構造が意見文評価に与える影響を検討する。また，その際には論題によって文章構造の影響が異なるかどうかについても検討する。そうすることで，「なぜ学習者はマイサイドバイアスを克服することの有効性の認知をもちにくいのか」という問いについて評価の観点から回答を得ることができるだろう。

4.2　予備調査

4.2.1　目的

　本研究の目的を達成するためには，論題ごとに複数の構造を有する文章が必要である。そこで本研究では，Wolfe et al. (2009) が文章評価の材料として用いている35の文章をターゲット文章の候補とした。このターゲット文章は新聞などの媒体で実際に提示された「真正性のある意見文（authentic arguments）」[20]であり，我々が日常生活で目にする意見文を再現するのに適

していると考えられる。ただし，その中には，本邦の大学生にとって馴染みがなく，内容を理解するためにいくつかの前提的知識が必要になる論題（e.g., イギリスとの同盟関係）も含まれている。

そこで本研究では，本邦の学生を対象とした予備調査を行い，本実験での実施に適したターゲット文章を抽出することとした。具体的には，参加者の立場が極端に偏らず，内容が十分に理解できるという基準でターゲット文章を抽出した。ここで参加者の立場の偏りを基準の1つとしているのは，扱われている論題が参加者にとって吟味が必要な内容となっているかどうかを確認するためである。たとえば，参加者のほとんどが賛成や反対に偏る論題は，そもそも両立場の正当性を吟味する必要がない論題とみなされている可能性があり，説得力評価の個人差を捉えるのに適した論題とはいえない。また，アメリカとイギリスの同盟関係や，アメリカの大統領制など，日本人にとって馴染みがなく，主張内容が理解しにくい文章の場合，いいかげんな回答が誘発されてしまう恐れがあることから，すべての参加者が十分に理解できる内容のターゲット文章を整理する必要がある。

4.2.2 方法

ターゲット文章　Wolfe et al. (2009) で用いられている35の論題からなる文章を候補とした。教育心理学を専攻する大学生4名と博士課程の大学院生2名の計6名が文章を日本語に翻訳し，正確かつ読みやすい訳となっているかどうかについて相互チェックを行った。その際には，日本語としての分かりやすさをふまえ，必要に応じて原文に一部加筆を行った（e.g., テレビの番組名を本邦の番組名へと変更する）。最後に，大学で英語を教えている教員1名と英語圏での長期的な生活経験がある大学院生1名のチェックを経て，日本語と

---

[20] 学級で産出された意見文や，研究者が実験のために作成した意見文ではなく，新聞記事や論評など「読み手を説得するために，実際に公表された意見文」をWolfe et al. (2009) は「真正性のある意見文」と呼んでいる。

して自然な文章となるように内容を整えた。

対象 参加者の学歴や学力レベルが偏らないようにするため，Web調査によって専門学校1校，国公立大学8校，私立大学5校の専門学校生，大学生，大学院生57名（男性29名，女性28名）より回答を得た。

手続き Web調査にはGoogleのフォームを用い，フォームのURLおよびQRコードを載せた回答依頼書を大学の関係者に送信し，協力を求めた。Web上では，はじめに協力者の所属校と学年について回答を求め，その後ターゲット文章の主張部分（e.g.,「テレビは子どもの肥満問題の一因となっている」）を35論題分提示し，「賛成度」を5件法（1：全く賛成できない〜5：とても賛成できる）で尋ねた（付録1）。また，参加者のうち教育心理学を専攻する4名の大学生に対しては，賛成度評価に加え，文章の内容が十分に理解できる内容となっているかどうかの確認を求めた。

4.2.3 結果

主張への賛成度について，1か2に回答した参加者数（反対立場の人数），あるいは4か5に回答した参加者数（賛成立場の人数）が51名（全参加者の約90%）以上になった14の論題を，立場が極端に偏る論題と判断し，本実験では使用しないこととした。

また，文章の内容が理解できるかどうかを確認した4名の大学生は，回答傾向に極端な偏りがみられなかった意見文のうち，3つの論題（「大統領制」，「アメリカの国旗」，「創世説の科学」）について，「よく分からずに評価している」，または「判断できない」と報告した。これらの論題は，翻訳段階でも日本人大学生にとっては理解が困難であると想定していた論題であり，事前の想定と学生の実際の評価とが合致していたことから，上述の14論題と，これら3論題の計17の文章を除外し，残った18論題からなるターゲット文章を本実験で用いることとした。実際の文章例については付録2に示す。

4.3 実験1：相対評価法による検討

4.3.1 目的

　実験1では，相対評価法の条件下において，意見文の文章構造が意見文評価に与える影響を検討する。また，その影響が論題によって異なるかどうかについても検討を加える。文章構造としては，Wolfe et al.(2009)と同様に「賛成論」，「賛成論＋反論想定」，「賛成論＋反論想定＋再反論」という3種類を設定し，1人の参加者が1つの論題についてそれぞれ3文を評価するように求める。なお，以下で示すように，本研究ではそれぞれを「反論なし文」，「反論文」，「再反論文」と呼ぶ。

　仮説　実験1はWolfe et al.(2009)と同じ相対評価法の下で意見文評価を求めるため，Wolfeらの結果が再現されると考えられる。そこで仮説1-1「反論なし文に比べ，再反論文は説得力をより高く評価される」を検証する。また，Allen(1991)やO'Keefe(1999)のメタ分析によって，反論を想定するだけの意見は，賛成論のみの意見よりも低い評価を受けることが示されていることから，仮説1-2「反論なし文に比べ，反論文は説得力をより低く評価される」を検証する。

　これらの仮説を検証することには，マイサイドバイアスの克服が意見文評価に与える影響を明らかにするだけでなく，本研究と先行研究の連続性を検討するという意味もある。本研究では，予備調査を通して本実験で用いるターゲット文章を抽出した。こうした手続きを経ることで，実質的には先行研究と異なるターゲット文章を用いることとなり，先行研究との連続性が失われ，結果の再現性が保証されなくなる可能性もある。したがって，上述の2つの仮説について検討し，Wolfe et al.(2009)の結果と一致するかどうかを調べることで，本研究の手続きの妥当性についても示すことができると考え

られる。

4.3.2 方法

対象 関東圏の国立大学1校，私立大学1校の大学生41名（男性13名，女性28名）を対象とした。

ターゲット文章 予備調査を経て選択した18のターゲット文章を用いた（付録2）。なお，文章の提示順序についてはカウンターバランスを行った。本研究では相対評価法により意見文評価課題を実施するため，1つの論題につき「反論なし文」，「反論文」，「再反論文」の3つの文章構造の意見文を提示した。それぞれの文章の構造についてTable 4.1に，その下に意見文例を示す。

Table 4.1 文章構造の差異

文章の順番	反論なし文	反論文	再反論文
1文目	主張	主張	主張
2文目	賛成論	賛成論	賛成論
3文目	主張	反論想定	反論想定
4文目	—	主張	再反論
5文目	—	—	主張

【反論なし文】

「死刑制度は廃止されるべきである［主張］。なぜなら，DNA鑑定などに代表される新しい科学的手法によって，無実の罪で死刑になった人が多くいることが判明したからだ［賛成論］。だから，死刑制度は廃止されるべきである［主張］。」

【反論文】

「死刑制度は廃止されるべきである［主張］。なぜなら，DNA鑑定などに代表される新しい科学的手法によって，無実の罪で死刑になった人が多くいる

ことが判明したからだ［賛成論］。たしかに，死刑制度は殺人犯予備軍を抑制するために，事実上命を救っているという意見もある［反論想定］。それでも，死刑制度は廃止されるべきである［主張］。」

【再反論文】
「死刑制度は廃止されるべきである［主張］。なぜなら，DNA鑑定などに代表される新しい科学的手法によって，無実の罪で死刑になった人が多くいることが判明したからだ［賛成論］。たしかに，死刑制度は殺人犯予備軍を抑制するために，事実上命を救っているという意見もある［反論想定］。しかし，殺人事件の多くは制御できない一時の気持ちの高ぶりから生じる，衝動的な犯行である［再反論］。だから，死刑制度は廃止されるべきである［主張］。」

なお，予備調査で選定した全18論題をそのまま相対評価法による意見文評価に用いると，参加者ごとに論題（18）×文章構造（3）の計54文の評価を行うことになり，参加者に過度な負担をかけることになる。そこで実験1では，18の論題を3グループに分け，各参加者が論題（6）×文章構造（3）の計18文の評価を行うように課題を設定した。なお，3グループの課題はランダムで配布した。

項目 (1) **立場の選択** 6文のターゲット文章の主張部分を提示し，各文章の主張に対する賛成度を4件法（1：反対だ～4：賛成だ）で求めた。(2) **ターゲット文章の評価** 「説得力（この意見は説得的だ）」を問う項目に加え，認知的評価項目として「論理性（この意見は論理的だ）」，「一貫性（この意見には一貫性がある）」，「反論困難性（この意見に対して反論するのは困難だ）」の3項目，情緒的評価項目として「公平感（この意見は公平だ）」，「興味（この意見は興味深い）」，「嫌悪感（この意見には嫌悪感をもつ）」の3項目による合計7項目について5件法（1：まったくそう思わない～5：とてもそう思う）で回答を求めた。

意見文評価課題の構成 フェイスシートには，研究目的と概要，および個

人情報の保護等に関する説明事項を記載し，回答時の注意点として「前のページに戻ったり，ページを飛ばして回答したりしないこと」を提示した。1ページ目には，参加者の論題に対する立場を把握するため，6論題の主張それぞれについて賛成度の評価を求める項目を設定した。また，2ページ以降では各ページにそれぞれのターゲット文章と評価項目を提示した。なお，カウンターバランスは論題と文章構造のいずれについても行った。

手続き フェイスシートに記載した実験目的と課題の実施方法について説明し，実験実施の同意を得た後，意見文評価課題への回答を求めた。1度の実験にかかる時間は約30分であった。なお，実験1と実験2のいずれにおいても，前のページに戻って評価をやり直す参加者は確認されなかった。

4.3.3 結果

本研究の分析は全て，オープンソースの統計ソフトウェア環境であるR 3.1.1上で行った。また，混合効果モデルによる分析はlme4パッケージの関数（Bates, Maechler, Bolker, & Walker, 2015）lmer()を用いて実行した（完全最大法：full maximum likelihood）。文ごとにみた各項目の評価得点の平均値と標準偏差をTable 4.2に示す。なお，ここで示している値は全18のターゲット文章に対する評価得点をプールして算出したものである。

文章構造が意見文評価に与える影響 文章構造が意見文評価に与える影響

Table 4.2 文ごとにみた各質問項目に対する評価得点の平均値と標準偏差

	反論なし文		反論文		再反論文	
	平均値	標準偏差	平均値	標準偏差	平均値	標準偏差
説得力	2.70	1.07	2.03	0.98	3.21	1.09
論理性	2.69	1.07	2.04	0.96	3.13	1.15
一貫性	3.68	0.95	2.46	1.09	3.45	1.06
反論困難性	2.00	0.95	1.81	0.78	2.42	1.08
公平感	2.16	0.97	1.98	0.81	2.67	1.14
興味	2.49	1.02	2.27	0.93	2.88	1.17
嫌悪感	2.45	1.02	2.79	1.15	2.40	1.08

について，混合効果モデルによって分析を行った。具体的には，i番目の論題に対するj番目の参加者の文章評価得点をY_{ij}とすると，意見文の各評価得点と文章構造の関連に論題間変動と個人間変動がないことを仮定したモデルは，(1) 式のモデルAとなる。なお，文章構造の影響について検討する際には，「反論ダミー」（反論群＝1，その他の群＝0）と，「再反論ダミー」（再反論群＝1，その他の群＝0）の2つのダミー変数を用いた。

モデルA：傾きに変量効果を仮定しないモデル

$$Y_{ij} = \gamma_{00} + u_{0i} + u_{0j}$$
$$+ \gamma_{10} * (立場)_{ij}$$
$$+ \gamma_{20} * (反論ダミー)_{ij}$$
$$+ \gamma_{30} * (再反論ダミー)_{ij} + e_{ij} \tag{1}$$

モデルB：傾きに論題間変動を仮定するモデル

$$Y_{ij} = \gamma_{00} + u_{0i} + u_{0j}$$
$$+ \gamma_{10} * (立場)_{ij}$$
$$+ (\gamma_{20} + u_{2i}) * (反論ダミー)_{ij}$$
$$+ (\gamma_{30} + u_{3i}) * (再反論ダミー)_{ij} + e_{ij} \tag{2}$$

モデルC：傾きに個人間変動を仮定するモデル

$$Y_{ij} = \gamma_{00} + u_{0i} + u_{0j}$$
$$+ \gamma_{10} * (立場)_{ij}$$
$$+ (\gamma_{20} + u_{2j}) * (反論ダミー)_{ij}$$
$$+ (\gamma_{30} + u_{3j}) * (再反論ダミー)_{ij} + e_{ij} \tag{3}$$

Table 4.3 尤度比検定の結果（相対評価法）

	説得力			論理性			一貫性			反論困難性
	逸脱度 (NP)	逸脱度の差(NP)	p値	逸脱度 (NP)	逸脱度の差(NP)	p値	逸脱度 (NP)	逸脱度の差(NP)	p値	逸脱度 (NP)
モデルA	2101.4(7)	—	—	2144.2(7)	—	—	2035.0(7)	—	—	1891.6(7)
モデルB	2100.4(12)	1.0(5)	.96	2142.8(12)	1.4(5)	.92	2034.2(12)	0.9(5)	.97	1882.1(12)
モデルC	2071.5(12)	28.9(5)	.00	2121.3(12)	21.5(5)	.00	2009.8(12)	24.3(5)	.00	1851.9(12)
モデルD	2070.0(17)	1.5(5)	.91	2119.6(17)	1.7(5)	.89	2008.9(17)	0.9(5)	.97	1845.0(17)

注．NPは，推定される母数の数（number of parameters）を意味する．

モデルD：傾きに論題間変動と個人間変動を仮定するモデル

$$Y_{ij} = \gamma_{00} + u_{0i} + u_{0j}$$
$$+ \gamma_{10}*(立場)_{ij}$$
$$+ (\gamma_{20} + u_{2i} + u_{2j})*(反論ダミー)_{ij}$$
$$+ (\gamma_{30} + u_{3i} + u_{3j})*(再反論ダミー)_{ij} + e_{ij} \quad (4)$$

ここで，γ_{00}は評価得点の切片であり，u_{0i}は評価得点の論題間変動，u_{0j}は評価得点の個人間変動を表す．もし，評価得点が意見文の論題や個人に関係なく等しければ，u_{0i}とu_{0j}の分散はそれぞれ0になる．言い換えれば，これらの分散の値が大きいことは，論題や個人によって評価得点が異なることを意味する．

また，意見文評価には意見文の主張に対する事前の読み手の立場が影響すると考えられるため，主張に対する事前の賛否を統制した．具体的には，主張に対して「反対」「どちらかというと反対」と回答した場合に0，「どちらかというと賛成」「賛成」と回答した場合に1を割り当てて，分析モデルに組み込んだ．γ_{10}はこの「立場」の効果を表している．なお，ここでは立場を統制変数として扱うため，変量効果は仮定せずにモデルに組み込むこととした．

γ_{20}は「反論なし」文章と比較した時の「反論あり」文章の効果の平均，γ_{30}は「反論なし」文章と比較した時の「再反論」文章の効果の平均である．ま

		公平感			興味			嫌悪感		
逸脱度の差(NP)	p値	逸脱度(NP)	逸脱度の差(NP)	p値	逸脱度(NP)	逸脱度の差(NP)	p値	逸脱度(NP)	逸脱度の差(NP)	p値
—	—	2025.5(7)	—	—	2066.4(7)	—	—	2059.7(7)	—	—
9.5(5)	.09	2019.4(12)	6.0(5)	.30	2064.6(12)	1.8(5)	.87	2059.2(12)	0.5(9)	.99
30.2(5)	.00	2002.5(12)	16.9(5)	.00	2051.5(12)	13.1(5)	.00	2049.4(12)	9.8(9)	.00
6.9(5)	.23	1994.8(17)	7.8(5)	.17	2048.9(17)	2.6(5)	.76	2048.7(17)	0.7(9)	.99

た，u_{2i}, u_{3i}はそれぞれ，文章構造の効果の論題間変動を，u_{2j}, u_{3j}はそれぞれ，文章構造の効果の個人間変動を表す．つまり，これらの分散が大きいことは，文章構造が評価得点に与える影響は論題や個人によって異なることを意味する．

　文章構造と意見文の各評価得点との関連に論題間差と個人間差があるかを検討するため，これらの関連に論題間変動も個人間変動もないことを仮定した（1）式のモデルAに比べ，これらの関連に論題間差があることを仮定した（2）式のモデルB，関連に個人間差があることを仮定した（3）式のモデルCにおいて，データに対する当てはまりの良さが改善されるかを尤度比検定によって検討した[21]．その結果，いずれの項目においても，モデルAとモデルBの当てはまりの良さに差はなかったが，モデルAと比較してモデルCの当てはまりが良いことが示された（Table 4.3）．すなわち，文章構造と意見文評価との関連は意見文の論題に関係なく一定であるが，個人によってその関連は異なることが示された．また，確認のためモデルCと比較して，関連に論題間差と個人間差の双方があることを仮定した（4）式のモデルDのデータに対する当てはまりの良さが改善されるかについても検討を行ったが，モデルCとモデルDの当てはまりの良さに有意な差はみられなかった．そこで，モデルCの下で得られた推定値と標準誤差をTable 4.4に示すこととする．

---
21) モデル選択に際しては，リストワイズ削除を行ったデータセットを使用して分析を行った．

Table 4.4　文章構造が意見文評価に与える影響（相対評価法）

		説得力		論理性		一貫性	
		推定値	標準誤差	推定値	標準誤差	推定値	標準誤差
固定効果							
切片	(γ_{00})	2.460**	0.123	2.492**	0.109	3.478**	0.098
立場	(γ_{10})	0.477**	0.075	0.405**	0.077	0.399**	0.071
反論ダミー	(γ_{20})	-0.664**	0.010	-0.644**	0.103	-1.220**	0.111
再反論ダミー	(γ_{30})	0.507**	0.126	0.429**	0.121	-0.230**	0.085
変量効果							
個人							
切片	$(Var(u_{0j}))$	0.235		0.140		0.173	
反論ダミー	$(Var(u_{2j}))$	0.139		0.153		0.273	
再反論ダミー	$(Var(u_{3j}))$	0.386		0.322		0.056	
論題							
切片	$(Var(u_{0i}))$	0.085		0.065		0.023	

注.「公平感」については解が収束しなかったため，変量効果間の共分散を仮定しない方法により推

分析の結果,「説得力」,「論理性」,「反論困難性」,「公平感」,「興味」については，評価得点と反論ダミーとの間に有意な負の関連が認められ，再反論ダミーとは有意な正の関連が認められた。すなわち，これらの評価項目については，反論想定をするだけで再反論を行わない意見文が他の文章構造の意見文よりも低い評価を得ており，その一方で，反論想定と再反論を含む意見文は，他の文章構造の意見文よりも高い評価を受けていることが示された。

また,「一貫性」については，反論ダミーと再反論ダミーの両方で評価得点との間に有意な負の関連が認められた。すなわち，反論想定を含む意見文は，賛成論だけの意見文よりも一貫性を低く評価されていることが示された。

最後に,「嫌悪感」については，反論ダミーにおいてのみ評価得点との間に有意な正の関連が認められた。すなわち，反論想定をしてそれに対する再反論を行っていない意見文は，他の文章構造の意見文に比べ嫌悪感を高く評価されていることが示された。

以上の結果は，仮説1-1（反論なし文に比べ，再反論文はより高い評価を受ける），

反論困難性		公平感		興味		嫌悪感	
推定値	標準誤差	推定値	標準誤差	推定値	標準誤差	推定値	標準誤差
1.772**	0.112	1.979**	0.098	2.341**	0.104	2.728**	0.107
0.463**	0.064	0.358**	0.083	0.304**	0.075	-0.541**	0.075
-0.192*	0.076	-0.175*	0.085	-0.216*	0.086	0.339**	0.092
0.416**	0.106	0.514**	0.119	0.383**	0.102	-0.054	0.085
0.288		0.089		0.164		0.135	
0.046		0.225		0.039		0.086	
0.272		0.025		0.164		0.032	
0.040		0.031		0.040		0.065	

定を行った。 $\quad$ *$p<.05$, **$p<.01$

および仮説1-2（反論なし文に比べ，反論文はより低い評価を受ける）を支持するものであり，相対評価法の条件下においては，マイサイドバイアスを克服した意見文が高く評価されることを示す結果だといえるだろう。また，これらの結果は，本研究においてWolfe et al. (2009) の知見が概ね再現されていることを示す結果だと考えられる。

4.4 実験2：独立評価法による検討

4.4.1 目的

実験2では，独立評価法の条件下において，意見文の文章構造が意見文評価に与える影響を検討する。また，その影響が論題によって異なるかどうかについても検討を加える。文章構造としては，研究1と同様に「反論なし文」，「反論文」，「再反論文」という3つを設定した（Table 4.1）。ただし，実験2で

は独立評価法での意見文評価を求めるため，それぞれの文を評価対象とする群分けを行った。具体的には，反論なし文だけを評価する「反論なし群」，反論文だけを評価する「反論群」，再反論文だけを評価する「再反論群」の3群を設け，群間で意見文評価の傾向を比較することとした。

仮説 もし，マイサイドバイアスを克服した意見文が評価方法にかかわらず説得的だと評価されるのであれば，実験2においても実験1と同様の結果が得られると考えられる。そこで，実験1と同様に仮説2-1「反論なし文に比べ，再反論文はより高い評価を受ける」，仮説2-2「反論なし文に比べ，反論文はより低い評価を受ける」を検証する。

4.4.2 方法

対象 国立大学1校，私立大学2校の大学生123名（男性68名，女性55名）を対象とした。

ターゲット文章 実験1と同じターゲット文章を用いた。ただし，実験2では独立評価法での意見文評価を求めるため，1人の参加者が1つの論題について1つの意見文だけを評価すれば良い。そこで，実験2では1人の参加者に18文のターゲット文章全てを評価するように求めた。

項目 (1) 立場の選択，(2) ターゲット文章の評価，のいずれについても，実験1と同様の項目を用いた。

群分け 対象者を「反論なし群（$n=37$）」，「反論群（$n=46$）」，「再反論群（$n=40$）」の3群にランダムに分けた。

意見文評価課題の構成 フェイスシートは実験1と同じものを用い，意見文評価課題の1ページ目（フェイスシートを除く）には，学習者の論題に対する立場を測定するため，18文のターゲット文章の主張それぞれについて賛成度の評価を求める項目を設定した。次ページ以降では，ページごとにそれぞれのターゲット文章と評価項目を提示した。なお，いずれの群で用いた課題においても，ターゲット文章の提示順序についてはカウンターバランスを行っ

た。

手続き 実験目的と課題の実施方法について説明し，実験実施の同意を得た後，意見文評価課題への回答を求めた。1度の実験にかかる時間は約30分であった。

4.4.3 結果

群ごとにみた各項目の評価得点の平均値と標準偏差をTable 4.5に示す。なお，ここで示している値は全18のターゲット文章に対する評価得点をプールして算出したものである。

文章構造が意見文評価に与える影響 実験1と同様に，混合効果モデルによって文章構造が意見文評価に与える影響を検討した。基本的な分析モデルは実験1と同様であるが，独立評価法では文章構造の影響について個人間変動は検討できないため，文章構造と意見文の各評価得点との関連に論題間変動がないことを仮定した（1）式のモデルAに比べ，これらの関連に論題間差があることを仮定した（2）式のモデルBにおいてデータに対する当てはまりの良さが改善されるかを尤度比検定によって検討した。その結果，全ての従属変数について，モデルAに比べモデルBの方が当てはまりが良く，文章構造の影響は意見文の論題によって異なることが示唆された（Table 4.6）。そこで，モデルBの下で得られた推定値と標準誤差をTable 4.7に示す。

Table 4.5 群ごとにみた各質問項目に対する評定の平均値と標準偏差

	反論なし群		反論群		再反論群	
	平均値	標準偏差	平均値	標準偏差	平均値	標準偏差
説得力	2.89	0.63	2.80	0.62	2.77	0.64
論理性	2.69	0.63	2.68	0.56	2.63	0.63
一貫性	3.08	0.64	3.00	0.71	2.88	0.74
反論困難性	2.28	0.55	2.26	0.50	2.14	0.48
公平感	2.51	0.49	2.65	0.52	2.41	0.60
興味	3.03	0.64	3.23	0.65	3.16	0.76
嫌悪感	2.51	0.63	2.29	0.44	2.40	0.53

Table 4.6 尤度比検定の結果（独立評価法）

	説得力			論理性			一貫性			反論困難性
	逸脱度 (NP)	逸脱度の差(NP)	p値	逸脱度 (NP)	逸脱度の差(NP)	p値	逸脱度 (NP)	逸脱度の差(NP)	p値	逸脱度 (NP)
モデルA	6454.8(7)	—	—	6350.4(7)	—	—	6492.8(7)	—	—	6300.4(7)
モデルB	6412.3(12)	42.5(5)	.00	6319.4(12)	30.9(5)	.00	6447.8(12)	45.0(5)	.00	6287.0(12)

注. NPは，推定される母数の数 (number of parameters) を意味する。

Table 4.7 文章構造が意見文評価に与える影響（独立評価法）

		説得力		論理性		一貫性	
		推定値	標準誤差	推定値	標準誤差	推定値	標準誤差
固定効果							
切片	(γ_{00})	2.703**	0.164	2.562**	0.144	2.888**	0.155
立場	(γ_{10})	0.409**	0.048	0.296**	0.048	0.443**	0.048
反論ダミー	(γ_{20})	-0.110	0.155	-0.034	0.146	-0.103	0.163
再反論ダミー	(γ_{30})	-0.115	0.167	-0.077	0.157	-0.206	0.187
変量効果							
個人							
切片	$(Var(u_{0j}))$	0.306		0.288		0.402	
論題							
切片	$(Var(u_{0i}))$	0.300		0.199		0.199	
反論ダミー	$(Var(u_{2i}))$	0.113		0.083		0.077	
再反論ダミー	$(Var(u_{3i}))$	0.163		0.124		0.204	

分析の結果，「説得力」，「論理性」，「一貫性」，「反論困難性」，「公平感」，「興味」，「嫌悪感」のいずれに対しても，文章構造は影響を与えないことが示唆された。これらの結果は，仮説2-1（反論なし文に比べ，再反論文はより高い評価を受ける），仮説2-2（反論なし文に比べ，反論文はより低い評価を受ける）のいずれについても支持されないことを示している。すなわち，相対評価法とは異なり，独立評価法ではマイサイドバイアスを克服した意見文が高い評価を受sけるわけではないことが示された。

	公平感			興味			嫌悪感		
逸脱度の差(NP)	p値	逸脱度(NP)	逸脱度の差(NP)	p値	逸脱度(NP)	逸脱度の差(NP)	p値	逸脱度(NP)	逸脱度の差(NP)	p値
—	—	6029.9(7)	—	—	6701.8(7)	—	—	6756.8(7)	—	—
13.4(5)	.02	6000.5(12)	29.4(5)	.00	6678.1(12)	23.8(5)	.00	6737.1(12)	19.7(5)	.00

反論困難性		公平感		興味		嫌悪感	
推定値	標準誤差	推定値	標準誤差	推定値	標準誤差	推定値	標準誤差
2.124**	0.127	2.346**	0.133	2.882**	0.151	2.735**	0.121
0.395**	0.047	0.382**	0.044	0.337**	0.051	−0.462**	0.052
−0.042	0.118	0.091	0.133	0.180	0.163	−0.212	0.129
−0.164	0.129	−0.144	0.147	0.084	0.168	−0.116	0.147
0.207		0.247		0.376		0.215	
0.155		0.169		0.189		0.119	
0.022		0.062		0.092		0.051	
0.055		0.117		0.099		0.127	

$**p < .01$

4.5 考察

本研究の目的は，相対評価法と独立評価法の条件下において意見文評価課題を実施し，文章構造が意見文評価に与える影響を検討することであった。また，その際には論題によって文章構造の影響が異なるかどうかについても検討を加えた。その結果，以下の点が明らかになった。

4.5.1　相対評価法における意見文の評価（実験1）

　相対評価法による意見文評価を行った結果，論題にかかわらず文章構造が意見文評価に影響を与えていることが認められ，マイサイドバイアスを克服した意見文は，説得力評価のみならず，論理的側面，情緒的側面のいずれにおいても高い評価を受けることが示された。この結果は，Wolfe et al.（2009）の知見と一致しており，マイサイドバイアスを克服していない意見文と，マイサイドバイアスを克服した意見文とを相対的に評価できる条件下では，マイサイドバイアスを克服した意見文が高く評価されることを示している。本研究では，予備調査を通して本邦の学生を対象とするにふさわしいターゲット文章を選定したため，先行研究と全く同じ条件での課題実施とはなっていなかった。それでも，先行研究と同様の傾向が確認されたことは，先行研究の知見の頑健性を示すと共に，本研究と先行研究との連続性を保証するものといえるだろう。

　さらに，文章構造の影響として興味深いのは，反論想定だけを行う意見文は嫌悪感を高く評価されるなど，他の意見文に比べて低い評価を受けていた点である。「反論文」は「反論なし文」よりも情報量が多く，反論に言及するという慎重な立論をしていることから興味や公平感については高い評価が得られる可能性もあった。しかし，実際には興味・公平感共に評価得点と反論ダミーとの間には負の関連が認められ，反論を想定したとしても，それに再反論しないならば公平感さえも低く評価されることが示された。相対評価法では，反論を想定するだけの「反論文」と，反論に対して応答している「再反論文」との比較が可能となる。そのため，「反論文」は「反論を想定した意見文」ではなく，「反論に対する応答を欠いた意見文」として評価されており，論理性や公平感についても低い評価を受けていたのかもしれない[22]。このように，反論想定を行うだけの意見文が賛成論だけの意見文と同程度（Wolfe et

---

22）極端に言えば，「再反論しないなら反論想定はしない方がまし」なのだといえるだろう。

al., 2009)，あるいはそれより低い説得力評価を受ける（e.g., Allen, 1991; O'Keefe, 1999）ことはこれまでにも先行研究によって示されてきたが，本研究では，この傾向が説得力評価のみならず，論理的側面の評価や，情緒的側面の評価においても同様に認められることを実証的に明らかにした。また，こうした傾向は論題にかかわらず確認されることも明らかになった。このことは，先行研究とは異なる視点から意見文産出における再反論の重要性を示す結果だといえるだろう。

4.5.2 独立評価法における意見文の評価（実験2）

独立評価法による意見文評価を行った結果，文章構造の影響は論題によって異なり，さらには文章構造の影響が認められなくなることが示された。この結果は，他の文章構造との比較ができない条件下において，反論想定や再反論の影響が低下することを示す点で重要である。本研究で扱ったターゲット文章はTable 4.1に示すように各条件において文の数が異なっており，「反論なし群」，「反論群」，「再反論群」の順で意見文に含まれる情報量が多くなっている。その点で，説得困難感や興味，公平感といった評価項目については，はじめから再反論群に有利な条件で意見文評価を求めていたと考えることもできる。それでも，文章構造の影響が認められなかったことは，独立評価法の条件下における文章構造の影響の低さを示唆するものといえるだろう。

また，どの論題の意見文を読むかによって，反論想定や再反論の影響が異なる可能性が示されたことも重要な結果である。独立評価法では，他の文章構造の存在に気づきにくい（たとえば，反論文だけを読んでいるとき「再反論が欠如した文章だ」と気づくことは困難だと予想される）ため，論題ごとの文章内容に応じて評価が行われていたと推察される。このように，文章内容に依拠した意見文評価が行われていたからこそ，独立評価法では論題の要因が各評価得点に影響していたのではないだろうか。問題と目的でも述べたように，先行研究では論題の要因を重視しておらず，単一の論題で意見文評価を求めたり，

複数の論題を扱ったとしても論題間の評価得点の平均値をプールして「意見文の評価得点」として扱ったりする (e.g., Wolfe et al., 2009) など，論題間の差異を考慮せずに文章構造と意見文評価の関連を検討してきた。このように，評価方法や論題の扱い方が先行研究間で異なっており，さらにはそれらの要因を考慮した検討を行っていなかったために，マイサイドバイアスを克服した意見文に対する評価は先行研究間で一致していなかったのではないだろうか。このように，先行研究間の結果の離齬を説明しうる結果を実証的に示せたことは，本研究の意義の1つだといえるだろう。

4.5.3 相対評価法と独立評価法の差異

本研究の結果から，文章構造が意見文評価に与える影響は，相対評価法と独立評価法とで異なる可能性が示された。相対評価法では他の文章構造との比較を通した評価が可能となるため，「反論なし文」を「反論想定や再反論を欠いた意見文」として，「反論文」を「再反論を欠いた意見文」として認識することができる。そのために，相対評価法ではマイサイドバイアスを克服した再反論文が最も高い評価を受けていたのだと考えられる。言い換えれば，相対評価法であれば学習者はマイサイドバイアスを克服した意見文を高く評価するのだといえるだろう。一方，独立評価法では他の文章構造との比較ができないため，「反論なし文」は反論想定や再反論を欠いた意見文としては認識されず，単に意見文の内容について自分がどう感じるかを評価していたと考えられる。そのために，独立評価法では評価において文章構造が意識されることはほとんどなく，文章構造と各項目の評価得点との間に有意な関連が認められなくなったのだろう。

以上の結果は，相対評価法による意見文評価がマイサイドバイアスを克服することの有効性の認知を獲得させる効果的な支援となる可能性を示している。すなわち，学習者は相対評価を行うことによって，「反論なし文」や「反論文」を反論想定や再反論を欠いた「不十分」な文章構造の意見文だと評価

することができ，マイサイドバイアスを克服することの必要性を認識すると考えられる。したがって，意見文産出の前に相対評価法による意見文評価を行い，マイサイドバイアスを克服することの重要性を認識する機会を与えることは，その後の意見文産出におけるマイサイドバイアスの克服を促進する可能性があるだろう。この可能性については，次の研究3において検討することとする。

　以上の考察をふまえ，学校教育における意見文評価活動を振り返ってみると，教科書やテキストに出てくる論説文の評価など，独立評価法による意見文評価の機会に比べ，同じ論題について複数の意見文を比較する相対評価法の機会は少ないと思われる。すなわち，学校教育の中で学習者が相対評価法によって意見文を評価し，マイサイドバイアスを克服した意見文が説得的であると実感する機会はほとんどないのかもしれない。もし，学校教育における意見文の評価活動がマイサイドバイアスを克服することの有効性の認知と関連しているならば，普段の作文指導において，学習者間で意見文を交換して読み合う，あるいは評価し合うといった相対評価法に基づく活動を取り入れることがマイサイドバイアスの克服を促すための効果的な支援策になると予想される[23]。したがって，意見文産出におけるマイサイドバイアスの克服支援方法について，学校教育における意見文評価の方法という観点から検討していくことも，今後の重要な検討課題になると考えられる。

---

[23] 高校の国語科教師との話し合いの中でこの考察を述べたところ，「だとすれば，相対評価法を一番多く行っているのは我々ですね。たしかに，同じテーマで200人分の生徒の文章を評価していると，どういう文章が説得的か分かるようになる気がします。というか，どう書いたら説得的じゃないかが分かるというか…だから，自分の思いのたけをぶつけるだけの文章とか，独りよがりな文章は全然説得的じゃないよ！って，どうして分からないのかな？って，そう思うこともあったんですけど，これ（考察）で結構納得いきました。つまり，我々は色々な文章を読み比べているから『独りよがりな文章』を『独りよがりな文章』だって分かるんですよね。それしか知らなかったら，独りよがりかどうかなんて分かりませんもんね。」という感想を得た。

4.5.4 マイサイドバイアスを克服することの有効性はなぜ認知されにくいのか

実験1の結果から，相対評価法ではマイサイドバイアスを克服した意見文が高く評価されることが示された。しかし，上述したように，日常生活や学校生活では1つの論題について1つの意見文を評価するという独立評価法の機会が多く，「同じ論題に対して異なる文章構造の意見文を読む」という相対評価法の条件下で意見文を読み，評価することはほとんどないと考えられる[24]。そのため，学習者が日常生活を通して「マイサイドバイアスを克服することが説得力評価に寄与する」という有効性の認知を獲得する機会は乏しいのかもしれない。したがって，「なぜ学習者はマイサイドバイアスを克服することの有効性の認知をもちにくいのか」という問いに対して，本研究からは，「学習者は相対評価法であればマイサイドバイアスを克服した意見文を説得的だと評価するが，日常生活や学校生活では独立評価法による意見文評価を多く行っているため『マイサイドバイアスを克服することが説得力評価に寄与する』という有効性の認知をもちにくい」という回答が提案できる。マイサイドバイアスを克服した意見文を説得的だと評価することが学習者にとって「自然なこと」ではないからこそ，マイサイドバイアスの克服に焦点を当てた指導を行うことが必要になるのだといえるだろう。

4.5.5 本研究の課題

本研究では，独立評価法の条件下において，マイサイドバイアスを克服す

---

[24] その点で，相対評価法による意見文評価は実験的に設定される条件であり，学習者にとって生態学的妥当性の低い活動だといえる。一方，教師や試験の採点者にとって，1つの論題に対して複数の意見文を評価する相対評価法は日常的な条件であり，そのような読み手が評価者となる活動(e.g., 小論文テスト)では，マイサイドバイアスを克服した意見文産出を行い，相対的に説得力が高いと評価されることが重要になる。したがって，こうした教師や採点者の側の目線から，マイサイドバイアスを克服する必要性について教示を行うこともマイサイドバイアスの克服を促す上で効果的であるかもしれない。

ることが必ずしも評価を高めるわけではないことを明らかにした。それでは，独立評価法において，反論想定や再反論は読み手を説得する効果を持たない文となるのだろうか。もちろん，反論を想定し，それに対する応答を考えることは論題に対する思考を深める契機になる (Chin & Osborne, 2010; Kuhn, 1991; 2005; Nussbaum & Edwards, 2011)。その点で，反論と再反論を行うこと自体には重要な意味があると考えられる。しかし，それはあくまでも書き手にとっての有効性であり，「読み手を説得する」という意見文産出の目的に照らして，反論想定と再反論を産出することが読み手側にどのような影響を与えるかについては新たに検討する必要がある。もし，独立評価法において，反論想定と再反論が読み手の評価に何も影響を与えないのだとすれば，意見文産出におけるマイサイドバイアスの克服が必要になるのは，相対評価法による評価が期待される場面（小論文テストなど，1人の評価者が複数の意見文を読み比べて評価する場面）に限定されるかもしれない。また，マイサイドバイアスを克服することが相対評価法の条件下においてのみ意見文評価に影響を与えるのだとすれば，読み手を説得するために「常に」マイサイドバイアスを克服するべきだと教示することは，現実とは異なる教示を行うことにもつながりかねない。そこで，次の研究2では，独立評価法において反論想定と再反論が説得力評価に与える影響をよりミクロな視点から検討していく。

第5章　独立評価法において反論想定と再反論が説得力評価に与える影響（研究2）[25]

5.1　問題と目的

　研究1では，独立評価法の条件下において，マイサイドバイアスを克服した意見文が読み手から高い評価を受けるわけではないことを明らかにした。それでは，独立評価法において反論想定や再反論の「文」は，読み手からどのように評価されているのだろうか。意見文全体の説得力評価という観点からみれば，再反論をあえて行うことの意味はないように思われる。しかし，賛成論は主張に有利な情報によって主張の妥当性・正当性を示しているのに対し，再反論は反論の脅威に対処することで主張の妥当性・正当性を示しており，賛成論とは質的に異なる機能を有していると考えられる。こうした反論想定や再反論の「文」の機能とその影響を明らかにすることで，「なぜ学習者はマイサイドバイアスを克服することの有効性の認知をもちにくいのか」という問いについて，研究1とは異なる観点から回答を与えることができるだろう。そこで本研究では，文単位での読み手の意見文評価プロセスに着目し，反論想定と再反論の文に対する評価の特徴を捉え，反論想定と再反論が意見文の評価プロセスにおいてどのような機能を有するかについて検討する。

　さらに，反論想定と再反論の効果について考える上で，本研究では再反論を行うことが遅延的な意見文内容の想起に与える影響についても検討する。意見文産出においては，自分の賛成論を説得的に示すだけでなく，賛成論を

25）本研究は，Onoda, Miwa & Akita（2015）をもとに構成したものである。

読み手に印象づけ，長期的な想起可能性を高めることも重要になる。なぜなら，意見文内容を想起できなければ，長期的にみた説得効果は期待できないためである。長期的な説得効果について，説得研究の領域では説得の遅延効果という観点から検討が進められてきた。たとえば，Papageorgis（1963）は文章構造と文章内容の想起の関連について検討し，賛成論に比べ，反論の方が時間経過に伴って想起量が減少していくことを指摘している。こうした傾向は本邦の研究においても確認されており，原岡（1967）は「賛成論A＋賛成論B＋賛成論C＋賛成論D＋主張」という賛成論のみで構成された意見文（原岡（1967）では「非制限的メッセージ」と呼ばれている）と，「反論想定＋再反論＋賛成論C＋賛成論D」という再反論を含む意見文（同じく，論文内では「制限的メッセージ」）に対する評価を求め，遅延課題によって各意見文に対する想起傾向を捉えている。その結果，文章を読んだ直後では想起傾向に差は見られないのに対し，読んでから3日後になると，賛成論だけの意見文に比べ，反論想定を含む意見文の方が反論想定とそれ以外の主張（再反論と賛成論）の忘却が増加することが明らかになった。また，反論想定と主張（再反論と賛成論）の両方の内容を想起している状態から，反論想定を忘却しているが主張（再反論と賛成論）は想起できるという状態への移行において，被説得者が意見文の主張の方向に意見を変化させる可能性も示唆された。

　原岡（1967）では，意見文が反論想定と再反論を含む場合，意見文内容の忘却が促進される結果が得られているが，その一方で再反論や賛成論の内容を想起し続けることが態度変化と関連している可能性が示されている。すなわち，説得の遅延効果を生み出すためには，賛成論（再反論を含む）の想起可能性が高まることが重要だといえる。しかし，これらの研究では，文ごとの評価については着目しておらず，賛成論をより高く評価する読み手ほど賛成論を想起する傾向にあるか，といった文に対する即時的評価と遅延的な想起傾向との関連については明らかにされていない。そのため，文章構造と文章内容の想起可能性との関連が見出されていながらも，その原因については十分

な議論が行われていない。そこで本研究では，意見文に対する即時的な評価と，遅延的な賛成論の想起傾向との関連について検討する。即時的な評価のみならず，遅延的な評価，および想起の観点を取り入れることで，再反論の効果について幅広く検討できると考えられる。

以上より，本研究では (1) 意見文を構成する各文に対する即時的，遅延的評価の特徴，(2) 意見文評価プロセスにおける再反論の機能，(3) 再反論に対する即時的評価と賛成論の想起傾向との関連，の3点について明らかにすることを目的とする。

これらの目的を達成する上では，意見文を文ごとに評価する課題を用いる必要がある。そこで本研究では，1文ずつ評価を行う「単文評価課題」を作成し，実験に用いることとした。また，研究1で評価を求めた認知的要因 (e.g., 一貫性，論理性)，情緒的要因 (e.g., 公平性，嫌悪感) の項目は，文ごとの評価に適した項目とはなっていないため，文ごとの評価については本研究で新たな項目を用意することにした。そこで研究2では，参加者の主張に対する態度を捉えるために「賛成度 (この理由に賛成だ)」を尋ね，文を加えることによる評価の変化を捉えるために「重要性 (この理由は重要だ)」，「余分さ (この理由は余分だ)」，「興味 (この理由は興味深い)」，「説得力 (この理由は説得的だ)」の4項目についても尋ねることとした。説得力以外の3項目を評価項目としたのは，賛成論を複数提示することの負の効果を検出できる可能性があると考えられたことによる。主張の妥当性や正当性を示す上で賛成論の提示は必要不可欠であるが，複数の賛成論を提示する場合，「次も主張に有利な内容だろう」という予測が働き，読み手が次第に賛成論の内容に興味を失ったり，余分だと評価したりする可能性がある。こうした読み手の評価プロセスをとらえ，賛成論を読み続ける条件と，反論想定と再反論を読む条件とで比較することで，反論想定と再反論の機能についてより深い検討が可能となる。

なお，文章内容の想起傾向を捉える方法として，原岡 (1967) では実際に提示された文とそれ以外のフィラー文を選択肢として示し，その中から「文章

に書いてあった文」を選択させる方法を採用している。しかし，文章内容の想起傾向を捉える上では，想起の有無だけでなく，想起の確信度についても測定する方が望ましいだろう。なぜなら，想起の有無だけを測定する場合，「この文はあった気がする」といった弱い想起と，「この文は確実にあった」という強い想起とを弁別することができず，各文に対する読み手の印象の程度について論じることができないためである。そこで本研究では，文章内容の想起の確信度を測定することで，読み手に賛成論がどの程度印象づけられているかを捉えることとする。

5.2 方法

5.2.1 対象

関東圏の私立大学2校の大学生100名（男性41名，女性59名）を対象とした。各研究協力校において，対象者を「反論なし群」と「再反論群」の2群にランダムに分けた。その結果，それぞれの群の人数は，「反論なし群（$n=48$）」，「再反論群（$n=52$）」となった。

5.2.2 ターゲット文章

研究1で用いたターゲット文章の中から，賛成立場の選択者数が多い3つの文章と，反対立場の選択者数が多い3つの文章，さらに，立場が均等に分かれた2つの文章の計8つの文章を選択した。ただし，本研究では「賛成論のみの意見文」を評価する反論なし群と「反論想定と再反論を含む意見文」を評価する再反論群とで文ごとの評価を比較するため，両意見文の文数を均等にする必要があった。そこで，後述するように賛成論のみの意見文については，賛成論の文を2文追加し，群間で文数をそろえることとした。両群における文章構造をTable 5.1に示す。

Table 5.1 単文評価課題における群ごとの文章構造

文章の順番	反論なし群	再反論群
1文目	主張	主張
2文目	賛成論A	賛成論A
3文目	賛成論B	反論想定
4文目	賛成論C	再反論
5文目	主張	主張

注．点線の四角囲みは，群間で異なる部分を示す．

なお，賛成論Bは筆者が新たに作成し，賛成論Cは再反論文の接続詞を「しかし」から「さらに」に置き換えることとした．ターゲット文章の例を以下に示す．

【反論なし群】
「動物実験は禁止すべきだ［主張］。なぜなら，動物は痛みを伴う処置がなされることに対して同意したり，拒否したりすることができないからだ［賛成論A］。同じ命である以上，動物の命は人間の命と同じくらい大事であり，新薬を動物で試すことは許されないという意見もある［賛成論B］。さらに，すでに安全性に問題がないとされている薬が大量に投与されたり，化粧品の試験対象にまでされたりするなど，今日の動物実験には歯止めが効かなくなっている［賛成論C］。したがって，動物実験は禁止すべきだ［主張］。」

【再反論群】※下線部は群間で異なる部分
「動物実験は禁止すべきだ［主張］。なぜなら，動物は痛みを伴う処置がなされることに対して同意したり，拒否したりすることができないからだ［賛成論A］。たしかに，動物の命より人間の命の方が大事なので，危険な新薬は動物で試す方が良いという意見もある［反論想定］。しかし，すでに安全性に問題がないとされている薬が大量に投与されたり，化粧品の試験対象にまでされたりするなど，今日の動物実験には歯止めが効かなくなっている［再反

論]。したがって，動物実験は禁止すべきだ［主張]。」

　本研究では，後述するように2校に実験依頼をしたため，1校にはこのうちランダムに選択した4文について評価を求め，もう1校に残りの4文の評価を求めた。また，それぞれの課題で文章の提示順序についてカウンターバランスを行った。

5.2.3　項目

　ターゲット文章の主張に対する参加者の立場を捉えるため「賛成度（この意見に賛成だ）」について5件法（1：まったくそう思わない～5：とてもそう思う）で回答を求めた。

　また，主張以降の文については，「重要性（この理由は重要だ）」，「余分さ（この理由は余分だ）」，「興味（この理由は興味深い）」，「説得力（この理由は説得的だ）」の4項目について，5件法（1：まったくそう思わない～5：とてもそう思う）で回答を求めた。

5.2.4　単文評価課題の構成

　単文評価課題は，いずれも横長のＡ5用紙で作成した。ターゲット文章は5つの文で構成されるため，1ページに1文ずつの計5ページに分けてターゲット文章を提示し，その下に上述した4項目への回答欄を設定した。なお，いずれのページも片面印刷を行い，次の文の内容について学習者が把握できないように課題を作成した。

　各文における評価項目について，1文目の「主張」ではターゲット文章の主張についての「賛成度」を問い，学習者の主張に対する態度を求めた。2～4文目では，各文に対する「重要性」，「余分さ」，「興味」，「説得力」の評価を求め，最後の5文目では全ての文をまとめてターゲット文章の全文を提示し，意見文全体の説得力評価を求めた。

5.2.5 遅延評価課題

遅延評価課題は，「説得力評価」と「再認度評定」の2つの課題で構成される。まず，説得力評価では，単文評価課題で提示した4つのターゲット文章の主張部分（e.g.,「動物実験は禁止すべきだ」）を提示し，「それぞれの主張に関する文章を思い出して，説得力を評価しましょう」と教示し，「この意見文は説得的だった」という1項目について，5件法（1：まったくそう思わない〜5：とてもそう思う）で回答を求めた。

また，再認度評定では単文評価課題で提示した［賛成論A］と［賛成論C／再反論］の文について再認の程度を尋ねた。ここで賛成論Bを取り上げていないのは，賛成論Bは群間で内容が異なっているため，両群に対して同様に課題を実施することができなかったためである（上述の例の下線部を参照されたい）。再認度評定では実際に単文評価課題で提示した8つの「True文」（［賛成論A］が4文，［賛成論C／再反論］が4文）と，その内容に類似した8つの「False文」の計16文を提示し，それぞれについて「自分の記憶に残っている程度」を4件法（1：全く覚えていない〜4：とても良く覚えている）で尋ねた。実際に提示したTrue文とFalse文の例は付録3に示す。

なお，遅延評価課題は「自分の記憶の確かさを調べるための課題」として提示し，再認度評定では「単文評価課題では入っていなかったFalse文が混ざっている」ことを提示した上で自分の記憶の正確さを試すために再認の程度を評定するように求めた。

5.2.6 手続き

単文評価課題では（1）回答するまで次のページをめくらないこと，（2）一度回答したら前のページに戻らないこと，の2点について教示した。そして，単文評価課題を実施した1週間後に遅延評価課題を実施した。遅延評価課題は記憶の確かさを調べるための課題として実施したため，課題実施後にデブ

リーフィングを行い，1週目に実施した単文評価課題の結果を報告すると共に，本研究の目的と研究成果の報告に対する同意を得た。

5.3 結果

本研究の分析は全て，オープンソースの統計ソフトウェア環境であるR 3.1.1上で行った。また，混合効果モデルによる分析は，研究1と同様に，lme4パッケージ（Bates et al., 2015）の関数lmer()を用いて実行した。

5.3.1 単文評価課題の結果：賛成論と反論想定・再反論に対する評価

文ごとにみた各項目の評価得点をTable 5.2に示す。また，どのように評価得点が推移していったかを示すために，Figure 5.1に各文における平均値と標準誤差をプロットして示す。なお，Table 5.2とFigure 5.1は論題をプールして得られた評価得点の平均値である。本研究では反論想定と再反論に対する読み手の評価について検討するため，特に3文目（賛成論B／反論想定）と4文目（賛成論C／反論想定）について群間で各項目得点を比較することとした。なお，比較に際しては，研究1と同様に混合効果モデル（Baayen et al., 2008）による分析を行った。

基本的なモデルは研究1と同様であり，i番目の論題に対するj番目の参加者の文章評価得点をY_{ij}とすると，意見文の各評価得点と文章構造の関連に

Table 5.2 文ごとにみた各質問項目に対する評価得点の平均値（SD）

	2文目 （賛成論A）		3文目 （賛成論B／反論想定）		4文目 （賛成論C／再反論）	
	反論なし	再反論	反論なし	再反論	反論なし	再反論
重要性	3.81(1.31)	3.65(1.21)	3.73(1.11)	3.57(1.04)	3.31(1.39)	3.50(1.19)
余分さ	2.43(1.15)	2.60(1.21)	2.20(1.12)	2.70(1.20)	2.59(1.29)	2.69(1.08)
興味	3.66(1.18)	3.28(1.20)	3.66(1.07)	3.25(1.10)	3.32(1.26)	3.09(1.12)
説得力	3.31(1.20)	3.32(1.13)	3.35(1.09)	3.37(0.99)	2.95(1.25)	3.20(1.09)

注．スラッシュの左側は反論なし群に提示した文を，右側は再反論群に提示した文を示す。

論題間変動と個人間変動がないことを仮定したモデルは (5) 式のモデルEとなる。なお，文章構造の影響について検討する際には，「群ダミー」(再反論群 = 1，反論なし群 = 0) を用いることとした。

モデルE：傾きに変量効果を仮定しないモデル

$$Y_{ij} = \gamma_{00} + u_{0i} + u_{0j}$$
$$+ \gamma_{10} * (立場)_{ij}$$
$$+ \gamma_{20} * (群ダミー)_{ij} + e_{ij} \tag{5}$$

モデルF：傾きに論題間変動を仮定するモデル

$$Y_{ij} = \gamma_{00} + u_{0i} + u_{0j}$$
$$+ \gamma_{10} * (立場)_{ij}$$
$$+ (\gamma_{20} + u_{2i}) * (群ダミー)_{ij} + e_{ij} \tag{6}$$

ここで，γ_{00} は評価得点の切片であり，u_{0i} は評価得点の論題間変動，u_{0j} は評価得点の個人間変動を表す。また，主張に対する参加者の立場を統制した上で文章構造の影響を検討するため，1文目で評価を求めた「賛成度」の得点を「立場得点」としてモデルに組み込むこととした。γ_{10} はこの「立場」の効果を表しており，研究1と同様に変量効果は仮定せずにモデルに組み込んでいる。

γ_{20} は反論なし群と再反論群とを比較したときの，再反論群の効果の平均である。また，u_{2i} は文章構造の効果の論題間変動であり，この分散が大きいことは，文章構造と各文との評価の関連が論題によって異なることを意味する。

文章構造と各意見文の評価得点との関連に論題間差があるかどうかを検討するため，これらの関連に論題間変動を仮定しないモデルEに比べ，これらの関連に論題間差があることを仮定した (6) 式のモデルFにおいてデータに対する当てはまりの良さが改善されるかを尤度比検定によって検討した。その結果，「余分さ」と「説得力」以外の項目では，モデルEとモデルFの当ては

104　第Ⅱ部　意見文スキーマと意見文産出の関連

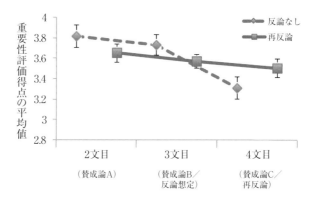

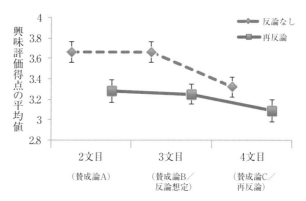

Figure 5.1　単文評価課題における各項目の平均値
注．エラーバーは標準誤差を示す。また，エラーバーが見えるようにプロットのポイントをずらして表示している。

まりの良さに差はみられず，「余分さ」においてのみモデルEに比べ，モデルFの当てはまりが良いことが示された。また，「説得力」については意見文全体に対する評価得点についてのみ，モデルEよりもモデルFの当てはまりが良いことが示された（Table 5.3, 5.4, 5.5, 5.6）。すなわち，3文目と4文目の「重要性」，「興味」，「説得力」については，いずれの文においても文章構造と意見文評価との関連は論題に関係なく一定であるが，「余分さ」と「意見文全

第5章 独立評価法において反論想定と再反論が説得力評価に与える影響（研究2） 105

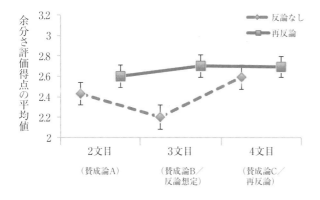

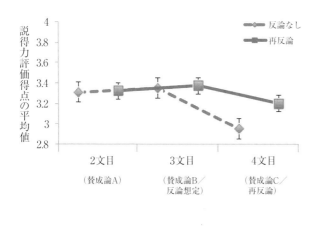

体の説得力」については，論題によりその関連は異なることが示された。そこで，各項目について尤度比検定の結果に適合するモデルの下で得られた推定値と標準誤差をTable 5.7（重要性），5.8（余分さ），5.9（興味），5.10（説得力）に示すこととする。

分析の結果，3文目（賛成論B／反論想定）については，「余分さ」の評価得点と群ダミーの間に10％水準で有意な正の関連が認められ，「興味」の評価得点

Table 5.3 尤度比検定の結果（重要性）

	3文目（賛成論B／反論想定）			4文目（賛成論C／再反論）		
	逸脱度(NP)	逸脱度の差(NP)	p値	逸脱度(NP)	逸脱度の差(NP)	p値
モデルE	1190.5(6)	—	—	1282.6(6)	—	—
モデルF	1190.5(8)	0.0(2)	.99	1277.5(8)	5.0(2)	.08

注．NPは，推定される母数の数（number of parameters）を意味する。

Table 5.4 尤度比検定の結果（余分さ）

	3文目（賛成論B／反論想定）			4文目（賛成論C／再反論）		
	逸脱度(NP)	逸脱度の差(NP)	p値	逸脱度(NP)	逸脱度の差(NP)	p値
モデルE	1201.2(6)	—	—	1231.1(6)	—	—
モデルF	1192.4(8)	8.8(2)	.01	1224.8(8)	6.3(2)	.04

Table 5.5 尤度比検定の結果（興味）

	3文目（賛成論B／反論想定）			4文目（賛成論C／再反論）		
	逸脱度(NP)	逸脱度の差(NP)	p値	逸脱度(NP)	逸脱度の差(NP)	p値
モデルE	1159.9(6)	—	—	1222.6(6)	—	—
モデルF	1159.9(8)	0.0(2)	.98	1221.8(8)	0.9(2)	.65

Table 5.6 尤度比検定の結果（説得力）

	3文目（賛成論B／反論想定）			4文目（賛成論C／再反論）			意見文全体		
	逸脱度(NP)	逸脱度の差(NP)	p値	逸脱度(NP)	逸脱度の差(NP)	p値	逸脱度(NP)	逸脱度の差(NP)	p値
モデルE	1155.1(6)	—	—	1230.7(6)	—	—	1074.4(6)	—	—
モデルF	1154.5(8)	0.6(2)	.75	1230.6(8)	0.1(2)	.96	1065.7(8)	8.7(2)	.01

Table 5.7 文ごとにみた文章構造と意見文評価の関連 (重要性)

		3文目 (賛成論B／反論想定)		4文目 (賛成論C／再反論)	
		推定値	標準誤差	推定値	標準誤差
固定効果					
切片	(γ_{00})	3.730**	0.088	3.246**	0.222
立場	(γ_{10})	0.034	0.052	0.124**	0.060
群ダミー	(γ_{20})	-0.173	0.112	0.198	0.136
変量効果					
個人					
切片	$(Var(u_{0j}))$	0.035		0.148	
論題					
切片	$(Var(u_{0i}))$	0.007		0.305	

**p<.01

Table 5.8 文ごとにみた文章構造と意見文評価の関連 (余分さ)

		3文目 (賛成論B／反論想定)		4文目 (賛成論C／再反論)	
		推定値	標準誤差	推定値	標準誤差
固定効果					
切片	(γ_{00})	2.204**	0.173	2.520**	0.187
立場	(γ_{10})	0.004	0.044	-0.172**	0.052
群ダミー	(γ_{20})	0.469†	0.264	0.144	0.194
変量効果					
個人					
切片	$(Var(u_{0j}))$	0.472		0.295	
論題					
切片	$(Var(u_{0i}))$	0.113		0.172	
群ダミー	$(Var(u_{2i}))$	0.310		0.117	

†*p*<.10, **p<.01

との間には5％水準で有意な負の関連が認められた。すなわち，賛成論Bに比べ，反論想定は余分な文であると評価されており，興味も低く評価される傾向にあることが示された。また，4文目（賛成論C／再反論）については，「説得力」の評価得点と群ダミーの間に10％水準で有意な正の関連が認められた。すなわち，3つめの賛成論となる賛成論Cに比べ，再反論の方が読み

Table 5.9 文ごとにみた文章構造と意見文評価の関連（興味）

		3文目（賛成論B／反論想定）		4文目（賛成論C／再反論）	
		推定値	標準誤差	推定値	標準誤差
固定効果					
切片	(γ_{00})	3.615**	0.141	3.224**	0.182
立場	(γ_{10})	0.062	0.049	0.075	0.053
群ダミー	(γ_{20})	−0.438*	0.136	−0.225	0.145
変量効果					
個人					
切片	$(Var(u_{0j}))$	0.250		0.282	
論題					
切片	$(Var(u_{0i}))$	0.075		0.167	

$^*p<.05,\ ^{**}p<.01$

Table 5.10 文ごとにみた文章構造と意見文評価の関連（説得力）

		3文目（賛成論B／反論想定）		4文目（賛成論C／再反論）		意見文全体	
		推定値	標準誤差	推定値	標準誤差	推定値	標準誤差
固定効果							
切片	(γ_{00})	3.350**	0.089	2.927**	0.156	3.310**	0.173
立場	(γ_{10})	0.059	0.047	0.183**	0.059	0.140**	0.041
群ダミー	(γ_{20})	0.032	0.121	0.250†	0.032	0.104	0.196
変量効果							
個人							
切片	$(Var(u_{0j}))$	0.129		0.133		0.367	
論題							
切片	$(Var(u_{0i}))$	0.001		0.117		0.140	
群ダミー	$(Var(u_{2i}))$	—		—		0.129	

注．3文目と4文目については，尤度比検定の結果からモデルEの結果を示している。

$^{\dagger}p<.10,\ ^{**}p<.01$

手から説得力を高く評価される傾向にあることが示された。

5.3.2 単文評価課題の結果：意見文全体の説得力評価

意見文全体に対する説得力評価得点は，反論なし群で3.32（$SD=0.75$），再

反論群で3.41（SD＝0.69）であった（ただし，これは論題をプールして得られた平均値である）。説得力評価得点が群間で異なるかどうかを検討した結果，研究1と同様に論題に変量効果を仮定するモデルの方がデータへの当てはまりが良く（Table 5.6），「意見文全体の説得力」の評価得点と再反論ダミーの間に有意な関連は認められなかった（Table 5.10）。この結果は，独立評価法の条件下においては，マイサイドバイアスを克服した意見文が高い評価を受けるわけではないという研究1の結果と一致するものである。

　先行研究では，反論想定をするだけでは意見文の説得力は向上せず（e.g., Wolfe et al., 2009），反論想定に対する再反論が説得力の評価を高めることが指摘されてきた（e.g., Allen, 1991; O'Keefe, 1999）。そこで，ここでは特に4文目（賛成論C／再反論）に注目し，4文目の各項目の評価得点と，意見文全体の説得力評価得点との相関関係について検討した。なお，意見文全体の説得力評価には，意見文の主張に対する参加者の態度が影響すると考えられるため，ここでは主張に対する賛成度の得点を統制変数とした偏相関係数を求めることとした。4文目における各項目の評価得点と意見文全体の説得力評価得点，および遅延評価課題の各項目得点との偏相関係数をTable 5.11に示す。

　意見文全体の説得力評価得点と他の項目との関連をみると，4文目の「説得力」と，意見文全体の説得力評価との間に有意な正の相関関係が認められる点は両群で共通している。一方，「重要性」と「興味」については，再反論群のみで意見文全体の説得力評価と有意な正の相関関係が認められている。上述したように，賛成論Cと再反論は接続詞が異なることを除けば内容は全く同じである。このように，同じ内容の文であっても，再反論文だけに意見文全体の説得力評価との関連が認められたことは，再反論が意見文の説得力を高めることに寄与していた可能性を示唆するものといえる。

5.3.3　遅延評価課題の結果：意見文全体の説得力評価

　遅延評価課題における意見文全体の説得力評価得点の平均値は，反論なし

Table 5.11 群ごとにみた4文目（賛成論C／再反論）の各項目の評価得点と意見文全体の説得力評価得点，および遅延評価課題における各項目の評定得点の偏相関係数

	1	2	3	4	5	6	7	8
【単文評価課題4文目の各項目】								
1．重要性（賛成論C／再反論）	—	-.20	.34*	.52**	.20	-.11	.18	.30*
2．余分さ（賛成論C／再反論）	-.22	—	.10	.04	-.03	-.10	-.10	.22
3．興味（賛成論C／再反論）	.42**	-.23	—	.32*	.01	-.18	-.05	.02
4．説得力（賛成論C／再反論）	.50**	-.34*	.53**	—	.35*	.13	-.01	.23
5．説得力（意見文全体・即時）	.28*	-.05	.33*	.52**	—	.45**	-.01	.38*
【遅延評価課題の各項目】								
6．説得力（意見文全体・遅延）	.39**	-.21	.26	.35*	.51**	—	.11	.31*
7．賛成論Aの再認度評定	.30*	-.24	.03	.28*	.20	.31*	—	.48**
8．賛成論C／再反論の再認度評定	.35*	-.16	.12	.34*	.23	.39**	.39**	—

注．偏相関係数はいずれも「論題に対する賛成度」を統制変数として算出した．対角線の右上には反論なし群（$n=48$）の偏相関係数を，左下には再反論群（$n=52$）の偏相関係数を提示する．
$^*p<.05$, $^{**}p<.01$

群で2.96（$SD=1.11$），再反論群で3.57（$SD=1.04$）であった。意見文全体の説得力評価の傾向が即時評価と遅延評価とで変化するかどうかを確認するため，両群で説得力評価得点（即時）と説得力評価得点（遅延）間の変化量を「遅延－即時」により算出し，それぞれについて「$\mu=0$」を帰無仮説とする1標本 t 検定を行った。その結果，反論なし群の変化量は（$M=-0.36, SD=1.00$）であり，有意な平均値差が認められた（$t(47)=-2.48, p<.05, d'=0.36$ (95%CI [0.06, 0.64])）[26]。すなわち，即時評価に比べ，遅延評価において説得力の評価得点が低下していることが示された。一方，再反論群の変化量は（$M=0.16, SD=0.92$）であり，有意な平均値差は認められなかった（$t(51)=1.05, n.s. d'=0.17$ (95%CI [-0.10, 0.45])）。また，これらの変化量について群間比較を行った結果，有意な平均値差が認められ（$t(98)=2.69, p<.01, d=0.53$ (95%CI [0.14,

---

[26] 本稿では，対応のある2群の平均値差に関する効果量について，変化量Dの平均値M_Dを，変化量の標準偏差s_Dで割った指標M_D/s_Dを用いた。ここでは，この効果量の指標をd'と表す（d'という表記法は，南風原（2014）に倣っている）。

0.94]))[27]，再反論群に比べ，反論なし群において説得力評価得点が低下することが示された。すなわち，1度読んだ文章を1週間後に思い返して評価した場合，反論なし群では意見文に対する説得力評価が低下するのに対し，再反論群では説得力評価が維持される傾向にあることが示された。

5.3.4 遅延評価課題の結果：再認度評定

まず，分析の前提として参加者の再認の正確さを確認するため，True文とFalse文との再認度評定得点の平均値差を検討した。その結果，False文（$M=2.32, SD=0.77$）に比べ，True文（$M=3.06, SD=0.65$）の方が再認度評定得点が高く（$t(99)=9.34, p<.01, d'=0.95$（95%$CI$ [0.70, 1.17]）），参加者はTrue文とFalse文を弁別して評定していたことが示された。

反論なし群と再反論群との間で再認度評定の傾向に差があるかどうかを確認するため，群間での再認度評定得点の平均値差を検証した。ただし，再認度評定の傾向には文章構造だけでなく，その文自体に対する学習者の評価が関連していると考えられる。たとえば，［賛成論A］の重要性や説得力を高く評価する学習者は，そうでない学習者に比べて［賛成論A］を再認する傾向が強いかもしれない。そこで，群間における再認度評定得点の平均値差の検討に際しては，各文に対する「重要性」，「余分さ」，「興味」，「説得力」の評価得点を共変量とした分析を行うこととした。その結果，2文目の賛成論Aに対する再認度評定得点では，群間で有意な平均値差が認められ（$t(94)=2.50, p<.05, \rho^2_{partial}=.06$（95%$CI$ [0.002, 0.167]））[28]，反論なし群に比べ，再反論群において賛成論Aに対する再認度評定得点が高いことが示された。一方，4文目（賛成論C／再反論）については有意な平均値差は認められなかった（$t(97)$

---

27) 本稿では，独立な2群の平均値差に関する効果量について，平均値差 $\bar{y}_1 - \bar{y}_2$ を，各群の標準偏差 s_1, s_2 をプールして求められる母集団標準偏差の推定量 $s^* = \sqrt{\dfrac{n_1 s_1^2 + n_2 s_2^2}{n_1 + n_2 - 2}}$ で割った「標準化平均値差」（南風原，2014）である。$d = \dfrac{\bar{y}_1 - \bar{y}_2}{s^*}$ を用いた。ここでは，この効果量の指標を d と表す。

$= -1.45, n.s., \rho^2_{partial} = .02$ (95% CI [0.00, 0.10]]))。すなわち，マイサイドバイアスを克服した意見文を読んだ学習者は，再反論となる4文目ではなく，賛成論Aをより強く記憶している可能性が示された。

この結果と関連して，遅延評価課題の各項目評価得点間の関連をみると，意見文全体の説得力得点（遅延）と，4文目（賛成論C／再反論）の再認度評定得点との間に正の相関関係が認められるのは両群で共通しているものの，2文目（賛成論A）の再認度評定得点との間に正の相関関係が認められるのは再反論群のみであることが分かる（Table 5.11を参照）。すなわち，再反論群では賛成論Aをより強く覚えている参加者ほど，意見文の説得力を高く評価し続けていたと考えられる。これらの結果は，反論想定に対する再反論はそれ自体ではなく，その前に提示された賛成論の内容を読み手に印象づけることで，遅延的な説得力評価に寄与していた可能性を示唆するものと考えられる。

5.4 考察

本研究では，(1) 意見文を構成する各文に対する即時的，遅延的評価の特徴，(2) 意見文評価プロセスにおける再反論の機能，(3) 再反論に対する即時的評価と賛成論の想起傾向との関連，の3点について明らかにすることを目的として検討を行った。その結果，以下の点が明らかになった。

5.4.1 文ごとにみた評価の傾向

単文評価課題における各文に対する評価得点の群間差を検討した結果，反論想定は賛成論よりも余分であり，興味も低く評価されることが示された。その一方で，反論想定に対する再反論は，賛成論よりも説得的だと評価され

---

28) ここでは，全ての共変量と群のダミー変数（再反論群＝1，反論なし群＝0）を独立変数に投入した後の決定係数ρ^2_{after}から，群のダミー変数を投入する前の決定係数ρ^2_{before}を差し引いた決定係数の増分$\Delta\rho^2$を，$1-\rho^2_{before}$で割った偏決定係数（coefficient of partial determination）$\rho^2_{partial}$を効果量として用いた（$\rho^2_{partial}$という表記法は，南風原（2014）に倣っている）。

ることも明らかになった。すなわち、反論想定の文そのものは主張の正当性を示す上で不必要な文だと評価されるものの、その文に対して再反論を行うことは、賛成論を積み重ねるよりも高い評価を受けることが示された。これらの結果は、反論を想定するだけで、それに対する再反論を行わなければかえって意見文全体の評価が低下する（e.g., Allen, 1991; O'Keefe, 1999; 研究1）といった現象に一つの説明を与えるものだといえる。すなわち、反論想定の文自体は読み手にとって余分な文であるため、余分なものを「余分にしたまま」意見文を完成させる（反論想定をして再反論を行わない）ことは意見文全体の評価を低めるのに対し、再反論を行うことで、その余分な文が主張の正当性を示す上で考慮すべき内容であると示すことは、単に賛成論を積み重ねるよりも、読み手にとって説得な文章構成の方法になっていたのだと考えられる。だからこそ、説得的な意見文産出を達成するためには、反論想定と再反論の両方の産出を促進することが重要になるのだといえるだろう。

ただし、本研究における文章構造の効果は弱い傾向として確認されるに過ぎないため、これらの考察には慎重でなければならない。今後、文ごとの評価傾向についてより詳細に検討することが必要であろう。

5.4.2 意見文全体に対する評価

本研究の結果として興味深いのは、文単位でみれば賛成論よりも再反論の方が説得的であるという評価を受けるにもかかわらず、意見文全体の説得力評価には群間で差がみられなかったことである。この結果は、研究1の結果と整合するものであり、独立評価法においてマイサイドバイアスを克服した意見文は高い評価を受けるわけではない（あるいは、マイサイドバイアスを克服していなくても低い評価を受けるわけではない）ことを再確認する結果だといえる。

しかし、その1週間後の遅延評価課題では、反論なし群で説得力評価が低下していたのに対し、再反論群では説得力評価が変わっておらず、反論なし

群よりも，再反論群の方が意見文の説得力を高く評価していることが示された。すなわち，反論想定や再反論を行うことは，即時的な意見文評価を高めることよりも，むしろ意見文の評価を持続させるという点において意見文全体の説得力評価に寄与していたのだと考えられる。

　このような結果が得られた原因を単文評価課題の結果から素直に推測すれば，再反論群の参加者は再反論の説得力を高く評価していたため，再反論をより強く記憶しており，それが意見文全体の説得力評価と結びついていたと推察できる。しかし，実際に再反論群において再認傾向が強かったのは賛成論Aであり，再反論の再認度評定は賛成論Cと変わらなかった。これらの結果は，反論想定とそれに対する再反論の文は，文自体の説得力の高さや，印象の強さによって意見文全体の説得力を高めるのではなく，それ以前に提示された賛成論の正当性や妥当性を強調することによって意見文全体の説得力評価に影響を与える可能性を示唆するものといえる。言い換えれば，意見文全体の説得力評価は，あくまでも立場を支持する主たる賛成論に依拠しており，反論想定や再反論は賛成論の正当性や妥当性を強化するための補助的な機能を有しているのかもしれない。だからこそ，反論想定と再反論を含むことは，たとえ即時的な評価に寄与しないとしても，「強調効果（highlighting effect）」とも呼べる効果により，賛成論の正当性や妥当性を高め，読み手に賛成論を強く印象づけることで，遅延的な意見文の説得力評価に寄与していたのではないだろうか。

　再反論の遅延効果について論じている原岡（1967）では，反論想定と主張（再反論と賛成論）の両方の内容を想起している状態から，反論想定を忘却しているが主張（再反論と賛成論）は想起できるという状態への移行において，遅延的に説得の効果が生じる可能性を指摘している。本研究では，再反論に対する即時的な評価と，遅延的な賛成論の再認傾向が正の関連にあることを見出したが，こうした関連が「反論想定を忘却しているが，再反論と賛成論は想起できる」という状態の成立と関連している可能性はあるだろう。このよう

に，先行研究で指摘されてきた遅延的な説得効果のメカニズムに対して，新たな解釈可能性を提案できたことは本研究の意義の1つと言えるだろう。

5.4.3 マイサイドバイアスを克服することの有効性はなぜ認知されにくいのか

以上の結果は，「なぜ学習者はマイサイドバイアスを克服することの有効性の認知をもちにくいのか」という問いについて，「効果の持続性」という観点から回答を提供するものといえる。すなわち，マイサイドバイアスを克服することの効果は必ずしも即時的に表れるのではなく，説得力評価を個人内で持続させるという点において表れる可能性がある。その場合，読み手が反論想定や再反論が説得力を向上させると認識することは難しいと考えられる。なぜなら，即時評価と1週間後の評価が「変わらない」ことは自覚しづらく，自覚できたとしても，それが反論想定や再反論の記述によるものとは認識しにくいと考えられるためである。そして同様に，賛成論だけの意見文を読んで1週間後に評価が低下したとしても，やはりそれが反論想定や再反論の欠如によるものだとは認識しにくいと考えられる。そのため，反論想定や再反論は，読み手の説得力評価に影響を与えるにもかかわらず，それらの産出が意見文の説得力を高めることに寄与するという有効性は認識しづらいのだといえるだろう。

5.4.4 本研究の課題

本研究の課題としては，大きく以下の2点が挙げられる。第1に，本研究では遅延評価課題において反論想定に対する再認度を測定しておらず，単文評価課題において「余分」な文として評価されていた反論想定文が遅延的にどのような評価を受けていたかについて検討できていない。反論想定は再反論の前提となる文であり，その文が遅延的にどのような評価を受けていたかについて検討することは，マイサイドバイアスを克服した意見文に対する読

み手の評価を捉える上で重要である。

　第2に、再認度評定という評定方法の信頼性と妥当性について検討する必要がある。本研究では遅延評価課題を「自分の記憶の確かさを調べるための課題」として提示し、実際にTrue文とFalse文とで再認傾向が異なることから、学習者が両者を弁別して再認の程度を評定していたと考えた。しかし、再認であるがために「本当の記憶の確かさ」と、「自分の記憶が確かだと思う程度」とを弁別できておらず、その条件の下で説得力評価との関連を検討している点に限界がある。したがって、再認度評定だけでなく、再生課題などを取り入れることで記憶の正確さと説得力評価との関連を検討する必要があるだろう。

第 6 章　意見文評価が意見文産出に与える影響（研究 3 ）

6.1　問題と目的

　研究 1 より，相対評価法では文章構造の差異が明確化され，マイサイドバイアスを克服した意見文が，そうでない意見文よりも高く評価されることが明らかになった。このことは，相対評価法が「マイサイドバイアスを克服することが説得力評価に寄与する」という有効性の認知を獲得しやすい条件であることを示している。したがって，相対評価法のもとで意見文評価を行うことは，学習者がマイサイドバイアスを克服することの有効性を認識する契機となり，意見文産出におけるマイサイドバイアスの克服を促進する可能性がある。そこで本研究では，相対評価法による意見文評価を実験要因として意見文産出活動に組み込み，その「意見文評価介入」が意見文産出に与える影響を検討する。

　意見文評価介入が効果を有すると想定できるのは，学習者は自分が高く評価する意見文を実際に産出する傾向にある（e.g., Baron, 1995）という前提があるためである。しかし，Baron（1995）の指摘は，あくまでも意見文評価と意見文産出に相関関係があるという内容にとどまっており，意見文評価が意見文産出に影響を与えていることを実証的に示しているわけではない。そこで，本研究では意見文評価介入の効果を検証することにより，実際に意見文評価が意見文産出に影響を与えているのかについて検討する。

　これらの目的を達成するため，本研究では事前と事後の 2 回意見文産出課題を実施し，その間に意見文評価介入として，相対評価法による意見文評価課題を実施する。相対評価法による意見文評価がマイサイドバイアスを克服

した意見文を説得的だと評価する契機となり，その評価が意見文産出に影響を与えるとすれば，意見文評価介入においてマイサイドバイアスを克服した意見文を説得的だと評価する学習者は，評価しない学習者に比べ，マイサイドバイアスを克服した意見文を産出する傾向にあると予想できる。

なお，本研究では意見文産出と関連する意見文スキーマを「説得力」の観点から捉えていく。具体的には，学習者による意見文の説得力評価の結果から，その学習者が有する「説得的な意見文のスキーマ」を推測する。もちろん，意見文の評価に関わる要因は認知的要因や情緒的要因など，説得力以外にも複数の要因が想定できる（研究1，研究2）。しかし，「説得的な意見文を書く」という目標下においては，その目標と合致した「説得力」の観点から「説得的な意見文のスキーマ」を捉える必要があると考えられる。したがって，学習者の意見文に対する説得力評価と意見文産出との関連に着目することは，本研究の目的を達成する上で妥当だといえるだろう。

6.2 方法

6.2.1 対象

関東圏の公立高校普通科の3年生60名（男性25名，女性35名）を対象とした。意見文産出課題，意見文評価課題はいずれも学校長と担任教師の同意を得て行った。また，参加者に対してはこれらの課題は成績とは関係しないことを口頭で伝え，同意を得た上でそれぞれの課題を実施した。

6.2.2 意見文産出課題

論題　文章産出には，書き手の知識（Tobias, 1994）や，興味（Hidi & Mclaren, 1991），論題との親近性（Coirier, Andriessen & Chanquoy, 1999）が影響すると考えられる。そこで，参加者間で知識量や興味に極端な偏りがないと想定され

る論題の候補について，研究協力校の国語科教師（男性・教職歴6年）と筆者が考え，最終的に教師が「ヘアカラー問題」と「アルバイト問題」を選択した。これらは，高校生が髪を染めることや，アルバイトをすることの是非を問うなど校則に関する論題となっており，生徒間で知識量に大きな偏りがなく，一定の興味をもって取り組むことができると考えられる。本研究では，事前課題としてヘアカラー問題を，事後課題としてアルバイト問題を用いた。

課題の構成　課題はいずれも表紙と作文用紙の2枚で構成し，表紙には「論題」と「論題に対する立場の選択項目」，および「目標文」を提示した。論題としては「高校生が髪を染めるのは（高校生がアルバイトをするのは），良いこと？悪いこと？」と提示し，立場選択として「良いこと・悪いこと」のどちらかに丸をするように求めた。目標文とは，何を目的として意見文を産出するかに関する文章であり，(1) だれが読んでも分かるように書きましょう，(2) 読んでいる人の気持ちを考えて書きましょう，(3) あなたの意見と反対の意見の人が納得してくれるように書きましょう，の3点を提示した。作文用紙としては400字詰めのものを用い，足りない場合には余白や裏面に書くことを認めた。

6.2.3　意見文評価課題

ターゲット文章　文章構造としては研究2と同様に，「主張＋賛成論A＋賛成論B＋賛成論C＋主張」で構成される「反論なし文」と，「主張＋賛成論A＋反論想定＋再反論＋主張」で構成される「再反論文」の2つを設定した。ただし，本研究では実際の国語科の授業で課題を実施することから，ターゲット文章の内容は生徒にとって有意味であるものがふさわしいと考えられた。そこで，研究協力校の国語科の教師とともに論題を考え，「1. 私服登校：高校に私服で登校することの是非」，「2. ピアス：高校生がピアスをつけることの是非」，「3. 高卒での就職：大学に行かずに高卒で就職することの是非」，「4. 行事への強制参加：文化祭や体育祭に強制的に参加させられることの是

非」,「5. 投票権:18歳で投票権を有することの是非」,「6. 必要ない科目の勉強:自分が必要ないと考える科目を勉強する必要性」の6題を論題として選択した。そして,それぞれの論題について,筆者が2つの文章構造からなるターゲット文章を作成した。「私服登校」に関するターゲット文章例を以下に示す。

【反論なし文】
 「高校に私服で登校するべきではない［主張］。なぜなら,私服を選ぶことが学校生活の重要な一部となり,その分,勉強や部活動に打ち込む時間を失ってしまうからだ［賛成論A］。その点で,制服は毎日同じものを着ていけば良く,高校生活を送る上で効率的なシステムだという意見もある［賛成論B］。さらに,何を着ていくかを悩んだり,私服を買うお金に困ったりするなど私服であるからこその悩みがあることも事実である［賛成論C］。だから高校に私服で登校するべきではない［主張］。」

【再反論文】※下線部は文間で異なる部分
 「高校に私服で登校するべきではない［主張］。なぜなら,私服を選ぶことが学校生活の重要な一部となり,その分,勉強や部活動に打ち込む時間を失ってしまうからだ［賛成論A］。たしかに,私服を着ていても勉強や部活動に打ち込んでいる学校はあり,服装とは関係がないという意見もある［反論想定］。しかし,何を着ていくかを悩んだり,私服を買うお金に困ったりするなど私服であるからこその悩みがあることも事実である［再反論］。だから高校に私服で登校するべきではない［主張］。」

 「反論なし文」と「再反論文」の提示順序,ならびに論題の提示順序についてはカウンターバランスを行った。

評価項目　「説得力（この意見文は説得的だ）」について5件法（1：全くそう思わない〜とてもそう思う）で尋ねた。

6.2.4　手続き

意見文産出課題と意見文評価課題は，いずれも国語の授業において授業者である教師が実施した。事前意見文産出課題を実施した1週間後に，意見文評価課題と事後意見文産出課題を同じ授業内で実施した。意見文産出課題の実施時間は1回につき約30分であり，意見文評価課題の実施時間は約15分であった。

教示　事前意見文産出課題では，表紙の目標文を読んでそれらの目標を達成するために意見文を書くように求めた。また，意見文評価介入では「これらの意見文を読んで，皆さんが先生だったらどのように評価するか考えながら質問に回答しましょう」と教示し，評価者として意見文評価課題に取り組むように教示した。その後に行った事後意見文産出課題では，事前課題と同様に目標を達成するように求めた上で，意見文評価課題における評価活動を振り返りながら「さっきのように自分が『自分の意見文の評価者』だったら，どのように評価するかを考えながら書いてみましょう」と教示した。

6.2.5　意見文の分析枠組み

Toulmin（1958）の枠組みや，Nussbaum & Edwards（2011）のカテゴリを参考としながら，意見文の構成要素を分類するためのカテゴリを作成した。まず，賛成立場の利点や反対立場の欠点など，賛成立場に有利な記述を［主張支持記述］とした。これは，賛成立場に対する主張（例：高校生は髪を染めるべきではないと思う）の正当性を示すための理由である。また，賛成立場の欠点や反対立場の利点など，賛成立場に不利な記述を［反論想定記述］とした。そして，反論想定記述に対する再反論として，［打ち消し記述］と［優勢提示記述］を設けた。打ち消し記述とは，反対立場の利点は賛成立場にも共通し

Table 6.1 意見文カテゴリへの分類例

カテゴリ	文章例
主張支持	：アルバイトをすることは，将来社会人になるための第一歩になるからです。
反論想定	：バイトが忙しくなって，勉強と両立できなかったり，バイトの方が高校よりも大事なってしまうこともあります。
打ち消し	：学生は学問が第一だという意見もあるが [**反論想定**]，シフトを休日だけに入れてもらうなどの配慮ができれば両立は可能だと思います [**打ち消し**]。
	【打ち消しではない例】
	：バイトに専念するばかりに，勉強をおろそかにしがちになる者が多いかもしれません [**反論想定**]。それが，アルバイトの難しいところでもあるが，それをどう切り抜けるかが重要だと思う。(a)
優勢提示	：アルバイトに反対する人は，アルバイトをすることで学業がおろそかになり，だらしない生活を送ることを気にしているのかもしれない [**反論想定**]。しかし，だらしない生活を送ることはアルバイトではなく個人の問題であり，むしろアルバイトをすることで社会的な責任や時間厳守を守ることができるようになるなど成長することができると思う [**優勢提示**]。

注．文章例はいずれもアルバイト問題において，アルバイトを行うことに賛成の立場から書かれた意見文であり，文章の一部を抽出している。基本的にカテゴリ名に対応する1つの文章を提示しているが，前後の文章をふまえて分類している例では，複数の文章を提示している場合もある。その場合 [ ] 内に分類先のカテゴリ名を示す。
(a) 反論想定に対する意見を述べてはいるが，再反論とはなっていないため，どのカテゴリにも分類していない。

ている（あるいは，賛成立場の欠点は反対立場にも共通している）として，反論の有意味性を失わせる記述である。また，優勢提示記述とは，賛成立場と反対立場とを比較し，賛成立場の優勢性を示す記述である。具体的な分類例についてはTable 6.1に示す。

[反論想定記述] が反論を想定するだけの記述であるのに対し，想定した反論への再反論を行っている [打ち消し記述] と [優勢提示記述] は，マイサイドバイアスを克服したより質の高い意見文だといえる。そして，[打ち消し記述] が反対立場の優勢性をプラスマイナスゼロにするのに対し，それを超えてさらなる賛成立場の優勢性を示す [優勢提示記述] は，最も質の高い意見文だといえる。

このように本研究では，マイサイドバイアスの克服の程度に水準を仮定で

きるカテゴリを用いることで，意見文の質について得点化することを試みた。具体的には，［主張支持記述］のみで構成される意見文を1点，［反論想定記述］を含み，それに対する再反論を行っていない意見文を2点，［反論想定記述］に対して［打ち消し記述］を行っている意見文を3点，［反論想定記述］に対して［優勢提示記述］を行っている意見文を4点とする4点満点で意見文を評価した。以降では，これらの得点を「意見文得点」と呼ぶ。

意見文は基本的に句点を単位として分類を行った。ただし，「〜だと思いますし，それに…」など，読点で文がつなげられた文章が見られた場合には，句点ではなくアイデア・ユニット（邑本，1992）で区切ることにした。なお，同じ内容の繰り返しなど，既出の記述と質的に同じだと判断できる記述についてはカウントせず，質的に異なる文の数を「記述数」としてカウントした。分類の一致率を求めるため，研究内容を知らない評定者と筆者が独立に分類を行った。その結果，カテゴリ分類の一致率は$\kappa = .79$であり，信頼性は十分であると判断した。不一致箇所については，評定者間での相談により決定した。

6.3 結果

6.3.1 意見文産出課題の全体的特徴

立場選択　事前意見文産出課題では26名（43%）の生徒がヘアカラーに賛成の立場をとり，事後意見文産出課題では40名（67%）の生徒がアルバイトに賛成の立場をとった。

意見文産出　事前事後の意見文産出課題における各カテゴリの産出数と，事前事後間の変化量の平均値，標準偏差をTable 6.2に示す。また，事前と事後の意見文得点については，後述のTable 6.5に提示している。事前事後の意見文得点の平均値差について検討した結果，有意な平均値差が認められ（t

Table 6.2 意見文産出課題における各カテゴリの産出数と変化量の平均値，標準偏差

	事前課題		事後課題		変化量	
	平均値	標準偏差	平均値	標準偏差	平均値	標準偏差
主張支持	2.02	0.79	1.93	0.73	-0.08	1.03
反論想定	0.47	0.75	0.78	0.83	0.32	0.98
打ち消し	0.27	0.58	0.33	0.51	0.07	0.52
優勢提示	0.00	0.00	0.10	0.30	0.10	0.30

注．変化量は「事後－事前」により算出した．

(59) = 4.27, p < .01, d' = 0.55 (95%CI [0.28, 0.82])，事前に比べ，意見文評価介入後の意見文産出において意見文得点が増加していることが示された。ただし，記述統計量をみると，全体的傾向として事前事後課題の双方で［打ち消し記述］や［優勢提示記述］の産出数は少なく，産出者数をみても事前意見文産出課題において再反論を産出していた生徒は12名（20%），事後意見文産出課題では21名（35%）であり，半数以上の生徒が再反論を行っていないことも明らかとなった。

　そこで，再反論を行っている生徒の意見文の特徴を明らかにするため，再反論を行っている生徒の意見文と，反論を想定しながらも再反論を行っていない生徒の意見文との間にどのような違いがあるかを探索的に検討した。その結果，再反論を行っていない生徒の多くは，反対立場の利点となる反論（以降，これを［反対立場の利点］と呼ぶ）を想定するのに対し，再反論を行っている生徒は自分の立場の欠点となる反論（以降，これを［賛成立場の欠点］と呼ぶ）を想定する傾向にある可能性が示された。両反論想定の具体例をTable 6.3に，反論想定の内容と再反論産出との関連をTable 6.4に示す。なお，Table 6.4に示す人数は，各意見文産出課題において反論想定を行った人数を示している。

　反論想定の傾向と再反論の産出傾向との関連を検討するため，Fisherの直接確率法により比率差の検討を行った。その結果，事後意見文産出課題においては有意な比率差が認められ，［賛成立場の欠点］を産出する生徒ほど，再

第 6 章 意見文評価が意見文産出に与える影響（研究 3） 125

Table 6.3 反論想定の内容の分類例

カテゴリ	文章例
反対立場の利点	バイトをしない方が勉強や趣味に時間を使えるという意見もあります[反論想定／反対立場の利点]。でも，私はバイトをしたいと思います。[1]
賛成立場の欠点	若い大切な時期をアルバイトに使うことはもったいないという意見を読んだことがあります[反論想定／賛成立場の欠点]。しかし，アルバイトに時間を使うことがもったいないかどうかはその人によって決まることであって，バイトの時間を良い時間にすることが大事だと思います[打ち消し]。

注．文章例はいずれもアルバイト問題において，アルバイトを行うことに賛成の立場から書かれた反論想定とそれに続く文章を抽出したものである。
1) 反論想定に対する意見を述べてはいるが，再反論とはなっていない。

Table 6.4 反論想定の内容と再反論産出との関連

	事前課題		事後課題	
	反対立場の利点	賛成立場の欠点	反対立場の利点	賛成立場の欠点
再反論あり	6(50)	6(50)	11(52)	10(48)
再反論なし	7(88)	1(12)	16(89)	2(11)
検定結果	$p = .16$, $\phi = .39[.00, .85]$		$p = .02$, $\phi = .39[.18, .73]$	

注．数値は人数を，（　）内は反論想定を行った人数内での割合を，[　]内はϕの95%信頼区間を示す。なお，p値はFisherの直接確率法により算出した。

反論を行う傾向にあることが示された。また，事前意見文産出課題では有意な関連は認められないものの，事後課題と同程度の効果量が得られた。これらの結果は，反論想定の内容が再反論の産出傾向と関連する可能性を示すものといえるだろう。

6.3.2 意見文評価課題の全体的特徴

　意見文評価課題における「反論なし文」と「再反論文」に対する説得力評価得点，および事前事後の意見文得点の平均値，標準偏差，相関係数をTable 6.5に示す。文章条件間で説得力評価得点に平均値差があるかどうかを確認

Table 6.5 説得力評価得点と事前事後の意見文得点の相関係数, 平均値, 標準偏差

	1	2	3	平均値	標準偏差
1：説得力評価得点(反論なし文)	—			3.19	0.54
2：説得力評価得点(再反論文)	.14	—		3.15	0.65
3：事前意見文得点	-.02	.24	—	1.53	0.81
4：事後意見文得点	-.11	.33**	.39**	2.08	0.98

$**p<.01$

するため，対応のある t 検定を実行した結果，有意な平均値差は認められなかった（$t(59) = -0.41, n.s., d' = 0.05$ (95%CI [$-0.30, 0.31$])）。すなわち，本研究では相対評価法の条件下であったものの，賛成論のみの意見文とマイサイドバイアスを克服した意見文との間で説得力の評価に差がみられないことが示された。

一方，意見文得点との相関係数をみると，「再反論文」の説得力を高く評価する生徒ほど事後意見文得点が高く，賛成論以外の意見をより多く産出していたことが示唆される。さらに，「再反論文」の説得力評価得点と事前意見文得点との間に有意な相関関係がみられないことをふまえると，意見文評価においてマイサイドバイアスを克服した意見文を説得的だと評価した生徒ほど，事後の意見文産出においてマイサイドバイアスを克服した意見文を産出していた可能性がある。そこで次に，これらの評価と産出の関連について検討する。

6.3.3　意見文の説得力評価が意見文産出に与える影響

意見文評価介入が意見文産出に与える影響を検討するため，事後の意見文得点を従属変数とし，「反論なし文」と「再反論文」間での説得力評価得点の差得点（再反論文-反論なし文）を独立変数として分析を行うこととした。ここで差得点を独立変数とするのは，反論なし文に比べ，再反論文の説得力をどれだけ高く評価するかという，相対的な評価の差分が意見文産出に与える影響について検討するためである。また，どの立場から意見文を産出するかに

よって，意見文の産出傾向は異なる可能性があるため，事後意見文産出課題における書き手の立場をダミー変数化し（賛成＝1，反対＝0），統制変数として扱うこととした。

なお，意見文評価介入が意見文産出に与える効果には，事前の意見文産出の傾向が影響を与える可能性がある。たとえば，はじめから意見文得点が高い生徒は，すでにマイサイドバイアスを克服した意見文のスキーマを活性化して意見文を産出しているため，その後の意見文評価にかかわらず，事後でもマイサイドバイアスを克服した意見文を産出すると考えられる。このような生徒に対し，意見文評価介入の効果は小さくなるだろう。一方，意見文得点が低い生徒はマイサイドバイアスを克服した意見文を説得的だと評価することによって，事後意見文産出課題においてマイサイドバイアスを克服した意見文を産出するようになるかもしれない。このような生徒にとって，意見文評価介入の効果は大きくなるだろう。このように，同じ「事後課題でマイサイドバイアスを克服した学習者」であっても，事前の意見文産出の傾向によって意見文評価介入の効果は異なると考えられる。そこで，ここでは階層的重回帰分析によって事前意見文得点と説得力評価の差得点の交互作用について検証を行った。

事後意見文得点を従属変数とし，Step 1では事前意見文得点，説得力評価の差得点，立場（事後）ダミーを独立変数に投入した上で分析を実行した。また，Step 2ではStep 1に加えて事前意見文得点と説得力評価得点の積である交互作用項を独立変数に投入して分析を実行した。なお，独立変数間の相関が高くなることを避けるため，独立変数にはセンタリング処理（Cronbach, 1987）を施した。分析の結果をTable 6.6に示す。

Step 1（$F(3, 56) = 6.00, p < .01, R^2 = .24 (95\%CI[.05, .38])$）と，Step 2（$F(4, 55) = 8.15, p < .01, R^2 = .37 (95\%CI[.13, .50])$）の両方で，事前意見文得点と説得力評価得点の差得点に有意な正の標準化偏回帰係数が確認された。すなわち，事前に反論想定や再反論を行っている生徒は，事後でも同じように意見文産出を

Table 6.6 事後意見文得点を従属変数とした階層的重回帰分析の結果

	Step 1		Step 2	
	b^*	b^*SE	b^*	b^*SE
Step 1				
事前意見文得点	.34**	0.12	.36**	0.11
説得力評価の差得点	.27*	0.12	.40**	0.12
事後立場	.12	0.12	.04	0.11
Step 2				
事前意見文得点			-.39**	0.12
×説得力評価の差得点				
ΔR^2	.24		.13**	
R^2_{adj}	.20		.33	

注. b^*は標準化偏回帰係数を示す。「説得力評価の差得点」は「再反論文の説得力評価得点－反論なし文の説得力評価得点」により算出した。　　　*p<.05, **p<.01

する傾向にあることが示された。また，反論なし文に比べ，再反論文の説得力を高く評価する生徒ほど，事後に反論想定や再反論をより多く産出する傾向にあることが示された。

　また，Step 2のモデルにおけるR^2の変化量（ΔR^2）が有意であることから，交互作用項を投入することにより分散の説明率が向上することが示された。そこで，交互作用項の効果について明らかにするため，単純傾斜分析を行った。なお，本研究では調整変数の影響について理論的想定はしていないため，平均値±1SDの値で調整変数の効果を検討した（Cohen & Cohen, 1983）。事前意見文得点について単純傾斜分析を実行した結果，事前意見文得点が低い場合（b=.72, bSE=0.17, p<.01），平均の場合（b=.40, bSE=0.12, p<.01）では，有意な正の標準化偏回帰係数が得られたのに対し，事前意見文得点が高い場合では，有意な標準化偏回帰係数は得られなかった（b=.09, bSE=0.12, $n.s.$）。すなわち，「反論なし文」に比べて「再反論文」をより説得的だと評価する生徒の中でも，特に事前意見文得点が低い，あるいは平均的な生徒ほど，事後意見文産出課題においてマイサイドバイアスを克服した意見文産出を行うことが示された。一方，事前意見文得点がすでに高い生徒は，意見文評価介入

の影響をほとんど受けずに意見文を産出することが示された。

6.4 考察

本研究では，意見文評価介入を実行し，意見文に対する説得力評価が意見文産出に与える影響を検討した。その結果，以下のことが明らかになった。

6.4.1 反論想定と再反論の産出

本研究では，事前事後課題の双方で［打ち消し］や［優勢提示］の記述が少ないという傾向が認められた。このことは，生徒にとって再反論の産出が困難であることを示す結果であり，本稿の目的の1つであるマイサイドバイアスの克服支援方法を検討する上で，再反論の産出をいかに促すかが重要な検討課題となることを示している。

また，再反論を産出していた生徒の意見文の分析から，再反論を促す上では「どのような反論を想定するか」という反論想定の質も重要になる可能性が示された。［反対立場の利点］と［賛成立場の欠点］は共に賛成立場に不利な理由ではあるものの，それが反対立場に向いているのか，それとも賛成立場に向いているのかというベクトルが異なっている。そのため，［反対立場の利点］に対しては，再反論を行わなくても「それはそれ」として例外化や棄却を行い，意見文を完成させることが可能となる (e.g., Table 6.3)。しかし，［賛成立場の欠点］は自分の主張そのものに対する反論となるため，その欠点が重要な問題とはならないことを示したり，そのような欠点があっても賛成立場を支持するに足る理由があることを説明したりする必要がある。そのために，［賛成立場の欠点］を産出していた生徒は再反論を多く産出する傾向にあったのかもしれない。これらの結果は，再反論の産出を促進する上で，反論想定の質についても検討する必要性があることを示唆する点で重要な結果だといえるだろう。

6.4.2 意見文の説得力評価

本研究では研究1と同じ相対評価法による意見文評価を求めた。しかし，研究1とは異なり「反論なし文」と「再反論文」との間で説得力評価得点の差はみられなかった。その原因としては，両研究間で論題が異なっていたことに加え，研究1の「反論なし文」には賛成論が1つしか含まれていなかったのに対し，本研究の「反論なし文」では賛成論を3つ提示しており文章の量が異なっていたことが挙げられる。すなわち，研究1では「賛成論」のみの意見文と，「賛成論＋反論想定＋再反論」からなる意見文の対比が行われていたのに対し，本研究では「賛成論A＋賛成論B＋賛成論C」と「賛成論＋反論想定＋再反論」という対比を行っているため，研究1に比べ，文章構造間での情報量や内容の差が小さくなっていたと考えられる。また，文の数が増えることで，文章構造の差異も研究1に比べて明確化されていなかった可能性もある。そのために，本研究では相対評価法の条件下でありながら，マイサイドバイアスを克服した意見文とそうでない意見文との間で説得力評価得点に差がみられなかったのだと推察される。

文章構造の違いを対比的に捉えることのできる相対評価法であっても，賛成論を付加するだけで，反論想定や再反論を含む意見文と同程度の説得力評価を受けるという結果は，研究1や研究2の結果から示唆される「マイサイドバイアスを克服した意見文は必ずしも即時的な説得力評価を高めるものではない」という可能性をより確かなものにすると考えられる。なぜなら，相対評価法は，独立評価法に比べればマイサイドバイアスを克服することの効果が明確になりやすい評価方法であるにもかかわらず，賛成論を付加するなどの単純な変化によって，マイサイドバイアスを克服した意見文と同程度に説得力を評価されていたためである。それゆえに，マイサイドバイアスを克服するための指導を受けることがない限り，学習者が「説得的な意見文」として，マイサイドバイアスを克服した意見文を想定し，そのスキーマを活性

化することは困難なのだと考えられる。

6.4.3 意見文の説得力評価が意見文産出に与える影響

　意見文評価介入が意見文産出に与える影響を検討した結果，賛成論のみの意見文に比べ，マイサイドバイアスを克服した意見文の説得力を高く評価する生徒ほど，マイサイドバイアスを克服した意見文をより多く産出することが示された。すなわち，生徒は自分が説得的だと評価する意見文を「説得的な意見文のスキーマ」として活性化し，意見文を産出していたと考えられる。この結果は，学習者は自分が高く評価する意見文を実際に産出するという Baron（1995）の指摘を実証的に確認するものといえるだろう。

　また，事前の意見文得点と説得力評価の差得点との交互作用を検定した結果，事前の意見文得点によって説得力評価の効果は異なることが明らかになった。具体的には，事前の意見文得点が低い生徒ほど，説得力評価の効果が大きく，事前の意見文得点が高い生徒になると説得力評価の効果が失われることが示された。事前の段階で意見文得点が高い生徒は，すでにマイサイドバイアスを克服した意見文のスキーマを活性化して意見文産出に取り組んでいるため，その後の意見文評価にかかわらず，事後においてもマイサイドバイアスを克服した意見文を産出していたと考えられる。一方，事前の意見文得点が低い，あるいは平均的な生徒にとって，マイサイドバイアスを克服した意見文の説得力を高く評価することは，「マイサイドバイアスを克服した意見文が説得的である」という有効性を認知する契機となり，マイサイドバイアスを克服した意見文の産出に結びついていたのだと考えられる。

6.4.4 本研究の課題

　本研究の課題として，第1に意見文評価介入に用いたターゲット文章の問題が挙げられる。本研究では，反論なし文と再反論文の両方を参加者にとって吟味する価値のある内容とするため，ターゲット文章に含まれる文の数を

均等にした。このような工夫はターゲット文章の吟味という活動にとっては有益であるかもしれないが，文章構造を対比的に捉え，マイサイドバイアスを克服することの有効性を認識するように促す上では，力の弱い介入となっていたと考えられる。したがって，研究1のように文章構造がより明確化された課題を用いることで，意見文評価介入の効果をより一層高められると考えられる。

第2には，より重要な点として，意見文評価介入が効果を有する学習者の範囲が限定化されている可能性が挙げられる。本研究では，「マイサイドバイアスを克服した意見文を説得的だと評価する学習者ほど，マイサイドバイアスを克服した意見文産出を行う」という結果が得られたが，この結果は，逆に言えば「反論なし文」を「再反論文」と同等かそれ以上に説得的だと評価する学習者に対しては，意見文評価介入の効果が見込まれないことを示唆している。すなわち，意見文評価介入はマイサイドバイアスを克服した意見文を説得的だと評価する学習者に対してのみ効果を有する介入であり，そもそもマイサイドバイアスを克服した意見文を説得的だと評価しない学習者にとっては効果が期待できない介入だといえる。したがって，マイサイドバイアスの克服を促すためには，単に相対評価法に基づく意見文評価を求めるだけでなく，反論想定や再反論が説得力を高める上で重要になることを伝え，評価の観点を与えた上で，自分が評価者であればどのように読むかという相対評価の機会を与えることが重要になると考えられる。

6.5 第Ⅱ部総括

第Ⅱ部では，マイサイドバイアスを克服した意見文に対して学習者がどのような評価を行っているのか，そしてそれが意見文産出とどのように関連しているのかを検討した。研究1では，相対評価法の条件下において，マイサイドバイアスを克服した意見文が高く評価されるのに対し，独立評価法の条

件下において，マイサイドバイアスを克服した意見文であっても高い評価を受けるわけではないことが示された。ただし，研究2の結果から，遅延的にみれば，独立評価法においても反論想定や再反論を含む意見文の方が説得力を高く評価されることが示された。その理由としては，反論想定と再反論は賛成論の妥当性や正当性を強調する補助的な機能を有することによって，意見文の説得力評価の維持に寄与していた可能性が示された。この機能を，本稿では強調効果（highlighting effect）と呼んだ。研究3では，相対評価法の条件下で，賛成論の数を増やした「反論なし文」と「再反論文」に対する評価を求めた。その結果，両文章条件間で説得力評価の差がみられなかったことから，相対評価法であったとしても，文の数を増やすという単純な操作によって文章構造の影響が認められなくなる可能性は十分にあることが示唆された。また，こうした意見文評価の個人差は意見文産出とも関連しており，マイサイドバイアスを克服した意見文を説得的だと評価する学習者ほど，マイサイドバイアスを克服した意見文産出を行うことが示された。

　以上の結果は，「なぜ学習者はマイサイドバイアスを克服することの有効性の認知をもちにくいのか」という問いに対して，一貫して一つの回答を提示してきた。それは，学習者にとってマイサイドバイアスを克服することの有効性を「自然に」認識することはきわめて困難だということである。このことは，文章構造の影響が意見文の評価方法や論題によって異なること（研究1），その影響が表れたとしても遅延的であること（研究2），そして，マイサイドバイアスを克服することの効果が認められた相対評価法であっても，賛成論を増やすだけで説得力評価に差がみられなくなること（研究3），といった各研究の結果から示唆されるものである。したがって，いくら意見文評価や読解の経験が豊富であったとしても，それだけで説得的な意見文のスキーマとして「マイサイドバイアスを克服した意見文のスキーマ」を活性化させることは困難だといえるだろう。より踏み込んでいえば，マイサイドバイアスの克服を促す上では，学習者の「気づきを待つ」支援は効果が期待し

にくく,外的な介入によって気づきを促すための支援が必要になるといえる。実際に,意見文に触れることが多く,マイサイドバイアスを克服することの重要性に気づく機会が十分にあると想定される大学生であってもマイサイドバイアスが確認されている（e.g., Nussubaum & Kardash, 2005; Wolfe et al., 2005）ことは,外的な支援の必要性を示唆するものといえるだろう。

　こうした問題を克服するための方法としては,研究3のようにマイサイドバイアスを克服した意見文とそうでない意見文とを比較する相対評価を求め,マイサイドバイアスを克服することの有効性を認識するように促す介入が考えられる。しかし,研究3でも述べたように,学校教育での実施を考えると,この介入には克服するべきいくつかの問題がある。第1に,この介入はマイサイドバイアスを克服した意見文を説得的だと評価する学習者に対してのみ効果を有する点で効果の対象が限定的である。研究1からも明らかなように,相対評価法であってもどのような文章構造を説得的だと評価するかは個人によって異なると考えられる。そのため,単に相対評価法による意見文評価を求めるだけで,全ての学習者がマイサイドバイアスを克服した意見文を高く評価するようになると想定するのは現実的ではないだろう。

　第2の問題としては,仮に学習者全員がマイサイドバイアスを克服した意見文を説得的だと評価したとしても,学習者がマイサイドバイアスを克服することの有効性を認識するとは限らないという点が挙げられる。たとえば,マイサイドバイアスを克服した意見文を読み,それを説得的だと評価したとしても,その理由として「賛成論の質が良いから説得的なのだ」と考える学習者は,意見文産出において賛成論の質を考慮することはあっても,反論想定や再反論を行うという発想はないかもしれない。したがって,単に意見文の説得力を評価させ,反論想定や再反論の必要性に自発的に「気づく」のを待つのではなく,どのような点が説得的な意見文産出のために重要になるのかを教示し,全ての学習者がそのポイントを理解した状況を整えることも重要な教育支援だといえるだろう。そのためには,目標提示介入（e.g., Ferretti et al., 2000; 2009; Nussbaum & Kardash, 2005）のように学習者の焦点を反論想定や再反論に向けるための，より直接的かつ具体的な教示が必要になると考えられる。

　以上の点をまとめると，第Ⅱ部の知見を学校教育で実行可能なマイサイドバイアスの克服支援方法へとつなげるためには，(1) 学習者の焦点を反論想定や再反論に向けさせる，(2) 学習者全員が「説得的な意見文」としてマイサイドバイアスを克服した意見文を想起し，自分の意見文と相対的な比較を行うように促す，といった点について工夫が必要になると考えられる。この点については，第Ⅲ部の結果をふまえた上で，第Ⅳ部で具体的に検討することとする。

　最後に，第Ⅱ部の結果から，反論想定の質が再反論と関連している可能性が示唆された（研究3）。意見文においてマイサイドバイアスの克服が重要だとされるのは，自分の主張の正当性を低減しうる反論をあらかじめ想定しておき，再反論によってその有意味性を打ち消すことにある（Toulmin, 1958）。すなわち，反論想定の本質的な意味とは，自分の主張の正当性を揺らがせるような「再反論が必要になる反論」を想定することにあると考えられる。そして，そのような反論を想定した書き手は，意見文の正当性を低減させたまま意見文を完成させるのではなく，再反論によって主張の正当性を明確に示して意見文を完成させると考えられる。したがって，研究3のように反論を想定した参加者の約40％が再反論なしに文章を終えていたことは，彼らが再反論を必要とする意見文スキーマを有していないこと加え，「再反論が必要になる反論」を想定しなかったことにも起因している可能性がある。このことは，第Ⅰ部で述べたBereiter & Scardamalia（1987）の文章産出プロセスモデルにおいて，「文章構成に関する知識（e.g., 意見文スキーマ・有効性の認知）」と「内容に関する知識（e.g., 反論想定）」とが相互に影響し合い，想定される反論の内容によって文章構成が変わるといった関係性が仮定できることからも導出される推論だといえる。そこで第Ⅲ部では，反論想定を含む「理由想定」

に焦点を当て，自分の主張の正当性を低減するような有意味な反論想定を促進する方法について，特に学習者の立場に着目して検討していく。

第Ⅲ部　立場選択と理由想定の関連

第7章　書き手の立場と理由想定の関連（研究4）

7.1　問題と目的

7.1.1　書き手の立場と理由想定

　研究3では［賛成立場の欠点］のように自分の立場の正当性を直接的に低減する反論を産出する書き手ほど，再反論を多く産出する可能性が示された。このことは，意見文産出におけるマイサイドバイアスを克服する上では，そのための意見文スキーマを有するだけでなく，再反論に値する理由を反論として想定できるかどうかも重要になることを示唆している。したがって，意見文産出におけるマイサイドバイアスの克服支援方法を検討する上では，反論想定や再反論の基礎となる理由想定を促進する方法についても検討を行う必要がある。

　理由想定に着目した先行研究では，我々が反論の産出に消極的であり（Toplak & Stanovich, 2003），反論となる理由を知っていたとしても，産出時にはその理由を無視するといった「理由想定におけるマイサイドバイアス」の存在が指摘されてきた（Perkins, 1985）。ここで注目できるのは，「知識としては獲得されている理由が『反論としては』産出されない」という点である。このことは，同じ理由であっても，それが賛成立場と反対立場のどちらから参照されるかによって産出傾向が異なる可能性を示している。実際に，認知バイアス研究において，我々が仮説を反証するための事例よりも，仮説を支持するための事例を用いて仮説検証を行う傾向にあること（Klayman & Ha, 1987; Wason, 1960; 1969）や，立場選択前に比べ，立場選択後では自分の立場に

不利な情報の参照に消極的になる（Wolfe et al., 2009）といった傾向が確認されていることは，同じ知識や情報を提示されている（あるいは，知識として有している）としても，自分の立場によってそれらの参照傾向が異なることを示している。もし，このような傾向が理由の参照だけでなく，理由の産出においても認められるのだとすれば，書き手の立場によって理由想定の傾向は異なる可能性があり，特に自分の立場の正当性を低減する「不利な理由」の想定が抑制されると考えられる。したがって，理由想定という観点からマイサイドバイアスの生起メカニズムについて検討する上で，書き手の立場と理由想定の関連について明らかにすることは有益な示唆を提供すると考えられる。

また，第2章で述べたように，知識量や認知能力，教育水準といった要因に比べ，立場選択の影響は介入によって低減できる可能性が高い。したがって，マイサイドバイアスの克服支援方法を検討する上でも，立場選択の影響を明らかにすることは有益であると考えられる。さらに，ほとんどの意見産出研究において立場選択が産出活動前の前提的活動となっていることから（e.g., Ferretti et al., 2000; 2009; Nussbaum & Kardash, 2005; Perkins, 1985; Toplak & Stanovich, 2003; Toplak et al., 2014; Wolfe & Britt, 2008），その影響を明らかにすることは先行研究に対しても重要な示唆を与えると考えられる。

7.1.2 立場の観点から見た反論の機能的差異

自分の立場の正当性を低減する「不利な理由」の想定が抑制される，という仮説をより発展的に捉えると，同じ反論であっても自分の主張の正当性を低減する理由ほど想定が困難になることが予想される。ここで，「反論が立場の正当性を低減する程度」については，研究3でみたように反論が賛成立場と反対立場のどちらに言及しているかという点から質的な水準を仮定できるだろう。立場に対する反論のベクトルに着目すると，反論は大きく［反対立場の利点］と［賛成立場の欠点］とに分けることができる。両者は共に賛成立場に不利な理由であるが，［反対立場の利点］が必ずしも賛成立場の正当

性を低減するものとはならないのに対し，[賛成立場の欠点]は確実に賛成立場の正当性を低減させる機能を有する点で異なると考えられる。たとえば，増税の是非を問う論題において，増税賛成の立場に対して「増税をしなければ，購買行動が維持され景気も安定する［反対立場の利点］」と，「増税をすると，購買行動が減少し不景気を招く［賛成立場の欠点］」という反論が想定された場合，反対立場にも利点があると指摘するだけの前者に比べ，後者は程度の差こそあれ賛成立場の正当性を低減している点で反証としての機能が強いと想定できる[29]。

さらに，書き手が立場選択において最も重視している理由（以降，［重点理由］）についても考慮する必要があるだろう。なぜなら，書き手が最も重視している理由の欠点となる反論（以降，［重点理由の欠点］）は，書き手にとっての賛成立場の正当性を低減させる機能が特に強いと考えられるためである。たとえば，「増税をすると，購買行動が減少し不景気を招く」という反論は，財政的理由を［重点理由］として増税に賛成している書き手に対して，特に賛成立場の正当性を低減する機能が強いと考えられる。本研究では，このように賛成立場の正当性を低減する程度を仮定できるカテゴリを用いることで，立場と反論想定の関連について検討していく。

7.1.3 多様な反論想定を促進する必要性

また，意見文産出を視野に入れた際にもう1つ検討する必要があるのは，質的に多様な反論想定を促す方法である。説得的な意見文産出を達成する上では，なるべく多くの反論を想定できることが望ましいといえる。なぜなら，多様な反論を想定することで，どの反論に再反論すれば自分の主張をより説得的に提示できるかを幅広く吟味することができ，再反論が必要なクリティ

---

[29] もちろん，［反対立場の利点］が賛成立場の正当性を低減することもある。しかし，書き手にとって［反対立場の利点］が必ずしも賛成立場の正当性を低減するものとはならないことをふまえると，［反対立場の利点］と［賛成立場の欠点］を比較した場合，［賛成立場の欠点］の方が賛成立場の正当性を低減する可能性は高いと考えられる。

カルな批判にも気づきやすくなると考えられるためである。また，意見文の説得力を高めるためだけでなく，自分の主張にどのような反論が提起されうるかを考えることで，論題に対する理解を深めるられること (Chin & Osborne, 2010; Kuhn, 1991; 2005; Nussbaum & Edwards, 2011; Erduran et al., 2004; Reznitskaya et al., 2001) も，多様な反論想定を行うことの利点だといえるだろう。したがって，想定困難な反論の特徴を明らかにするだけでなく，そうした反論の想定を促進する方法について検討することも，意見文産出における反論想定の促進方法を考える上で重要だと考えられる。

そこで本研究では，書き手の立場に着目し (1) 想定が難しい反論の特徴を明らかにするとともに，(2) 想定が難しい反論の産出を促す方法についても検討することを目的とする。なお，本研究や次の研究5では理由産出活動に着目するため，ここまでのマイサイドバイアスの定義とは異なり，「反論に比べ，賛成論の産出数が多い程度」(Toplak & Stanovich, 2003) をマイサイドバイアスの定義とする。

7.2 実験1：反論想定の特徴に関する検討

7.2.1 目的

実験1では，想定が困難な反論の特徴を明らかにすることを目的とする。具体的には，産出された反論を［反対立場の利点］，［賛成立場の欠点］，［重点理由の欠点］の3カテゴリに分類し，産出傾向を比較する。

7.2.2 方法

対象 専門学校生106名（男性51名，女性55名）を対象とした。課題は「心理学」の授業内活動として実施した。

理由産出課題 **(1) 論題** Kohlberg (1963) のハインツのジレンマ問題を

用いて,賛成論と反論の産出を求めた。ハインツのジレンマ問題は利害の対立する登場人物の行動について評価,考察する論題であり,賛成と反対の立場を明確に区別しやすい論題となっている。また,領域固有の知識を必要とせずに理由を想定できるため,賛成論と反論を思いつく限り産出するという本研究の活動と適していると考えられる。論題文としては,Hock（1995／2007）の訳を参考とし,分かりやすさを考慮して一部変更を加えたものをハインツの問題として提示した。実際に提示した論題文を以下に示す。

> 「欧州で,ある女の人が特殊なガンが原因で死にかけていた。医者が彼女を救えるだろうと考えていた薬が1種類あった。それは同じ町に住む薬屋が最近発見したラジウムの1種だった。その薬は製造費用が高く付いたが,薬屋はその10倍の値段をつけた。病気にかかった女性の夫であるハインツは,知人全員からお金を借り受けたが,全部で薬代の半分の1000ドルしか集められなかった。ハインツは,妻が死にそうで,薬を安く売ってほしい,そうでなければ後払いにしてほしいと薬屋に頼んだ。しかし,薬屋は言った。『だめだ,私が薬を発見した。それでお金を儲けたい。』そのため,ハインツは自暴自棄になり,薬屋に押し入り,妻のために薬を盗んだ。ハインツはこんなことをすべきだったのだろうか？」

論題文を読んだ後,学生はハインツに賛成か反対かという立場選択を行い,それぞれの立場から賛成論と反論の産出を行った。

(2) 課題の構成　縦長のA4用紙1枚を用い,上から順に,論題,立場選択欄,賛成論産出枠・反論産出枠の順で課題を配置した。

手続き　「一つの出来事を両面的な視点から考える練習をする」ことを課題実施の目的として説明し,以下の順で課題を実施した。

【理由産出課題の実施順序】
論題の把握・立場選択（5分）→賛成論産出・重点理由の評価（7分）→反論産出（7分）

賛成論と反論の産出においては「賛成立場（or反対立場）を支持する理由に

ついて思いつく限り産出する」ように求めた。また，賛成論産出後の「重点理由の評価」では，「自分が立場選択において最も重視する理由」に丸をつけるように求めた。ここで賛成論と反論の産出の時間をそれぞれ7分としているのは，中学生を対象としたNussbaum & Edwards (2011) では，10分間で賛成論と反論両方の産出を求めているため，賛成論と反論のそれぞれで7分ずつの産出時間を設ければ十分であると判断したことによる。実際に，ほとんどの参加者は7分以内に理由を産出し終え，次の活動を待つ状態となっていた。なお，実際には課題活動の一環として各活動の間に立場に対する評価活動を取り入れたため，課題の終了には約35分を要した。

理由の分類 立場選択の結果をふまえ，産出された理由を賛成論と反論に分けた後，反論の内容を［反対立場の利点］，［賛成立場の欠点］，［重点理由の欠点］の3カテゴリに分類した。それぞれの定義と具体例についてTable 7.1に示す。

なお，本研究ではジレンマ問題を扱っているため，片方の立場における利点がもう片方の立場における欠点として機能する可能性がある。たとえば，「苦労して薬を開発したのだから高額にするのは当然」という［反対立場の利点］（Table 7.1）は，「苦労して薬を開発したのだから高額にするのは当然（であり，当然の権利を侵害しているハインツが悪い）」という「賛成立場の欠点」としても解釈できる。このように，ジレンマを含む対立的論題において産出される理由の多くは，解釈によって利点としても欠点としても評価することができる。しかし，反論の解釈可能性について考慮することは，反論の分類を困難化するだけでなく，書き手が想定していない反論の内容まで過剰に推測する可能性を高めることになる。そこで本研究では，反論の解釈可能性については考慮せず，産出された反論の内容のみを分析対象とした。分類の一致率を求めるため，研究内容を知らない評定者に分類基準を示し，筆者と独立に分類を行った。その結果，カテゴリ分類の一致率は $\kappa = .77$ であり，信頼性は十分であると判断した。不一致箇所については，評定者間での相談により決

Table 7.1 反論記述の定義と文章例

	定義	文章例
立場：ハインツに賛成		
反対立場の利点	薬を高く売ることの正当性や，道徳性の高さについて言及している記述	「苦労して薬を開発したのだから高額にするのは当然」
賛成立場の欠点	薬を盗むことの不当性や，道徳性の欠如について言及している記述	「いくら妻のためであっても，盗みは罪なので許されない」
立場：ハインツに反対		
反対立場の利点	薬を盗むことの正当性や，道徳性の高さについて言及している記述	「妻の命のために何でもするのは夫として当然だと思う」
賛成立場の欠点	薬を高く売ることの不当性や，道徳性の欠如について言及している記述	「目の前に今にも死にそうな人がいるのに，それを無視して高額にするのは人間としておかしい」
重点理由の欠点	重点理由の欠点について言及している記述	（重点理由：人命のためなら盗むことも許される）→「薬屋にも養っている家族の命があり，そのために薬を高額にする必要があったのかもしれない」 （重点理由：薬の開発に苦労したのだから価格を高くするのは自由）→「価格設定は個人の自由だが，人の命がかかっているときに後払いも許さないのは罪ではないか」

定した。

7.2.3 結果と考察

立場選択傾向 ハインツに賛成の立場を選択した学生は51名（48%），反対の立場を選択した学生は55名（52%）であった。

理由産出の全体的特徴 各カテゴリの平均理由産出数，標準偏差，および

相関係数をTable 7.2に示す。賛成論産出数と反論産出数の平均値差を検討した結果，有意な差が認められ（$t(105) = 4.63, p < .01, d' = 0.45$（95%$CI$ [0.25, 0.65]）），マイサイドバイアスの傾向が確認された。

反論の産出傾向 各反論カテゴリ間の代表値の差についてFriedman検定により検証した結果，有意な差が認められた（$\chi^2(2) = 104.57, p < .01$）[30]。そこで，Bonferroni法によるWilcoxonの符号付順位和検定によって多重比較を行った結果，［反対立場の利点］と［賛成立場の欠点］（$z = 7.04, p < .01, r = .68$（95%$CI$ [.57, .76]））[31]，および［重点理由の欠点］（$z = 7.89, p < .05, r = .77$（95%$CI$ [.68, .82]）））との間で有意な差が認められた。その一方で，「賛成立場の欠点」と「重点理由の欠点」との間には有意な差は確認されなかった（$z = 1.82, n.s., r = .18$（95%CI [-.01, .34]））。

以上より，［反対立場の利点］に比べ，［賛成立場の欠点］と［重点理由の欠点］の産出数は少ないことが確認された。なお，［反対立場の利点］を記述した学生は92名（87%），［賛成立場の欠点］を記述した学生は27名（25%），［重点理由の欠点］を記述した学生は17名（16%）であった。

Table 7.2 各カテゴリの平均理由産出数，標準偏差，および相関係数

	反論の下位カテゴリ					平均値	標準偏差
	1	2	3	4	5		
1. 賛成論	—	.18	.23*	-.00	-.08	2.43	0.94
2. 反論	.18	—	.37**	.48**	.36**	1.98	0.78
3. 反対立場の利点	.23*	.37**	—	-.55**	-.12	1.52	0.92
4. 賛成立場の欠点	-.01	.50**	-.55**	—	.07	0.29	0.52
5. 重点理由の欠点	-.08	.36**	-.12	.09		0.17	0.38

注．対角線の上半分は「賛成立場の欠点の有無（2値変数）」を用いた相関係数を，下半分は「賛成立場の欠点産出数」を用いた相関係数を示す。 $*p < .05$, $**p < .01$

---

[30] Friedman検定や後述するKruskal Wallisの検定については，効果量の算出方法が定まっておらず，多重比較として行われる検定の効果量を提示する方が有意味であるとの指摘（Field, 2009）をふまえ，本稿では多重比較の結果についてのみ効果量を示している。
[31] Wilcoxonの符号付順位和検定の結果については，$z/\sqrt{n}$により効果量rを算出した（Field, 2009）。

多様な反論想定を促す方法　以上の結果をふまえると,産出数の少ない[賛成立場の欠点]と[重点理由の欠点]の産出を促すことが多様な反論想定の促進に寄与すると考えられる。また,これらは賛成立場の正当性を低減する反論であるため,その想定を促すことは,再反論を促すという観点からも重要だといえるだろう。

冒頭で述べたように,[賛成立場の欠点]と[重点理由の欠点]の想定を困難化している原因が書き手の立場にあるのだとすれば,書き手が立場に固執せず,自分と逆の立場から論題を捉えるように支援することで,これらの反論想定は促進されると考えられる。より具体的にいえば,ハインツに賛成の書き手であれば,対立する薬屋の視点を取得するように促し,反対立場の当事者視点から理由を想定するように求めることで[賛成立場の欠点]や[重点理由の欠点]の産出が促される可能性があるだろう。

また,書き手の視点という観点から考えると,ハインツや薬屋といった問題に深く関わる当事者の視点だけでなく,批判的に論題を捉えることが求められる第三者の役割を与えることも反論想定を促す効果的な介入になる可能性がある。第三者の視点を取得することは,立場を俯瞰した視点から公平に論題を捉える上で重要になることが指摘されている (Epley, 2008; Kohlberg, 1976; Selman, 1976)。また,当事者の主観的視点から離れ,客観的かつ批判的に物事を捉えようとすることは,批判的思考態度の構成要素の1つであり(平山・楠見, 2004; 楠見, 2010),論題を客観的・熟考的に捉える上で重要な態度だといえる。したがって,論題を批判的に捉える役割を与え,第三者としての視点から論題を考えることは,賛成立場への固執を回避し,反対立場だけでなく賛成立場の問題点や不足点を指摘することに寄与すると予想できる。そこで実験2では,当事者視点と第三者視点を与えることが反論の想定にどのような影響を与えるかについて検討を行う。

7.3 実験2：多様な反論想定を促進する方法の検討

7.3.1 目的

　実験2の目的は，当事者視点と批判的な第三者の役割を与えることが反論想定に与える影響を明らかにすることである。書き手に与える当事者視点としては，利害が対立する「ハインツ」と「薬屋」を選択した。また，批判的な第三者としては，「薬屋を批判する弁護士」と「ハインツを批判する検事」の役割を与えることとした。したがって，実験2では「ハインツ」と「薬屋」という当事者視点を与える群（以降，「当事者視点群」）と，当事者視点に加えて「弁護士」と「検事」という2つの視点を与える群（以降，「第三者視点群」）を設定し，両群間で理由の産出傾向を比較することとなる。

7.3.2 方法

　対象　実験1と同じ専門学校生を対象とし，授業ごとに2つの群に割り当てた。群ごとの人数は，当事者視点群が38名（男性13名，女性25名），第三者視点群が68名（男性38名，女性30名）である。実験1の1週間後に授業内の活動として課題を実施した。

　理由産出課題　論題は実験1と同じものを用いた。当事者視点群の回答用紙には，ハインツと薬屋の双方の立場からの理由産出枠を設け，第三者視点群では，ハインツと薬屋に加えて，薬屋を批判する弁護士と，ハインツを批判する検事の視点からの理由産出枠を設けた。ここで，賛成論産出枠や反論産出枠ではなく，「理由産出枠」としているのは，後述するようにそれぞれの人物が論題に対してどのような主張を行うかについて尋ねていることによる。

　手続き　論題を読んだ後に立場選択を求め，「自分が○○（各視点）であれ

ば，どのような主張をするか思いつく限り書きましょう」と教示して理由産出を求めた。また，理由産出後には，実験1と同様に自分が最も重要だと思う主張に丸をつけるように求めた。理由産出活動の時間は15分であり，実験全体は20分で終了した。なお，当事者視点群に対しては課題終了後に，弁護士と検事の立場から理由産出するように求め，両群で活動を統一した上で授業を行った。

理由の分類　書き手の立場からみて賛成立場の視点から書かれた理由を［賛成論］に，反対立場の視点から書かれた理由を［反論］に分類した。たとえば，ハインツに賛成立場の学生であれば，「ハインツ」と「薬屋を批判する弁護士」の視点から産出された理由を［賛成論］とし，「薬屋」と「ハインツを批判する検事」の視点から産出された理由を［反論］とした。反論の内容については，実験1と同様の基準と方法で分類を行った。

7.3.3　結果と考察

立場選択傾向　当事者視点群でハインツに賛成の立場を選択した学生は15名（39％）であり，反対の立場を選択した学生は23名（61％）であった。また，第三者視点群でハインツに賛成の立場を選択した学生は33名（49％）であり，反対の立場を選択した学生は35名（51％）であった。なお，3名の学生は実験1と立場を変更していた。

理由産出の全体的特徴　実験1と実験2における賛成論，反論，マイサイドバイアス指数（my-side bias index：以降，MB指数），およびそれぞれの変化量の平均値，標準偏差をTable 7.3に示す。「MB指数」とはToplak & Stanovich (2003) が提案しているマイサイドバイアスの強さを示す指標であり，「賛成論数－反論数」という差分によって算出される。したがって，MB指数が正に大きいほどマイサイドバイアスが強いことを示す。

介入の効果を検討するため，(1) 各群におけるMB指数の変化量は0よりも大きい（あるいは小さい）といえるか，(2) 変化量について群間で平均値差

Table 7.3 実験ごとにみた賛成論と反論の産出数，変化量，およびMB指数の平均値（SD）

	当事者視点群（$n=38$）			第三者視点群（$n=68$）		
	実験1	実験2	変化量	実験1	実験2	変化量
賛成論	2.53(0.80)	1.84(0.49)	-0.68(0.99)	2.38(0.98)	1.94(0.34)	-0.44(1.03)
反論	2.05(0.77)	1.24(0.54)	-0.82(0.87)	1.94(0.79)	2.16(0.44)	0.22(0.93)
MB指数	0.47(1.08)	0.61(0.89)	0.13(1.36)	0.44(1.01)	-0.22(0.73)	-0.66(1.27)

注．各カテゴリの変化量は「実験2-実験1」によって算出した。また，MB指数は「賛成論産出数-反論産出数」によって算出した。

はあるのか，の2点について検証を行った。まず，(1) について明らかにするため，MB指数の変化量に対して1標本 t 検定を実行した。その結果，当事者視点群では有意な差が認められなかった（$t(37)=0.55, n.s., d'=0.10$（95%$CI$ [-0.22, 0.41]））のに対し，第三者視点群では有意な差が認められた（$t(67)=-4.31, p<.01, d'=0.52$（95%$CI$ [0.27, 0.77]）））。すなわち，第三者視点群では実験1に比べ，実験2においてマイサイドバイアスの傾向が低減していることが示された。

次に，(2) について明らかにするため，群間での「MB指数」の変化量の平均値差を t 検定により検証した。その結果，有意な差が認められ（$t(104)=-3.02, p<.01, d=0.69$（95%$CI$ [0.20, 1.02]））），当事者視点群に比べ，第三者視点群において「MB指数の変化量」が低下していることが示された。これらの結果は，第三者視点を与えることによって，マイサイドバイアス傾向が低下することを示唆するものと考えられる。

反論の産出傾向 実験1と実験2におけるカテゴリごとの反論産出数と実験間の変化量の平均値，および変化量に対する1標本 t 検定の結果をTable 7.4に示す。介入の効果を検討するため，前節と同様の分析を実行した。まず，各カテゴリの変化量に対し1標本 t 検定を実行した。その結果，両群で［反対立場の利点］の変化量に有意差がみられ，実験1に比べ実験2で産出数が低下していることが示された。また，第三者視点群では［賛成立場の欠点］と［重点理由の欠点］の変化量についても有意差が確認され，実験1に比べ

Table 7.4 各反論カテゴリの平均産出数（SD），および変化量に対する平均値差の検定結果

		実験1	実験2	変化量	t値	d'
当事者視点群	反対立場の利点	1.61	0.97	-0.63	-4.13**	0.67
($n=38$)		(0.82)	(0.43)	(0.94)		[0.31, 1.02]
	賛成立場の欠点	0.24	0.16	-0.08	-0.90	0.15
		(0.43)	(0.37)	(0.54)		[-0.18, 0.46]
	重点理由の欠点	0.21	0.11	-0.11	-1.51	0.24
		(0.41)	(0.31)	(0.45)		[-0.09, 0.57]
第三者視点群	反対立場の利点	1.47	1.09	-0.38	-4.13**	0.38
($n=68$)		(0.97)	(0.54)	(1.01)		[0.25, 0.75]
	賛成立場の欠点	0.32	0.69	0.37	4.40**	0.53
		(0.56)	(0.55)	(0.69)		[0.28, 0.75]
	重点理由の欠点	0.15	0.38	0.24	3.23**	0.39
		(0.36)	(0.49)	(0.60)		[0.14, 0.64]

注．変化量は「実験2-実験1」によって算出した。また，t値は各カテゴリの変化量を従属変数とした1標本t検定の検定結果を示す。また，[ ]内は効果量d'の95%信頼区間を示す。　　**$p<.01$

実験2で産出数が増加していることが示された。

　次に，群間での変化量の平均値差をt検定により検証した。その結果，［反対立場の利点］（$t(104)=1.25, n.s., d=0.25$ (95%CI [-0.15, 0.65])）では有意な差が確認されなかったが，［賛成立場の欠点］（$t(104)=3.45, p<.01, d=0.56$ (95%CI [0.29, 1.11])）と［重点理由の欠点］（$t(104)=3.40, p<.01, d=0.47$ (95%CI [0.28, 1.09])）では有意な差が認められ，当事者視点群に比べ，第三者視点群においてこれらの反論の産出数が増加していることが示された。すなわち，実験1に比べて実験2では［反対立場の利点］の産出数が低下するという傾向がみられるものの，第三者視点群では［賛成立場の欠点］や［重点理由の欠点］など，自分の立場の欠点を指摘する反論の想定が促されていたことが示唆される。実際に，第三者視点群における［賛成立場の欠点］のうち41の記述（87%），および，［重点理由の欠点］のうち22の記述（85%）が第三者の視点から産出されていた。

7.4 考察

本研究では，書き手の立場と反論想定の関連に着目し，(1) 想定が難しい反論の特徴，(2) 想定が難しい反論の産出を促す方法，の2点について検討することを目的とした。その結果，以下の点が明らかになった。

7.4.1 反論の産出傾向

実験1では，先行研究で扱われてきた現実的な論題だけでなく，ハインツのジレンマ問題という仮想的な論題においてもマイサイドバイアスが生起することが示された。この傾向は，同じ論題において対立する当事者の視点から理由を産出するよう求めてもなお確認される傾向であった（実験2）。このように，反対立場の視点から理由を想定するように求めたにもかかわらず，自分の立場に不利な理由の産出数が増加しなかったことは，マイサイドバイアスの頑健さを示す結果だといえるだろう。

なお，賛成論に比べ，反論の産出は困難であるため (Macpherson & Stanovich, 2007; Toplak & Stanovich, 2003)，7分（実験1），15分（実験2）という制限時間内に反論を産出することが困難であり，そのためにマイサイドバイアスが確認された可能性も考えられる。しかし，Toplak & Stanovich (2003) のように，制限時間のない条件下でもマイサイドバイアスは確認されていることから，産出時間を延ばしたとしても反論産出数が賛成論産出数を上回る可能性は低かったと考えられる。実際に，実験1と実験2の両方において，ほとんどの学生は制限時間内に理由産出を終えていた。こうした点からみても，本研究で確認されたマイサイドバイアス傾向は制限時間ではなく，反論想定に困難さを示すという一般的な傾向を反映したものだと推察される。

さらに実験1では，反論の中でも［反対立場の利点］に比べ，［賛成立場の欠点］や［重点理由の欠点］ほど産出されにくい傾向にあることが示された。

これは，賛成立場の正当性を直接的に低減する可能性の高い反論ほど産出が困難化することを示唆する結果だと考えられる。これまでにも，反論想定が困難であることは多くの研究によって指摘され（e.g., Ferretti et al., 2000; 2009; Macpherson & Stanovich, 2007; Nussbaum & Kardash, 2005; Toplak & Stanovich, 2003; Wolfe et al., 2009），その促進方法についても検討が加えられてきた（e.g., Chin & Osborne, 2010; Erduran et al., 2004; Nussbaum & Edwards, 2011; Reznitskaya et al., 2001）。しかし，反論であれば一律に産出が困難であるのか，あるいは反論の中でも特に産出が難しいする反論が存在するのか，といった点については検討が行われてこなかった。こうした問題に対して，本研究では反論想定を困難化する原因として書き手の立場に着目し，書き手の立場の正当性を低減する反論ほど産出が困難化する可能性を見出した。このように，「立場」という観点から反論の質的差異を仮定し，またその質的差異が実際に産出数の差異としても確認されたことは，本研究で仮定した反論の質的差異の存在可能性を示すものであり，反論に着目する研究に対して新たな分析の観点を提供するものといえるだろう。

7.4.2 視点付与介入が反論想定に与える影響

実験2の結果から，対立する当事者の視点を与えても賛成立場の欠点を指摘する反論の産出は増加しないことが示された。さらに，当事者視点群では［反対立場の利点］の産出数が実験1に比べて低下するなど，理由産出数の低下も認められた。ただし，この傾向は第三者視点群においても確認されている（Table 7.4）ことから，同じ論題に対する理由産出を2週連続で繰り返したことにより，論題に対する新奇性が失われ，学生の理由産出に対する動機づけが低下したことでこのような傾向が確認されたのだと推察される。実際に，Table 7.4の値をみると，賛成論の産出数も両群で低下しており，実験2において全体的に理由産出数が低下していたことがみてとれる。

このように，全体的な理由産出数が低下する中でも，第三者視点群では［賛

成立場の欠点］や［重点理由の欠点］といった反論の産出数が増加していた。本研究における第三者（弁護士と検事）は，共に対立する当事者を批判する役割を担っていた。そのため，第三者の視点を取得した書き手は，両立場を俯瞰的かつ批判的に捉えることができ，自分が賛成する立場の欠点を指摘できたのだと考えられる。これらの結果は，第三者視点の取得は当事者視点の取得よりも発達した行為であり，第三者の視点を取得することによって，より俯瞰した視点から論題を捉えるようになるという道徳性発達に関する研究の指摘（e.g., Kohlberg, 1976; Selman, 1976）や，論題に対する公平かつ論理的な思考を行う上で，客観的な視点から批判的に論題を捉えることが重要だとする批判的思考研究の指摘（e.g., 平山・楠見，2004；楠見，2010）とも整合するものといえるだろう。

　このような結果が得られたことは，批判的な指摘が求められる「役割」を与えたことに起因している可能性がある。本研究における当事者視点と第三者視点の差異とは，問題の当事者かどうかという当事者性に加え，批判的な指摘を行うことが義務となっていたかどうかという点にもある。つまり，本研究の結果は単に第三者視点を与えたからではなく，第三者視点を「批判的な指摘が義務となる役割」として与えたからこそ得られたものと考えるのが妥当であろう。その点で，本研究で行った介入は，厳密には「役割付与介入」と呼ぶ方が適しており，本研究の結果は批判的思考が義務となる役割付与が多様な反論想定を促す可能性を示したものといえる。ただし，本研究の介入の影響メカニズムを明らかにする上では，「第三者視点を付与することの効果」と，「役割として第三者視点を付与することの効果」を弁別し，反論想定の促進に対してどちらがより強く影響していたかを明らかにすることも重要だといえる。したがって，この点については今後の詳細な検討が必要だといえるだろう。

　自分の立場の欠点を指摘する反論ほど産出数が低減していたこと，そして，立場への固執を回避するための介入によって賛成立場の欠点を指摘する理由

の想定が促進されたことからは，理由想定が書き手の立場に依存している可能性が示唆される。すなわち，「知識として獲得されている『理由』が反論としては産出されない」という傾向は，産出者の立場に基づいて生起している現象なのかもしれない。もしそうだとすれば，立場選択前であれば産出できた「理由」が，立場選択後には「反論」として意味づけられて産出が困難化するといったように，立場選択の有無によって理由想定の傾向が異なる可能性があると考えられる。この仮説について検討することで，「なぜ反論の想定は難しいのか」というマイサイドバイアスの本質的な問いに対して1つの回答を得ることができるだろう。

　さらに，教育実践を考える上で重要なのは，対立的論題において反対立場を支持する理由を産出させても（実験1），より具体的に反対立場の当事者視点から理由を産出させても（実験2），自分の立場の欠点を指摘する反論の想定は促進できなかったという点である。意見文産出（e.g., Ferretti, et al., 2000; 2009; Nussbaum & Kardash, 2005）や，議論前の理由産出（e.g., Chin & Osborne, 2010; Nussbaum & Edwards, 2011）では，反対立場の読み手や聴き手，あるいは，彼らが指摘しうる反論を想定するように促す支援を行ってきた。一方，本研究では反対立場の視点を想定したり，取得したりするだけでは［賛成立場の欠点］のように自分の立場の正当性を直接的に低減するような反論の想定は促されない可能性を示した。したがって，反論想定の目的が自分の意見に対する批判的内省や，論題に対する理解を深めることにあるのだとすれば，従来の支援に加え，批判的な第三者がいたらどのような指摘をしてくるかを考えさせるなど，より俯瞰的かつ批判的な視点を与えることが重要になるといえるだろう。

7.4.3　本研究の課題

　本研究の課題としては，大きく2点が挙げられる。第1に本研究で得られた知見が他の論題でも再現されるかどうかについて検証する必要がある。た

とえば，ハインツの問題のような「仮想の論題」と，研究3で扱った校則の論題のように，書き手にとって親近性が高く「現実的な論題」とでは理由の想定傾向が異なるかもしれない。したがって，知見の一般化可能性を高めるためにも，内容や特性が異なる論題における追試は必要である。そこで，研究5では，本研究とは異なり，書き手により身近な問題を扱って理由産出を求めていく。

　第2に，本研究では (1) 自分の立場の欠点を指摘する反論の想定が困難化していたこと，そして (2) 立場への固執を回避する役割の付与によって反論の産出が促進されたこと，の2点から反論想定が書き手の立場から影響を受けている可能性を指摘した。しかし，本研究の結果は，あくまでも立場への固執を回避すると「予想される」介入によって反論想定が促進されたことを示すにとどまり，書き手の立場が反論想定に影響を与えるという因果関係については言及し得ない。そのため，本研究の結果については「書き手の立場に関係なく，単に批判的な役割の視点から考えたために賛成立場の欠点を指摘する理由の想定が促進された」といった別の解釈可能性も残されている。そこで研究5では，書き手の立場が反論想定に与える影響について，立場選択を実験要因として組み込むことで検討していく。

第8章　立場選択が理由想定に与える影響（研究5）[32]

8.1　問題と目的

　研究4では書き手の立場が理由想定と関連している可能性が示された。そこで本研究では，書き手の立場選択を実験要因として扱い，立場選択が理由想定に与える影響について検討する。

　また，本研究ではもう1つの目的として，立場選択が理由の評価に与える影響についても検討する。意見文産出では想定した賛成論や反論を全て提示することはできないため，想定した理由を比較検討し，意見文産出に用いる理由を取捨選択する必要がある。したがって，意見文産出プロセスにおける理由想定には，(a) 理由を想定する段階，(b) その中から提示する理由を選ぶ段階，という2つの段階があるといえる。そして，理由想定におけるマイサイドバイアスは，(a) と (b) のいずれかの段階，あるいは両方の段階における認知的な偏りによって生起していると考えられる。そのため，立場選択が理由想定に与える影響を明らかにするためには，(a) の理由想定段階だけでなく，(b) の理由評価段階における立場選択の影響についても検討する必要がある。そうすることで，立場選択は理由想定のみに影響を与えるのか，あるいはその後の理由評価にも影響を与えるのか，といった立場選択の影響範囲を同定することができるだろう。

　以上より，本研究では (1) 立場選択が理由の想定に与える影響，および (2) 立場選択が理由の評価に与える影響，の2点について明らかにすることを目的とする。具体的には，立場選択後に理由産出を行う「事前選択群」，立場選

---
[32] 本研究は，小野田（2015b）をもとに構成したものである。

択の際にその理由についても明確化し，その後に理由産出を行う「事前選択強化群」，理由産出後に立場選択を行う「事後選択群」の3群を設定し，理由産出や理由の評価傾向を群間で比較する。

仮説 研究4の結果をふまえ，本研究では立場選択が反論想定を抑制すると考える。そこで，仮説1-1「事前群（事前選択群と事前選択強化群）に比べ，事後選択群において反論の産出数が増加する」を検証する。また，事前群の中でも，立場選択の理由を明確化し，賛成立場を強く意識する事前選択強化群では，反論想定がより一層抑制される可能性がある。そこで，仮説1-2「事前選択強化群に比べ，事前選択群において反論の産出数が増加する」を検証する。

さらに，立場選択が理由想定に影響を与えているとすれば，賛成立場の正当性を直接的に低減する［賛成立場の欠点］と，［重点理由の欠点］の産出が立場選択によって抑制される可能性がある。そこで，仮説2-1「事前群に比べ，事後選択群において［賛成立場の欠点］と［重点理由の欠点］の産出数が増加する」を検証する。また，事前群の中でも，事前選択強化群では賛成立場をより一層強く意識するため，仮説2-2「事前選択強化群に比べ，事前選択群において［賛成立場の欠点］と［重点理由の欠点］の産出数が増加する」を検証する。

最後に，立場選択が理由の評価に与える影響を明らかにするため，重点理由の比較検討に着目した検討を行う。事前群では，はじめに立場選択を求めるため，その段階で書き手が想定した理由が「立場選択の根拠となった理由」として高く評価され続けると予想される。その一方で，理由産出後に立場選択をする群では，想定の順序にかかわらず，想定した全ての理由を比較して立場選択を行うことになる。そのため，事前群に比べ，事後選択群は遅い段階で産出した理由を重点理由として評価する可能性が高いと予想される。そこで，仮説3-1「事前群に比べ，事後選択群において産出順序の遅い理由が重点理由として評価される」を検証する。また，事前群の中でも，立場選択の

理由を産出する事前選択強化群では，最初に産出した理由が重点理由として評価される傾向が強く，またその評価も覆りにくいと考えられる。そこで，仮説3-2「事前選択強化群に比べ，事前選択群において産出順序の遅い理由が重点理由として評価される」を検証する。

8.2 方法

8.2.1 対象

心理学の授業を受講している関東圏の公立大学文学部の学生268名（男性105名，女性163名），および専門学校生74名（男性35名，女性39名）の計342名を対象とし，授業ごとに事前選択群（$n=106$），事前選択強化群（$n=111$），事後選択群（$n=125$）へと割り当てた。実施に際しては，その内容が成績評価の対象とならず，回答したくなかったり，回答を中断したりする自由があることを伝え，同意を得た上で課題を実行した。

8.2.2 課題1 [33]

論題　課題1では，研究4と同様にKohlberg（1963）のハインツのジレンマ問題を用いた。論題の内容は研究4と同様である。論題は縦長のA4用紙の上半分に示し，下半分には賛成論と反論それぞれの理由産出枠を隣り合わせに配置した。そして，理由産出枠には横書きで上から順に理由を書くように求めた。

手続き　論題を読んだ後，ハインツに賛成か反対かを選択した上で，賛成枠と反対枠のそれぞれに思いつく限り理由を書くように求めた。課題実施時

---

[33] 本研究における「課題1」と「課題2」は，それぞれ「事前課題」と「事後課題」に該当する。しかし，本研究では群の名前に事前や事後という言葉を用いているため，事前課題や事後課題といった名称を用いることは不要な混乱を招く可能性がある。そこで，ここでは課題1，課題2という名称を用いることとした。

間は15分であった。

8.2.3 課題2

論題 ハインツの問題と同様に二項対立的に立場が分かれる論題の中でも，学生との親近性が高く，かつ現実的な論題として，「インターネット上での書き込み（例：ツイッター）では，匿名性をやめて自分の名前を出した方が良い」という論題を用いた。

課題の構成 課題2は，(1) 論題に対する態度評定，(2) 立場選択，(3) 理由産出，(4) 重点理由の評価，の4つの活動で構成される。このうち，群によって異なるのは立場選択の「順序」と「方法」である。群ごとの課題構成を以下に示す。

〈事前選択群〉
　　　態度評定→【立場選択】→理由産出→重点理由の評価
〈事前選択強化群〉
　　　態度評定→【立場選択＋その理由】→理由産出→重点理由の評価
〈事後選択群〉
　　　態度評定→理由産出→重点理由の評価→【立場選択】

課題2も課題1と同様にA4用紙1枚で実行した。それぞれの活動については以下に示す。

(1) 論題に対する態度評定 論題に対する個人的，社会的重要性の認識を問うため「q1：これは自分にとって重要な問題だ」，「q2：これは社会にとって重要な問題だ」，「q3：この問題は考える価値がある」の3項目をたずねた。また，論題に対する興味を問うため「q4：ネット問題について興味がある」を，自分の意見の確信度を問うため「q5：この問題について，自分の意見に自信がある」を尋ねた。これら5項目については，いずれも「1：全くそう

思わない〜5：とてもそう思う」までの5件法で回答を求めた。

(2) **立場選択**　「私は，この意見に＿＿＿＿です」という記述部を用意し，学生が自分で賛成と反対のいずれかを書き込むように設定した。また，事前選択強化群では，「私は，この意見に＿＿＿＿です。なぜなら，＿＿＿＿」という書き出しを設け，立場選択の理由を1つだけ書くように求めた。

(3) **理由産出**　賛成枠と反対枠のそれぞれに思いつく限り理由を書くように求めた。なお，事前選択強化群では，立場選択時に理由を1つ産出しているため，それと同じ理由を再び産出しても良いと教示した。

(4) **重点理由の評価**　理由産出後に，「自分が最も重要だと思う理由」1つに丸をつけるように求めた。この理由を重点理由として扱った。

手続き　課題1の2週間後に課題2を実施した。群間で共通して教示したのは「順序通りに回答すること」，「態度評定項目へ一度回答したら，その回答内容を変更しないこと」の2点である。また，事後選択群では，理由産出が終わったのちに立場選択を行うように教示した。

8.2.4　理由の分析

句点，あるいは文の終わりを区切りとして理由の単位とし，それぞれの理由を賛成論と反論とに分類した。そして，反論の内容を［反対立場の利点］，［賛成立場の欠点］，［重点理由の欠点］の3カテゴリに分類した。課題1については研究4と同じであるが，課題2については本研究で新たに設定した論題であるため，カテゴリごとの定義と具体例についてTable 8.1に示す。分類の一致率を求めるため，研究内容を知らない評定者に分類基準を示し，筆者と独立に分類を行った。その結果，全ての反論を3つのカテゴリに分類することができ，$\kappa = .72$と十分な一致率が得られた。不一致箇所については，評定者間での相談により決定した。

Table 8.1 「ネットでの匿名性排除問題」における反論の分類例

	定義	文章例
立場：排除に賛成		
反対立場の利点	匿名性を維持することの正当性や，期待される利点について言及している記述	「匿名だからこそ自由に発言することができるから」
賛成立場の欠点	匿名性を排除することの不当性や，懸念される問題について言及している記述	「発言者が特定されるから，現実の世界で報復されるなど，危険な目にあいそう」
立場：排除に反対		
反対立場の利点	匿名性を排除することの正当性や，期待される利点について言及している記述	「誰が書き込んでいるかすぐに分かるので，知り合いを見つけやすい」
賛成立場の欠点	匿名性を維持することの不当性や，懸念される問題について言及している記述	「書き込みに責任がなくなるため，誹謗中傷の数が増え続けると思う」
重点理由の欠点	重点理由の欠点について言及している記述	（重点理由：誰がどのような思想をもっているかについてすぐに理解できる）→「自分の考えや思想がばれてしまうので，自由な発言や告発などがしにくくなってしまう」

8.3 結果

8.3.1 分析対象者

全参加者のうち，課題1，2の両課題に取り組んだ324名（男性131名，女性193名）を分析対象とした。その結果，群ごとの人数は事前選択群（$n=100$：男性38名，女性62名），事前選択強化群（$n=101$：男性37名，女性64名），事後選択群（$n=123$：男性56名，女性67名）となった。

8.3.2 立場選択

課題1において，ハインツの行為に賛成した学生は，事前選択群で50名(50%)，事前選択強化群で48名(48%)，事後選択群で61名(50%)であった。また，課題2において，インターネットでの匿名性排除に賛成した学生は，事前選択群で35名(35%)，事前選択強化群で37名(37%)，事後選択群で43名(35%)であった。

8.3.3 立場選択とマイサイドバイアス傾向との関連

課題1におけるカテゴリごとの反論産出数の平均値と標準偏差をTable 8.2に，賛成論産出数と反論産出数，およびMB指数の平均値と標準偏差についてはTable 8.3に示す。マイサイドバイアス傾向を確認するため，MB指数について1変量 t 検定を実行した。その結果，いずれの課題においても全群でマイサイドバイアスと呼べる偏りが生起していることが確認された（Table 8.3）。

そこで，立場選択によりマイサイドバイアス傾向が異なるかどうかを検討するために，反論カテゴリと重点理由の順位得点に対して対比分析（contrast analysis）を行った。明確なリサーチ・クエスチョンがある場合には，分散分析のような拡散した問い（diffuse question）に答えるための総括的な検定（omnibus test）ではなく，焦点化した問い（focused question）に答えるための対比検定を実行することが望ましい（南風原，2014; Rosenthal, Rosnow, & Rubin, 2000）。そこで以下では，共通する介入を受けた群をプールした対比検定によって効果検証を行うこととした。具体的には，立場選択の順序の効果を検証するために，(1) 事前群（事前選択群と事前選択強化群）と事後選択群の対比（以下，「順序対比」）と，立場選択理由の明確化の影響を検証するために，(2) 事前選択群と事前選択強化群の対比（以下，「強化対比」）の2つの直交対比による分析を行った。1つめの順序対比を表す対比係数としては，事前選択群，事前選択強化群，事後選択群のそれぞれに－1，－1，2という係数を割り

Table 8.2 課題1における群ごとのカテゴリ別反論産出数の平均値 (SD)

	事前選択	事前選択強化	事後選択
反対立場の利点	1.29(0.98)	1.44(0.89)	1.33(0.88)
賛成立場の欠点	0.37(0.49)	0.47(0.56)	0.43(0.51)
重点理由の欠点	0.28(0.47)	0.18(0.41)	0.18(0.42)

Table 8.3 群ごとの賛成論産出数,反論産出数,MB指数の平均値 (SD)

	事前選択 ($n=100$)		事前選択強化 ($n=101$)		事後選択 ($n=123$)	
	課題1	課題2	課題1	課題2	課題1	課題2
賛成論	2.36(1.01)	2.60(1.16)	2.53(1.21)	2.84(1.16)	2.35(1.06)	2.46(0.94)
反論	1.94(1.00)	1.89(1.07)	2.08(1.01)	2.16(1.10)	1.94(1.03)	2.15(0.86)
MB指数	0.42(1.26)	0.71(1.18)	0.46(1.49)	0.68(1.02)	0.41(1.33)	0.32(1.09)
t値	3.33	6.02	3.10	6.70	3.42	3.26
d'	0.33	0.60	0.31	0.67	0.31	0.29
	[0.14, 0.53]	[0.39, 0.81]	[0.11, 0.51]	[0.45, 0.88]	[0.13, 0.49]	[0.11, 0.47]

注.t値はMB指数について1標本t検定を行った結果であり,いずれも1％水準で有意である。また,[ ]内は効果量d'の95％信頼区間を示す。

当てた。また,2つめの強化対比を表す対比係数としては,それぞれの群に1,-1,0という係数を割り当てた[34]。本研究における対比分析は全てこの枠組みに基づいて行われている。

なお,課題1と課題2は共にジレンマを含んだ対立的論題であるが,課題1では仮想場面における道徳的問題を扱っているのに対し,課題2では現実的な社会問題を扱っている点で内容的な差異がある。そこでここでは,「課題2-課題1」という変化量を従属変数とするのではなく,課題1におけるMB指数,および理由産出数を共変量とした分析を行うこととした。また,理由産出傾向には論題への態度も関連していると考えられるため,「論題へ

---

34) 事前選択群,事前選択強化群,事後選択群の平均値をそれぞれ$\bar{y}_1, \bar{y}_2, \bar{y}_3$とすると,順序対比の平均値は$\bar{\varPhi}_1=\bar{y}_3-\left(\frac{\bar{y}_1+\bar{y}_2}{2}\right)$,強化対比の平均値は$\bar{\varPhi}_2=1\bar{y}_1-1\bar{y}_2-0\bar{y}_3=1\bar{y}_1-1\bar{y}_2$となる。検定においては,個々の対比ごとに対比の母平均が0であるという帰無仮説を検定した。また,直交対比の係数は各参加者に対して個別に割り当てた。

Table 8.4 質問項目および理由産出総数（課題 2）間の相関係数，平均値，標準偏差

	q1	q2	q3	q4	q5	平均	標準偏差
質問項目							
q1：自分にとっての重要性	—					3.08	1.16
q2：社会にとっての重要性	.16**	—				3.85	1.09
q3：考える価値	.19**	.47**	—			3.69	1.05
q4：問題への興味	.30**	.23**	.38**	—		3.58	1.03
q5：自分の意見への自信	.31**	-.06	.04	.16**	—	2.82	1.03
理由産出総数（課題 2）	-.01	.14*	.23**	.25**	-.06	4.69	1.78

*$p<.05$, **$p<.01$

の態度得点」を共変量として扱うこととした。論題への態度得点の平均値，標準偏差，および相関係数をTable 8.4に示す。なお，Table 8.4では理由産出数との相関を示す目安として，課題 2 における理由産出総数も記載している。

課題 2 におけるMB指数を従属変数とし，課題 1 におけるMB指数，論題に対する態度評定得点を共変量とした対比検定を実行した。その結果，順序対比において有意な差が確認された（$t(321) = -2.94, p < .01, d_\phi = 0.34$（95%CI [0.11, 0.56]））[35]。すなわち，事前群に比べ，事後選択群においてマイサイドバイアスが低減していることが示された。これは，仮説1-1（事後選択群に比べ，事前群（事前選択群と事前選択強化群）において反論の産出数が低下する）を支持しう

---

35) 対比検定の効果量については，対比の推定値である$\hat{\psi}$と，各群共通の母分散の推定値である残差平均平方MS_eを用いた以下の式により算出した。

$$d_\phi = \frac{\hat{\psi}}{\sqrt{MS_e}}$$

分子の$\hat{\psi}$は対比分析における平均値であり，順序対比の平均値$\bar{\psi}_1 = \bar{y}_3 - \left(\frac{\bar{y}_1 + \bar{y}_2}{2}\right)$と，強化対比の平均値$\bar{\psi}_2 = 1\bar{y}_1 - 1\bar{y}_2 - 0\bar{y}_3 = 1\bar{y}_1 - 1\bar{y}_2$である。分母の$MS_e$は共変量を投入しない場合の誤差の平均平方である。本稿では従属変数や研究間で共変量が異なるため，共変量の影響を除去した場合の誤差の平均平方を報告すると，研究間で効果量の意味が変わってしまうことから，本稿では共変量を考慮しない場合の誤差の平均平方を利用することとした（d_ϕという表記法は，南風原（2014）に倣っている）。

る結果だと考えられる。その一方で，強化対比では有意な差が確認されなかった（$t(321)=0.24$, n.s. $d_\phi=0.03$（95%CI $[-0.24, 0.31]$））。すなわち，仮説1-2（事前選択群に比べ，事前選択強化群において反論の産出数が低下する）を支持する証拠は得られなかった。

8.3.4 立場選択が反論想定に与える影響

課題2における［反対立場の利点］，［賛成立場の欠点］の産出数を従属変数とした対比分析を実行した。また，［重点理由の欠点］は産出数が少ないため（2以上の理由を産出した参加者は全体のうち2名），産出の有無（産出あり=1, 産出なし=0）という2値変数を従属変数とし，ロジスティック回帰分析の枠組みを用いて対比分析を行った。群ごとの反論産出数，重点理由の順位得点，および対比分析の結果をTable 8.5に示す。

分析の結果，［賛成立場の欠点］の順序対比において有意な差が確認された。

Table 8.5 課題2におけるカテゴリ別の反論産出数，重点理由の順位得点の平均値（SD），および対比分析の結果

	群			統計量[1]	
	事前選択	事前選択強化	事後選択	順序対比	強化対比
反論					
反対立場の利点	1.36	1.57	1.35	-0.85	-0.93
	(1.12)	(1.25)	(0.86)	(0.11[$-0.12, 0.33$])	(0.19[$-0.08, 0.47$])
賛成立場の欠点	0.41	0.43	0.67	2.85^{**}	-0.18
	(0.70)	(0.65)	(0.84)	(0.34[0.11, 0.56])	(0.02[$-0.25, 0.30$])
重点理由の欠点	0.19	0.16	0.11	-0.44	-0.11
	(0.35)	(0.42)	(0.31)	(0.02[$-0.08, 0.13$])	(0.01[$-0.10, 0.11$])
重点理由の順位得点	1.29	1.19	1.48	3.25^{**}	1.36
	(0.64)	(0.50)	(0.80)	(0.36[0.13, 0.58])	(0.15[$-0.13, 0.43$])

1) 反対立場の利点産出数，賛成立場の欠点産出数，順位得点についてはt値を，重点理由の欠点産出数についてはz値を報告している。また，（ ）内は効果量d_ϕとその95%信頼区間を示す。なお，重点理由の欠点についてはz値について$r=z/\sqrt{n}$で算出した効果量rの信頼区間を示している。

$^{**}p<.01$

すなわち，事前群に比べ，事後選択群において［賛成立場の欠点］が多く産出されていたことが示された。これは，仮説2-1（事後選択群に比べ，事前群において［賛成立場の欠点］と［重点 理由の欠点］の産出数が増加する）を一部支持しうる結果だと考えられる。その一方で，他の変数については有意な差が確認されなかった。また，強化対比はいずれの変数においても有意ではなかった。したがって，仮説2-2（事前選択群に比べ，事前選択強化群において［賛成立場の欠点］と［重点理由の欠点］の産出数が増加する）を支持する結果は得られなかった。

8.3.5 立場選択が理由の評価に与える影響

本研究では，賛成論と反論を上から順に書くように求めた。そこで，重点理由として選択された理由が枠内で上から何番目に産出されたものであったかを順位づけ，その順位得点 (e.g., 1位→1点) について分析を行った。なお，順位得点の期待値は理由産出数の少ない参加者に比べ，理由産出数の多い参加者において高くなると考えられる。そこで，重点理由が含まれる理由群の理由産出数（たとえば，賛成論が重点理由として評価されていた場合の賛成論産出数）を共変量として扱った。

さらに，理由の評価傾向について検討する上では，1番目に産出された初出理由を重点理由として評価するか，あるいはそれ以降の理由を重点理由とするかといった観点からの分析も必要である。なぜなら，初出理由以降の理由を重点理由として評価するということは，自分が最初に想定した理由に固執せず，後に産出した理由との比較検討を通して理由の重要性を評価していたことを示すためである。そこで，上述の分析に加え，重点理由が初出理由であれば0，初出以降の理由であれば1とする2値変数を従属変数とし，ロジスティック回帰分析の枠組みを用いた対比分析を行った。その際には，重点理由が含まれる理由群における理由産出数を共変量とした。

まず，順位得点を従属変数とした対比分析を行った結果，順序対比において有意な差が確認された (Table 8.5)。すなわち，事前群に比べ，事後選択群

において重点理由の産出順位得点が高いことが示された。これは，仮説3-1（事後選択群に比べ，事前群において産出順序の早い理由が重点理由として評価される）を支持しうる結果だと考えられる。その一方で，強化対比では有意な差が認められなかった。すなわち，仮説3-2（事前選択群に比べ，事前選択強化群において産出順序の早い理由が重点理由として評価される）を支持する証拠は得られなかった。

さらに，初出理由が重点理由として評価されているかどうかに関する2値変数を従属変数とした対比分析を行った。その結果，順序対比において有意な差が確認された（$z=3.13, OR=1.33, 95\% CI\,[1.11\ 1.59], p<.01$）。これは，順位得点を従属変数とした分析結果と同様に仮説3-1を支持しうる結果だといえる。その一方で，順位得点を従属変数とした分析結果と同様に，強化対比では有意な差が認められなかった（$z=0.95, OR=1.20, 95\% CI\,[0.86\ 1.68], n.s.$）。

8.4 考察

本研究では（1）立場選択が理由の想定に与える影響，および（2）立場選択が理由の評価に与える影響，の2点について検討を行った。その結果，以下の点が明らかになった。

8.4.1 立場選択が理由の想定に与える影響

事前群に比べ，事後選択群では反論の産出数が多く，特に［賛成立場の欠点］の産出数が増加していた。これらの結果は，いずれも立場選択により反論産出が抑制された可能性を示唆するものである。ここで興味深いのは，マイサイドバイアス傾向，反論産出傾向のいずれにおいても強化対比に有意差が認められなかったことである。このことは，立場選択の理由を明確化しなくても，立場を選択するという行為自体がその後の理由産出に影響を与える可能性を示唆している。

意見文産出（Ferretti et al., 2000; 2009; Nussbaum & Kardash, 2005; Wolfe et al., 2009）や，理由産出（Toplak & Stanovich, 2003）に関する研究の多くは，立場選択を課題に取り組む上での前提的手続きとして実行し，立場選択後に意見文や理由の産出を求めてきた。そのため，立場選択がその後の理由想定や意見文産出に与える影響については考慮されておらず，立場を決めること自体がマイサイドバイアスと関連している可能性についてはほとんど言及されてこなかった（例外として，Wolfe et al., 2009）。それに対して本研究では，立場選択の手続きを踏むこと自体が反論想定を抑制する可能性を示した。したがって，多様な反論の想定を促す上では，「立場選択→理由想定」という順序を固定化するのではなく，「理由想定→立場選択」という順序で意見産出活動を行うことも重要な活動になるといえるだろう。

8.4.2 立場選択が理由の評価に与える影響

事前群に比べ，事後選択群では産出順序の遅い理由が重点理由として評価される傾向にあった。事前群の書き手ははじめに立場選択を求められるため，その時点で重点理由を想定し，それに依拠して立場を選択すると考えられる。そして，この段階で想定された理由は，その後の理由産出活動においても早い段階に産出されると推察される。だからこそ，事前群では産出順序の早い理由（特に，初出理由）が重点理由として評価されていたのだと考えられる。ただし，重点理由は，事後選択群の学生も早い段階で想定していたと考えるのが妥当であろう。すなわち，事後選択群の中には立場選択を求められていなくても，論題を読んだ時点で自分が賛成する立場と，その立場を支持するに足る重点理由の候補を想定していた学生もいたと考えられる。したがって，事前群と事後選択群とで異なるのは「重点理由を想定した順序」だけでなく，「想定しうる理由間の比較を行ったかどうか」という点にもあると考えられる。

このように，立場選択が理由想定と理由評価に影響を与えていたことは，

確証バイアスの観点から説明可能である。すなわち，事前に立場を選択した群は，賛成立場の正当性を確証するための理由想定を行うため，賛成立場の欠点を指摘する反論の想定は困難化していたのだと考えられる。また，同様の理由から，一度重要だと評価された理由の反証可能性や，より良い理由についての検討は十分には行われず，初出理由が重点理由として評価され続けたのだといえるだろう。その一方で，理由想定後に立場選択した群では，どちらかの立場の正当性を確証するためではなく，公平な視点から理由の産出と評価を行うことが目的となっていた。そのため，事後選択群の参加者は多様な反論想定を行うことができ，さらには柔軟な理由の比較検討を行えていたのだと推察される。

対立する立場への理解を深め，論題に対する思考の質を高めるためには，賛成論と反論について比較検討を行うことが重要になる (e.g., Baron, 1995; Chin & Osborne, 2010; Erduran et al., 2004; Kuhn, 1991; 2005; Nussbaum & Edwards, 2011)。その際には多様な反論を想定し，幅広く様々な観点から自分の意見の根拠や判断理由を批判的に捉えることが必要になるといえる。こうした比較検討のプロセスに，立場選択というそれまでの研究で前提的に捉えられてきた活動が影響を与えている可能性を示したことは本研究の重要な示唆の1つといえるだろう。

ただし，本研究で得られた結果は，あくまでも理由想定という活動に限定して得られた結果であり，意見文産出プロセスにおける理由想定においても本研究と同様の結果が得られるとは限らない。そこで研究6では，立場選択が「意見文産出における理由想定」にどのような影響を与えるかについて検討する。

第9章　立場選択が意見文産出に与える影響
――理由想定に着目して――（研究6）

9.1　問題と目的

　研究5からは，立場選択によって書き手の立場を固定化することが反論想定を抑制する可能性が示された。そこで本研究では，意見文産出プロセスに焦点を当て，意見文を産出する中での理由想定や，理由の取捨選択のプロセスに立場選択がどのような影響を与えているかについて検討する。これらの目的を達成するために，本研究では書き手に「私は～。なぜなら～。たしかに～。しかし～。したがって～。」という意見文の「型」(e.g., 清道, 2010) を与え，その型に文章を当てはめる形式の意見文産出活動を実施する。型の提示が本研究の目的を達成する上で重要になるのは，第1に，型の提示によって全ての参加者が同じ文章構造の意見文を産出する条件を作り出すことができ，参加者全員が反論想定と再反論を産出した条件下で立場選択の影響を検討できるという点が挙げられる。また，第2には，型では文章構造が明確化されているため，「反論想定と再反論の産出において何を考えていたか」といった局所的な振り返りが実行可能になるという点が挙げられる。これらの工夫により，立場選択が意見文産出における理由想定と理由評価（選択）という2つの段階にどのような影響を与えているかについて詳細に検討することが可能となる。

　さらに本研究では，意見文産出後の書き手の立場に対する態度についても評定を求める。研究5で示されたように，理由産出だけでなく意見文産出においても，立場選択が理由に対する柔軟な比較検討を抑制しうるのだとすれ

ば，立場選択を行う群は，立場選択を行わない群に比べて，反対立場に対する受容性や妥当性の評価が低いといった可能性がある。そこで，本研究ではこれら立場に対する評定についても着目し，立場選択が立場に対する態度にどのような影響を与えるかを探索的に検討する。以上より，本研究の目的は，(1) 立場選択が意見文産出プロセスにおける理由の想定に与える影響，および (2) 立場選択が意見文産出後の立場に対する態度に与える影響，の2点について明らかにすることとなる。

9.2 方法

9.2.1 対象

心理学の授業を受講している専門学校生122名（男性61名，女性61名）を対象とし，立場を固定化した上で意見文産出を行う「立場固定群（$n=61$）」と，立場を自由に変更しながら意見文産出を行う「立場自由群（$n=61$）」に割り当てた。なお，後述するように本研究の課題は「説得的な意見文を書くためのレポート課題」の一部として実施したため，意見文産出課題とその後の評定課題の内容は成績評価の対象となることを伝えた。また，その内容について匿名化・データ化して研究の分析対象とする可能性があることを伝え，研究結果として報告して良いかどうかについて確認を求めた。その際には，同意を得られない場合にはそのデータの内容について研究に含めないこと，および，同意の有無は成績には一切関係しないことを伝えた。課題実施後には両群で条件を交換した意見文産出課題を与え，教育の機会と評価を均等化した。

9.2.2 意見文産出課題

論題 研究5と同様に，「インターネット上での書き込み（例：ツイッター）では，匿名性をやめて自分の名前を出した方が良い」という論題を用い，自

分の意見を文章として示すように求めた。本課題はレポート課題として実施したため，学生はパソコンのワープロソフトを用いて意見文産出課題と評定課題に取り組んだ。

理由産出課題　「意見文産出に用いる理由を考える」ことを目的とし，賛成立場と反対立場を支持する理由について思いつく限り産出するように求めた。また，この理由産出課題を行った後，以下に示す型に沿った意見文産出を行うように求めた。

「型」の提示　意見文の「型」を提示し，型に含まれる接続詞を必ず1度は使用して意見文を書くように求めた。また，これらの接続詞は何度用いても良く，必要に応じて各要素についての記述数を増やしても良いと伝えた。実際に提示した「型」と教示の文を以下に示す。

　　「私は匿名性の廃止に（賛成or反対）だ。なぜなら，～だからだ［理由］。たしかに～という意見もある［反論の想定］。しかし，～だと私は考える［再反論］。したがって，私は匿名性の廃止に（賛成or反対）だ。」
　　（※文章中の言葉は変更してかまいませんが，型に沿った書き方をしましょう）

9.2.3　事前評定課題

意見文産出前の事前評定課題では，(1) 事前立場選択，(2) 事前立場評定，の2点について回答を求めた。

(1) **事前立場選択**　論題を読み，「インターネットで匿名性をやめること」に賛成か反対かを選択するように求めた。

(2) **事前立場評定**　反対立場に対する態度として，(a)「反対立場の正当性（反対の立場は正しい）」，(b)「反対立場の妥当性（反対の立場の意見は的外れだ：逆転項目）」，(c)「反対立場の受容性（反対の立場にも良いところがある）」の3項目について「1：まったくそう思わない～5：とてもそう思う」の5件法で評定を求めた。

これら2点に対する回答は，授業で配布しているリアクション・ペーパー（小野田・篠ヶ谷，2014）に記述して提出するように求めた。

9.2.4 事後評定課題

意見文産出後の事後評定課題では，(1) 意見文産出に要した時間，(2) 事後立場評定，(3) 意見文産出のプロセスにおいて考えていたことの記述，の3点について回答を求めた。

(1) **意見文に要した時間** 理由産出活動は時間に含めず，意見文を書き始めてから完成するまでに要した時間を報告するように求めた。

(2) **事後立場評定** 事前立場評定と同じ3項目について評定を求めた。

(3) **意見文産出プロセスの記述** 「それぞれの要素について書いていたときのことを振り返り，自分が考えていたことをできるだけ詳細に書き出しましょう」と教示し，意見文産出プロセスにおいてどのようなことを考えていたかについて自由記述で回顧的に報告することを求めた。本研究では，特に反論想定と再反論の産出時の記述に焦点を当てた分析を行った。

9.2.5 手続き

まず，意見文産出課題を配布する前に授業内で事前評定課題を実施した。ここでの立場選択の結果を「事前立場」と呼ぶ。そして，立場固定群に対しては事前立場を変えずに意見文産出課題に取り組むように教示した。一方，立場自由群に対しては，事前立場を尋ねたのはあくまでも全体的傾向を把握するためだと説明し，意見文産出課題ではどの立場からでも自由に意見文を書いて良いと教示した。

意見文産出課題はレポート課題の一環として実行されたため，上述の教示を行った2週間後に回収した。

9.2.6 意見文の分析枠組み

研究3と同様の枠組みを用い，意見文の構成要素を［主張支持記述］，［反論想定記述］，［打ち消し記述］，［優勢提示記述］の4カテゴリに分類し，意見文得点を求めた。なお，本研究では型に沿った意見文産出を求めているため，これらのカテゴリに基づく分析は，両群で型に沿った意見文産出が実行されていたかどうかを確認するための操作チェックとして実行する。

9.2.7 理由の分析枠組み

研究4や研究5と同様に，反論を［反対立場の利点］，［賛成立場の欠点］，［重点理由の欠点］の3カテゴリに分類することとした。分類の基準や例については研究4や研究5を参照されたい。

9.3 結果

9.3.1 分析対象者

全参加者のうち，研究としての成果の報告に同意した115名（男性57名，女性58名）の意見文を分析対象とした。その結果，群ごとの人数は立場固定群（$n=56$），立場自由群（$n=59$）となった。

9.3.2 立場選択

事前立場選択において「インターネットでの匿名性排除」に賛成した学生は，立場固定群で27名（46%），立場自由群で18名（30%）であった。また，立場自由群では7名が事前立場と立場を変えて意見文を産出しており，論題に賛成の学生は最終的に21名（35%）であった。

Table 9.1 理由産出課題における各カテゴリの平均産出数（SD），および群間での平均値差の検定結果

	立場固定群	立場自由群	統計量[1]	効果量[2]
賛成論	2.31(0.93)	2.37(0.99)	0.35	0.06 [-0.29, 0.42]
反論	1.90(0.90)	1.97(0.71)		
反対立場の利点	1.56(1.05)	1.47(0.83)	-0.53	0.09 [-0.26, 0.46]
賛成立場の欠点	0.42(0.65)	0.67(0.68)	1.99*	0.37 [0.002, 0.73]
重点理由の欠点	0.10(0.30)	0.22(0.42)	1.70	0.16 [-0.05, 0.32]

1) 重点理由の欠点産出数についてはMann-WhitneyのU検定の結果であるz値を報告し，それ以外についてはt検定の結果であるt値を報告している。
2) 重点理由の欠点産出数については効果量rを，それ以外については効果量dを報告している。

$^*p<.05$

9.3.3　理由産出の特徴

　群ごとにみた各カテゴリにおける理由産出数の平均値，標準偏差，群間での平均値差の検定結果をTable 9.1に示す。平均値差の分析の結果，［賛成立場の欠点］にのみ有意な平均値差が認められ，立場固定群に比べ，立場自由群において［賛成立場の欠点］が多く産出されていることが示された。この結果は，立場選択後に理由産出をした群に比べ，立場選択前に理由産出をした群において［賛成立場の欠点］の産出数が多いという研究5の結果と一致するものであり，立場選択が自分の立場の欠点を指摘する理由の想定を抑制するという仮説の妥当性を示すものといえるだろう。

9.3.4　意見文産出の特徴

　まず，意見文産出に要した時間を確認した結果，立場固定群の平均時間（min）は20.00（$Min=5, Med=20, Max=60, SD=8.94$）であり，立場自由群の平均時間は26.67（$Min=5, Med=25, Max=60, SD=13.92$）であった。意見文産出に要した時間の分析については，後述する反論想定と再反論産出プロセスの分析と関連づけて行うこととする。

　次に，群ごとにみた各カテゴリの産出数と意見文得点の平均値，標準偏差，

Table 9.2 意見文産出課題における各カテゴリの平均産出数（SD），および群間での平均値差の検定結果

	立場固定群	立場自由群	統計量[1]	効果量[2]
主張支持	1.66 (0.86)	1.73 (0.92)	0.44	0.08 [−0.28, 0.44]
反論想定	1.27 (0.64)	1.32 (0.62)		
反対立場の利点	0.75 (0.71)	0.77 (0.65)	0.17	0.03 [−0.33, 0.39]
賛成立場の欠点	0.47 (0.63)	0.45 (0.59)	−0.22	0.03 [−0.31, 0.40]
重点理由の欠点	0.05 (0.22)	0.10 (0.30)	1.01	0.09 [−0.09, 0.27]
打ち消し	1.37 (0.89)	1.32 (0.62)	−0.81	0.06 [−0.22, 0.51]
優勢提示	0.22 (0.46)	0.32 (0.60)	0.99	0.19 [−0.18, 0.55]
意見文得点	3.12 (0.49)	3.27 (0.48)	1.65	0.31 [−0.06, 0.66]

1) 重点理由の欠点産出数についてはMann-WhitneyのU検定の結果である z 値を報告し，それ以外については t 検定の結果である t 値を報告している。
2) 重点理由の欠点産出数については効果量 r を，それ以外については効果量 d を報告している。

　群間での平均値差の検定結果をTable 9.2に示す。平均値差の検定結果をみると分かるように，両群間ではいずれの変数についても群間差は認められず，群間で産出された意見文の内容に大きな差はなかったと判断できる。また，意見文得点の平均値は両群で再反論を行っていることを示す3点を超えていることから，両群で「型」に沿った意見文産出が行われていたと考えられる。

　なお，「型」に沿った意見文産出を行っていないと評価した学生数は，立場固定群で2名（3％），立場自由群で2名（3％）であった。彼らはいずれも接続詞としては「たしかに」や「しかし」といった用語を用いており，反論想定は行っていたが，再反論内容が反論想定と対応していなかったため，再反論としては評価しなかった。したがって，彼らは本研究の基準においては再反論を行っていないと評価されたが，「型」に沿った意見文を産出しようとしていたのだと考えられる。そこで，以降の反論想定と再反論産出のプロセスの分析については，「型」に沿った意見文産出を達成していなかった学生についても分析に含めることとした。

9.3.5 反論想定と再反論の産出プロセス

反論想定と再反論の産出プロセスの記述について探索的な検討を行った結果,「自分の立場の正当性を揺るがせるような重要な反論に気づく」ことや,「再反論を思いつかない」ことによって,自分の立場に「迷い」を感じたと報告する学生と,「迷い」について報告していない,あるいは「迷い」を感じていない学生の大きく分けて2つのタイプが認められた。そして,「迷い」を報告した学生は,意見文を完成させるための方略として(1) 立場を変えて考える「立場変化型思考」,(2) 同じ立場から再反論を考え続ける「立場固定型思考」,(3) 反論を再反論しやすい内容に置き換える「戦略的反論想定」の3つを行っていることが確認された。それぞれのタイプの学生の記述例をTable 9.3に示す。

「立場変化型思考」の方略をとっていた学生は,反対立場の側から意見文を書き直すことを想定して理由を考えることや,反対立場の読み手を意識してどのような再反論であれば読み手が納得するかを考えることによって意見文を産出していた。一方,「立場固定型思考」の方略をとっていた学生は,最初に産出した賛成論を変更せずに,意見文を完成させるためにどのような再反論ができるか,という観点から再反論を考え続けて意見文を産出していた。また,「戦略的反論想定」の方略をとっていた学生は,最初に産出した賛成論を変更せずに意見文を完成させるという目標を有している点で「立場固定型思考」と同じであるが,そのために再反論を考えるのではなく,反論自体を「再反論しやすい反論」へと弱体化させる点で異なっていた。すなわち,「立場変化型思考」がどの立場を選び,どの理由を賛成論とするかという段階まで戻って「迷い」を解決しようとしているのに対し,「立場固定型思考」と「戦略的反論想定」ではいかに再反論を行うかという点に立ち止まって「迷い」を解決しようとしている点で異なっており,その中でも,「立場固定型思考」があくまでも想定した反論に対する再反論を考えるという反論に対する積極

Table 9.3　反論想定と再反論の産出プロセスについての記述例

	記述例
「迷い」についての記述	
「迷い」あり　立場：匿名性に賛成	はじめ理由を書いているとき，私は「自由に書き込める」というところに重点をおいて考えました。誹謗中傷で傷つく場合もあるとも思っていたのですが，誹謗中傷も含めて人間らしい自由な意見だと判断しましてこのような形にしました。しかし，反論を考えると，[中略]書き込みは楽しいからやっているのであって楽しみの阻害を許して良いのかという面でどちらが正しいのか分からなくなりました。
立場：匿名性に反対	反論を書いていると，自分の名前が他の人から見てすぐに分かることの怖さに気づいた。そのせいで犯罪が増えるかと思うと，やっぱり匿名の方が良いのではないかと思うようになった。
「迷い」なし　立場：匿名性に賛成	反論を想定しているとき，[中略]自分の意見が揺らぐかと思ったが，反論を想定する以前よりも賛成意見が強固になった。反論想定により自分の意見が確立したため，何が重要であるかを考えた。
立場：匿名性に反対	すぐに反対だ！と思ったので理由はすらすらでてきた。理由を書くにつれて，匿名性に反対という気持ちが強くなりました。その気持ちが強すぎるせいか，反論がなかなか浮かばず，結局1つしか書けませんでした。
「迷い」後の方略についての記述	
立場変化型思考	他の賛成の人はどんな風に思っていて，反対の私にどんな風に反論をしてくるのかをイメージしていた。そのうち，どちらも正しいように思えたので，思考を反対に変えて考えて書いてみて，気持ちに配慮できるかを考えた。
立場固定型思考	やっぱり匿名性でもいいんじゃないかな？とすごく気持ちが揺らいだ。でも，とりあえずこのまま書いていこうと思って書いた。最後は「私はどう思っている」で終わるので，自分の気持ちに嘘はないが，自分の意見に自信は持てなかった。
戦略的反論想定	反論を書き始めると，それを覆すことのできないことをいくつか思いついた。それまでの確信めいた気持ちが揺らぎ，その前で言い切れないとわかったことをいくつか書き直し，反論として矛盾して説明できないものを消して，書き直しを続けた。非常に書きづらかった。

Table 9.4 群ごとの方略記述者数（％）と比率の差の検定結果

	立場変化型思考	立場固定型思考	戦略的反論想定
立場固定群	3(12)▽	13(52)	9(36)▲
立場自由群	17(41)▲	23(56)	1(2)▽

$\chi^2(2) = 16.04, p < .01, V = .49 (95\%CI [.29, .74])$

注．セル内の数字は人数を，（　）内は「迷い」を記述した人数における各方略記述者数の割合を示す．また，▲は残差分析の結果5％水準で有意に高い割合を示したセルを，▽は有意に低い割合を示したセルを表している．

的な思考を行っているのに対し，「戦略的反論想定」では，想定した反論を取り下げ，より再反論しやすい反論を想定するという消極的な思考を行っている点で差異があると考えられる．

そこで，次に「迷い」を記述した学生と，方略使用者の人数比が群間で異なるかどうかを検討した．まず，「迷い」に着目すると，反論想定と再反論の産出プロセスにおいて「迷い」を感じた学生の人数は，立場固定群で25名(42%)，立場自由群で41名(68%)であり，群間での比率の差の検定を行った結果，有意な比率差が認められた（$\chi^2(1) = 8.12, p < .01, \phi = .26$ (95%CI [.12, .45])）．すなわち，立場固定群に比べ，立場自由群で「迷い」を感じる学習者の数が多いことが示された．

次に，「迷い」を感じた学生の方略使用の群間差を検討するため，χ^2検定を実行した．群ごとの方略記述者数と割合，および比率の差の検定結果をTable 9.4に示す．検定の結果，立場固定群に比べ，立場自由群において「立場変化型思考」を行った学生の数がより多いことが示された．また，立場自由群では「立場変化型思考」を行った学生のうち7名が事前立場と反対の立場に変更して意見文を産出していた．すなわち，立場固定群の学生に比べ，立場自由群の学生は立場への固執傾向が弱く，反対立場の視点から論題について思考する傾向にあることが示された．一方，「戦略的反論想定」の記述者数は立場自由群に比べ，立場固定群においてより多いことが示された．すなわち，立場固定群では立場自由群に比べ，自分に都合の悪い反論を取り下げ，

Table 9.5 意見文産出に要した時間を
従属変数とした重回帰分析の結果

	b^*	b^*SE
「迷い」ダミー	.45**	0.08
群ダミー	.12	0.08
「迷い」ダミー×群	.02	0.08

$F(3, 111) = 12.33$, $R^2 = .25 (95\%CI[.11, .36])$, $R^2_{adj} = .23$

注．b^* は標準化偏回帰係数を示す． **$p < .01$

「より再反論しやすい反論」を想定し直すことによって意見文を完結させる学生が多いことが示された。

9.3.6 「迷い」を感じることと意見文産出，および立場評定との関連

「迷い」を感じる学生は，それを解消するための時間がかかるため，「迷い」を感じずにそのまま意見文を書き終えた学生よりも意見文産出に要した時間が多いと予想される。そこで，「意見文産出に要した時間」を従属変数とし，「迷い」の有無（あり＝1，なし＝0）と，群のダミー変数（立場自由群＝1，立場固定群＝0），さらに「迷い」の有無と群の交互作用項を独立変数に投入した重回帰分析を実行した。ここで，交互作用項を独立変数に投入しているのは，「迷い」を感じることと従属変数との関連は群によって異なる可能性があると考えられるためである。分析の結果をTable 9.5に示す。

「迷い」ダミーの標準化偏回帰係数が有意であることから，反論想定と再反論の産出プロセスにおいて「迷い」を感じていた学習者ほど意見文産出に長時間をかけていたことが示された。すなわち，立場を固定するかどうかに関わらず，立場の正しさに「迷い」を感じることが意見文産出に対する取り組みの時間に影響していたのだと考えられる。

「迷い」を感じるということは，賛成立場の正当性や妥当性に対する自信が揺らぎ，反対立場の正当性や妥当性をある程度評価している可能性を示唆している。そこで，「迷い」を感じることが「反対立場の正当性」，「反対立場の

Table 9.6 事後立場評定得点の平均値，標準偏差，および相関係数

	1	2	3	4	平均値	標準偏差
1. 反対立場の正当性	—	.01	.51**	.24*	2.91	0.96
2. 反対立場の妥当性	-.11	—	-.04	-.13	3.87	1.06
3. 反対立場の受容性	.52**	-.06	—	.17	3.98	0.98
4. 「迷い」の有無	.14	-.10	-.10	—	0.41	0.50
平均値	3.20	4.11	4.17	0.67		
標準偏差	0.96	0.92	0.91	0.47		

注. 対角線の右上には立場固定群の相関係数を，左下には立場自由群の相関係数を示す。また，立場固定群の平均値と標準偏差は右側の2列に，立場自由群の平均値と標準偏差は下2行に示す。

*$p<.05$, **$p<.01$

妥当性」，「反対立場の受容性」といった立場評定に与える影響を検討することとした。事後立場評定得点の平均値，標準偏差，および「迷い」の有無を含めた相関係数をTable 9.6に示す。平均値と標準偏差をみると，平均値＋1SDという基準（小塩，2011）に照らして，いくつかの項目が天井効果を示している。本研究では，賛成立場と反対立場のそれぞれに利点と欠点がある論題を用いているため，正当性や妥当性について反対立場を認める方向に回答が偏ることは十分に予想できる。ただし，ここでの分析の目的とは，このように反対立場を認める方向に回答が偏る中で，反論想定と再反論産出における「迷い」や，立場変更の可否という群の要因がその偏りをさらに強めるか（あるいは弱めるか）について検討することである。そこで本研究ではこれらの天井効果を示している項目も含めて分析を行うこととした。

意見文産出後の「反対立場の正当性」，「反対立場の妥当性」，「反対立場の受容性」の評定得点を従属変数とし，「迷い」の有無（あり＝1，なし＝0）と，群のダミー変数（立場自由群＝1，立場固定群＝0），「迷い」の有無と群の交互作用項を独立変数とした。また，事前評定得点が高い学生は事後評定得点も高いという関係が予想されるため，各項目の事前評定得点を共変量として独立変数に投入した。また，群間で産出数に有意差がみられた［賛成立場の欠点］についても，より多く［賛成立場の欠点］を産出した学生ほど，反対立

第9章 立場選択が意見文産出に与える影響(研究6) 183

Table 9.7 従属変数ごとの重回帰分析結果

従属変数	独立変数	b^*	SE
反対立場の正当性(事後)	群ダミー	.04	0.08
	「迷い」ダミー	.19*	0.08
	群ダミー×「迷い」ダミー	-.01	0.08
	賛成立場の欠点産出数	-.04	0.08
	事前得点	.48**	0.08
$F(5, 109) = 9.34, p < .01, R^2 = .30 (95\%CI[.14, .40]), R^2_{adj} = .27$			
反対立場の妥当性(事後)	群ダミー	.12	0.07
	「迷い」ダミー	.05	0.07
	群ダミー×「迷い」ダミー	-.08	0.08
	賛成立場の欠点産出数	.14†	0.07
	事前得点	.62**	0.07
$F(5, 109) = 14.53, p < .01, R^2 = .40 (95\%CI[.24, .49]), R^2_{adj} = .27$			
反対立場の受容性(事後)	群ダミー	.12†	0.06
	「迷い」ダミー	.01	0.06
	群ダミー×「迷い」ダミー	-.06	0.06
	賛成立場の欠点産出数	.00	0.06
	事前得点	.78**	0.06
$F(5, 109) = 38.76, p < .01, R^2 = .64 (95\%CI[.51, .70]), R^2_{adj} = .27$			

注.b^*は標準偏回帰係数を示す。　　　　　　　　　　　$†p < .10, *p < .05, **p < .01$

場への評定を高める可能性があると考えられるため,共変量として独立変数に投入した。分析の結果をTable 9.7に示す。

　立場評定項目のうち,「反対立場の正当性」では「迷い」ダミーの標準化偏回帰係数が有意であり,反論想定と再反論の産出において「迷い」を感じていた学生ほど,意見文産出後に反対立場の正当性をより高く評価していることが示された。また,「反対立場の妥当性」では共変量として投入した[賛成立場の欠点]産出数の標準化偏回帰係数が有意であり,「迷い」や群の効果は認められなかった。一方,「反対立場の受容性」では群ダミーの標準化偏回帰係数が10%水準で有意であり,立場固定群に比べ,立場自由群の学生は意見文産出後に反対立場をより受容する傾向にあることが示された。

9.4 考察

本研究では，(1) 立場選択が意見文産出プロセスにおける理由の想定に与える影響，および (2) 立場選択が意見文産出後の立場に対する態度に与える影響，の2点について検討を行った。その結果，以下のことが明らかになった。

9.4.1 立場を固定することが意見文産出プロセスに与える影響

理由産出の傾向について群間での比較を行った結果，立場固定群に比べ，立場自由群の学生が［賛成立場の欠点］を多く産出していたことが明らかになった。この結果は，研究5と一致するものであり，立場を固定化することが反論想定の中でも，特に自分の立場の欠点を指摘する反論想定を抑制することを示すものといえる。

次に，反論想定と再反論の産出プロセスの特徴について検討した結果，立場固定群に比べ，立場自由群の学生は自分の立場の妥当性や正当性に「迷い」を感じる傾向にあることが示された。そして，「迷い」を感じたと報告した学生は，「迷い」を報告していない学生よりも時間をかけて意見文産出を行っており，「立場固定型思考」，「立場変化型思考」，「戦略的反論想定」のいずれかの方略によって反論想定に対する再反論を産出していた。「迷い」を感じる学生は，どのように意見文を完成させるかについて思案し，これらの方略により反論想定や再反論を産出していたため，「迷い」を感じずに意見文産出していた学生よりも意見文産出に取り組む時間が長くなっていたのだと考えられる。

また，立場固定群と立場自由群では，「迷い」を感じた後の方略使用の傾向が異なっており，立場固定群では「戦略的反論想定」が，立場自由群では「立場変化型思考」がより多く行われていた。このことは，「再反論が困難な反論

を想定した後の学生の対応が両群で異なっていたことを示している。すなわち，立場固定群では立場を変更することができないため，「再反論が困難な反論」を「再反論できる反論」へと置き換えることで，意見文の一貫性や主張の強さを維持しようとしていたのだと考えられる。一方，立場自由群の学生は，「再反論が困難な反論」を想定することが賛成立場の妥当性や正当性を疑う契機となり，「いかに主張を貫き通すか」よりも「本当に賛成立場で良かったのか」という問いを持ち，柔軟に立場を変えながら論題について考えていたと考えられる。その結果，立場固定群で立場変化型思考をしていた17名のうち，7名は立場を変えて意見文を産出し，残りの10名は立場の往還の中で再反論を考えつき，意見文を完成させていた。これらの結果は，立場選択により書き手の立場を固定化することが理由の柔軟な評価を抑制する傾向（研究5）が意見文産出プロセスにおいても生起していたことを示すものといえるだろう。

　立場固定群では，事前立場と異なる立場を選択することはできないため，立場変化型思考を行うことは意見文を完成させるという目的に照らすと遠回りになる。しかし，事前立場から立場を変えないとしても，意見文産出プロセスにおいて一度異なる立場から論題を考えることは，賛成立場の優勢性を客観的に捉え直し，効果的な再反論を想定する契機となった可能性もある。たとえば，「立場変化型思考」を行っていた学生は，どうすれば反対立場の読み手が納得するか，あるいは反対立場の読み手からどのような反論がくるか，といった読み手意識（audience awareness）をもって意見文産出を行っていた（Table 9.3）。文章産出において読み手を意識することは，文章の質を高める（Cohen & Riel, 1989; 岸, 2009）だけでなく，文章の推敲を促進する（Holiway & McCutchen, 2004; McCutchen, 2006）重要な行為である。したがって，柔軟な立場変更や，立場間で視点を変えながら論題について考えるという活動を抑制する点に限っていえば，立場を固定化する条件は意見文産出に負の影響を与えうるものといえるだろう。

9.4.2 立場を固定することが意見文産出後の立場評定に与える影響

　立場固定群に比べ，立場自由群において「迷い」を報告する学生数が多いという結果は，立場を変更できる条件の方が立場間の比較検討を行いやすく，両立場の利点や欠点を比較しながら意見文産出に取り組んでいた可能性を示唆するものである。だからこそ，意見文産出後の「反対立場の受容性」の評定において，立場自由群の学生は立場固定群の学生よりも，反対立場に良い点があると認める評定を行っていたのかもしれない。その一方で，「反対立場の正当性」については群の効果よりも，「迷い」の効果の方が大きく，立場が固定されているかどうかにかかわらず，「迷い」を感じた学生ほど，意見文産出後に反対立場の正当性をより高く評価していることが示された。「反対立場の正当性」は反対立場の正しさを認めるかどうかに関する項目であり，反対立場に良い点があると認めるかどうかに関する「反対立場の受容性」よりも反対立場を積極的に認める態度を表す項目である。そのため，立場を変更できるかどうかよりも，実際に学生が反対立場の正当性を目の当たりにして，「迷う」という経験が影響していたのだと考えられる。

　これまで，意見文産出におけるマイサイドバイアスに着目した研究は，反論想定や再反論の促進方法については検討してきたものの（e.g., Ferretti et al., 2000; 2009; Knudson, 1992; Nussbaum & Kardash, 2005; 清道, 2010; Wolfe et al., 2009），その産出プロセスにおいて学生がどのような思考を行っているかについてはほとんど検討してこなかった。その原因として考えられるのは，先行研究では時間的制約や文量的制約のある条件下で意見文産出が行われていたため，立場間の比較検討を行う時間が十分には確保されていなかったこと,そして，意見文の産出方法に個人差があるため，全ての参加者に共通して振り返りを求める活動を実行できなかったことなどが考えられる。

　これらの問題を克服するため，本研究では全ての学生が同じ文章構造で意見文を産出するための「型」の提示を行った。そして，意見文産出を時間的

制約のない「レポート課題」として実施することで，意見文産出と共にその振り返りに十分な時間をかけることのできる条件を設けた。このように，実験的条件を離れた環境で課題に取り組むことは，学習環境などの干渉変数の影響を考えると被験者間差を増大させる可能性があり，実験として頑健なデザインとなっているとはいえない。しかし，課題への取り組みを自由にした条件であるからこそ，意見文産出に要する時間が立場の固定の有無によって異なることや，反論想定や再反論の産出プロセスでどのような比較検討が行われていたかといった点について，具体に迫る結果が得られたのだと考えられる。

9.4.3　本研究の課題

　上述したように，本研究ではレポート課題として意見文産出を求めることで，先行研究とは異なる観点から意見文産出プロセスの一部を明らかにした。しかし，意見文産出プロセスの報告はあくまでも回顧的に得られたものであり，実際に反論想定や再反論の産出において学生がどのように思考していたかについては検討の余地が残されている。したがって，Hayes & Flower (1980) のように，発話思考法を用いることで意見文産出プロセスにおける思考を捉えることは，本研究の不足点を補う知見を提供すると考えられる。ただし，実験室における意見文産出のように制約がある条件ではなく，レポート課題のように学校や自宅といった様々な状況で自由時間を用いて行われる意見文産出活動の思考プロセスを捉える上では，発話思考法のような方法を用いることは困難である。したがって，今後はそうした条件における意見文産出や推敲のプロセスを捉える方法論を開発することが必要になるだろう。

　また，本研究の結果からは，立場変更が可能であることにより，反論や再反論の比較検討を行う柔軟な意見文産出が促進される可能性が示された。だからこそ，立場自由群では再反論が困難な反論想定をきっかけとして自分の立場の妥当性や正当性を疑い，どちらの立場が正しいといえるのかについて

悩む学生が多く確認されたのだと考えられる。このことを，本研究では「迷い」と表現した。反論想定と再反論の往還の中で自分の立場や主張の正当性を考え直す行為は，論題に対する理解を深める上できわめて重要だといえる (e.g., Anderson et al., 2001; Erduran et al., 2004; Chin & Osborne, 2010; Kuhn, 1991; 2005; Nussbaum & Edwards, 2011; Reznitskaya et al., 2001)。したがって，論題に対する理解を深めるような意見文産出活動を実現する上では，立場を選択させずに多様な観点から理由を想定し，その後に立場を往還しながら意見文産出を行うといった自由度の高い意見文産出活動を実行することが適していると考えられる。

ただし，実際の学校教育や学業場面 (e.g., テスト・実験) において，常に意見文産出活動に多くの時間を割けるわけではないことをふまえると，立場自由群の条件をそのまま「学校教育で実行可能なマイサイドバイアスの克服支援方法」として提案することは難しいといえる。なぜなら，学校教育では意見文産出指導が短期的に行われることも多く (e.g., 清道, 2010)，時間が限られた中で理由の比較検討を行うことは，書き手にとって大きな「コスト」となる可能性があるためである。たとえば，小論文のテストで初めにいくつかの理由を想定してから意見文産出を行い，立場変化型思考により立場間の往還を通して主張の正当性を吟味することは，時間内に課題を終えるという目的に照らすとコストが高い活動になると考えられる[36]。より極端に言えば，時間内に意見文を完成させるという条件においては，はじめから立場を決めて意見文産出を行い，「迷い」を感じずに意見文を産出することが課題の要求に沿った意見文産出の方法となるかもしれない。その点で，立場選択における

---

[36] 意見文産出について小学校から高校の教師と意見交換をしていると，しばしば「真面目に意見文産出に取り組んでいるにもかかわらず，文章を完成できない学習者」の存在を報告される。そして，そうした学習者の意見文を読んでみると，意見文全体を何度も書き直した形跡が認められるなど，思案の跡が色濃く残されていることがほとんどである。つまり，こうした学習者は思案しすぎることでかえって自分の意見を文章化できなくなっているのだと考えられる。こうした学習者にとって，立場を変化させながら意見文を書くという自由度の高さは，意見文を完成させる上でのコストになるのかもしれない。

自由度の高さが理由間の比較検討を通した意見文産出を促すとしても，それはあらゆる課題に適した意見文産出の方法とはいえないと考えられる。したがって，意見文産出におけるマイサイドバイアスの克服支援方法としては，立場選択後に限られた時間内で質の高い反論を想定し，それに対する再反論を促すための指導方法についても検討することが必要だと考えられる。特に，小学校から高校の作文指導との親和性を考えると，レポート課題のように長時間を要する意見文産出の支援方法だけでなく，限られた時間内でマイサイドバイアスの克服を促進するための支援方法を提案することの重要性は大きいといえるだろう。そこで第Ⅳ部では，立場選択後に限られた時間の中でいかに反論想定と再反論の産出を促進できるかという観点からマイサイドバイアスの克服支援方法について検討していく。

9.5 第Ⅲ部総括

　第Ⅲ部では，学習者の立場が理由の想定とどのように関連しているのかについて検討してきた。研究4では，学生は求められれば反論を想定できるものの，自分の立場の欠点を指摘する反論の想定には困難さを示すことが明らかになった。また，研究5では，立場を決定することによって「自分の立場の欠点を指摘する反論」の想定が抑制される可能性が示された。しかも，立場を決定した群の学生は重点理由の評価においても，立場が自由な群の参加者に比べて理由を比較検討せずに評価を行う傾向にあった。これらの結果は，立場選択によって書き手の立場を固定化することが反論を含む多様な理由の想定や，それらに対する柔軟な評価を抑制する可能性を示唆するものといえるだろう。

　そこで，研究6では立場を固定化することが意見文産出における理由の想定にどのような影響を与えるかについて，特に反論想定と再反論に着目した分析を行った。その結果，研究5と同様に，立場を固定化する群では［賛成

立場の欠点］の産出数が減少し，意見文産出においても，どちらの立場が正しいかに関する「迷い」を報告する学生が少ないという結果が得られた。研究5の結果をふまえて考えると，この結果は立場自由群に比べ，立場固定群の学生が理由の比較検討を行っていなかったことに起因する可能性が高いと考えられる。すなわち，立場固定群の学生ははじめに想定した賛成論をいかに説得的に示すかに焦点を当てて意見文を産出していたため，立場自由群に比べて賛成論と反論の妥当性や正当性を比較する傾向が弱く，「迷い」を感じずに意見文産出を行う傾向にあったのだと推察される。だからこそ，「迷い」を感じた後の方略においても，立場自由群では立場を変更しながら論題に対して多様な観点からの思考を行っていたのに対し，立場固定群では戦略的反論想定のように，意見文を完成させることに焦点を当てた方略が用いられる傾向にあったのだと考えられる。

　これらの結果をふまえると，先行研究（e.g., Ferretti et al., 2000; 2009; Nussbaum & Kardash, 2005; Wolfe et al., 2009）で行われてきたように，立場選択後に意見文産出を求めることは，賛成立場の欠点を想定しにくくなるという意味においても，また，賛成論と反論の比較検討を抑制するという意味においても「マイサイドバイアスが生起しやすい」条件下で意見文を産出させる活動であったといえるだろう。ただし，だからといって，理由産出や意見文産出の活動から立場選択を取り除くことは現実的な解決策とはいえない。なぜなら，こうした活動は実際の学校教育や学業場面では多くみられる活動の一つであり，特定の立場から意見文を書くことが求められたり，立場間で理由を比較検討する時間が十分に用意されていなかったりすることは少なくないためである。したがって，学校教育で実行可能なマイサイドバイアスの克服支援方法を考案する上では，立場選択後にいかにマイサイドバイアスを克服できるかという点もやはり重要な検討課題になると考えられる。少なくとも，「理由想定後に意見文産出をしながら立場を決定すれば良い」という活動の方法を示すだけで，学校教育において実行可能なマイサイドバイアスの

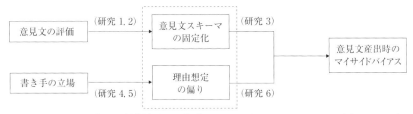

Figure 9.1 ここまでの研究結果から想定されるマイサイドバイアスの生起メカニズム

克服支援方法を提案したとはいえないだろう。そこで第Ⅳ部では，第Ⅱ部と第Ⅲ部から得られた結果をふまえ，限られた時間内での意見文産出においてマイサイドバイアスを克服し，質の高い意見文産出を達成するための支援方法について検討していく。

最後に，第Ⅳ部の検討に際し，マイサイドバイアスの克服支援方法の検討において焦点を当てるポイントを明確化するため，第Ⅱ部と第Ⅲ部の結果から想定されるマイサイドバイアスの生起メカニズムのモデルをFigure 9.1に示す。このようなモデルを想定した場合，論題や個人によってその評価傾向が異なる「意見文の評価」や，学習者が論題に対して抱いている信念や態度を反映した「書き手の立場」は外的な介入によって変化しにくい要因であると考えられる。一方，「意見文のスキーマ」や「理由想定」については，研究3や研究4～6によって示されてきたように，外的な介入によって変化させることが可能な要因であると考えられる。そこで第Ⅳ部では，介入の効果が期待できる意見文スキーマと理由想定（Figure 9.1の点線部分）に焦点を当てた介入を行うこととする。

第Ⅳ部　意見文産出における
マイサイドバイアスの克服支援方法の検討

第10章　目標達成支援介入が意見文産出における
マイサイドバイアスに与える影響
――中高生を対象とした検討――（研究7）[37]

10.1　問題と目的

10.1.1　マイサイドバイアスの克服を促すための目標提示介入

　本研究では，限られた時間内で行われる意見文産出活動を対象とし，立場選択後の意見文産出におけるマイサイドバイアスの克服支援方法の考案と，その効果検証を行うことを目的とする。繰り返しとなるが，本研究では意見文産出におけるマイサイドバイアスの克服を，「反論を想定し，なおかつその反論に対して再反論すること」として捉える。したがって，第Ⅳ部では反論想定と再反論の両方が産出されてはじめてマイサイドバイアスの克服が達成されたと考える。

　第Ⅰ部で述べたように，本稿では意見文産出で重要になる要素や活動を提示する一方で，その内容については書き手の側に自由な工夫の余地を残した目標提示介入（e.g., Ferretti et al., 2000; 2009; Nussbaum & Kardash, 2005）を基盤とした支援方法を検討していく。その際には，（a）目標の多くがトップダウン的に決定されており，マイサイドバイアスの克服において学習者がどこに困難さを見出すかというボトムアップの知見が反映されていない，（b）目標と方略が混同して提示されるなど，学習者が一度の指導でその内容を把握するには困難な内容となっている，（c）目標提示の効果を高める方法について検

37）本研究は，小野田（2015c）にデータを加え，再分析したものである。

討されていない，といった先行研究の限界点を乗り越えることが重要になるといえるだろう。そこで本研究では，ここまでの研究の結果をふまえることで (a) の問題に対応し，さらに (b) や (c) の問題を克服するための工夫を加えたマイサイドバイアスの克服支援方法を考案する。

10.1.2 提示する目標と方略の選定

本稿の結果をふまえると，学習者に伝えるべき目標として以下の3点が考えられる。第1に，立場にかかわらず反対立場の利点や賛成立場の欠点を考えるように促すことが必要である。学習者が賛成論に偏った意見産出を行う傾向にあることは，先行研究 (e.g., Ferretti et al., 2000; 2009; Nussbaum & Kardash, 2005; Wolfe et al., 2009) のみならず，本稿においても確認されてきた。したがって，まず意見文産出において重要になるのは，学習者が反論想定の重要性を認識することにあると考えられる。ただし，研究4～研究6で示されたように，どのような反論を想定するかには書き手の立場が影響すると考えられる。そのため，多様な反論想定を促すためには，単に反論想定を求めるのではなく，「立場にかかわらず」反論を想定する必要があることを示すことが重要になるといえるだろう。

なお，研究5や研究6の結果からは，立場選択後の意見文産出において［賛成立場の欠点］の産出数が低減する可能性が示唆される。したがって，多様な反論想定を促す上では，特に自分の立場の欠点を考えることに焦点化した支援が効果的だと考えられる。しかし，目標として自分の立場の欠点を考えるように提示した場合，学習者の反論想定は欠点の探索に方向づけられ，反対立場の利点に対する思考を抑制する可能性がある。論題によっては［反対立場の利点］が重要な反論となることや，学習者自身が［反対立場の利点］について論じたいと思う場合もあることをふまえると，特定の反論に焦点化する支援はかえって反論想定の多様性を狭める可能性がある。したがって，本研究では特定の反論に方向づける目標は提示せず，「学習者自身が反対立

場の妥当性や正当性を吟味できるように促すための目標」を提示することにする。

第2に重要になるのは，再反論の産出を促す目標である。研究3で示されたように，学習者は反論を想定したとしても，必ずしもその反論に再反論するわけではない。また，産出数をみても，再反論の産出は学習者にとって容易なことではなく（Table 6.2），意識的に産出を志向する必要がある文だといえる。そこで本研究では，学習者が「思考の根拠を明確化するように促す目標」を提示する。そうすることで，学習者は「反論が想定されるにもかかわらず，自分はなぜ賛成立場を支持しているのか」といった思考の根拠を明確化することが必要になり，反論想定に対する再反論としてその理由を述べるようになると考えられる。自分の思考の根拠を考えることは，論題に対する判断や意見を捉え直し（Kuhn, 1991），批判的思考を行う上でも重要な活動となる（e.g., Ennis, 1987; 楠見, 2010）。したがって，単に「たしかに～」，「しかし～」といった型に理由を当てはめるように求めるのではなく，自分がなぜその主張をしているかについて根拠を考えるように求めることで，再反論の産出を促しつつ論題に対する思考の内省も促すことができると考えられる。

最後に，これら2点の目標を達成する上で重要になるのは，読み手の立場から自分の文章を評価することだと考えられる。研究3では，他者の意見文を評価し，マイサイドバイアスを克服した意見文を説得的だと評価する学習者ほどマイサイドバイアスを克服した意見文を産出することが示された。ただし，全ての学習者がマイサイドバイアスを克服した意見文を説得的だと評価するわけではないことから，どのような意見文が説得的な意見文となるかについて，評価の観点を与えることの重要性も研究3の結果から示唆された。したがって，目標提示によって反論想定や再反論が説得的な意見文産出のために重要であるとする評価の観点を提示し，その上で自分が読み手であったらその意見文をどのように評価するのかを考えることで，自分の意見文と，目標となる「説得的な意見文（反論想定と再反論を含む意見文）」との比較が行わ

れ，上述の2点の目標達成はより促進されると考えられる。

本研究ではこれら3点の目標だけでなく，それらを達成するための「方略」についても提示する。なぜなら，学習者のほとんどがマイサイドバイアスを克服した意見文のスキーマに沿った意見文産出を志向し，そのための理由を十分に想定できたとしても，それらを意見文の中に取り入れるための方略を有していなければ，反論想定への再反論が欠如したり（研究3），反論想定と内容が対応していない再反論を行ったりする（研究6）といった可能性があるためである。したがって，上述した3点の目標を達成するための方略を提示することで，目標提示の効果はさらに強化されると考えられる。

10.1.3 目標達成を促進する方法

ただし，上述の目標や方略を提示しても，十分な効果がみられない学習者も存在するだろう。たとえば，目標だけでは「説得的な意見文」を具体的にイメージできない学習者や，賛成論だけでも十分に説得的な意見文を産出できると考える学習者に対しては，目標提示や方略提示の効果が十分には発揮されない可能性がある。この問題を解決するためには，目標提示により反論想定や再反論の重要性を伝えた上で，意見文評価介入（研究3）のように賛成論のみの意見文と，マイサイドバイアスを克服した意見文とを相対的に評価させることが効果的かもしれない。そうすることで，学習者は説得力の向上において反論想定や再反論の産出が有効であるという認識をもつと共に，具体的にどのような意見文を産出すれば良いかについて理解できると考えられる。しかし，意見文評価介入には効果が期待される一方で，授業への取り入れにおける時間的なコストが大きく，どの授業にも応用可能な指導方法とはいえないだろう[38]。そこで本研究では，説得的な意見文を書く「役割」を学

---

38) もちろん，意見文の「読み」や「評価」を含む活動は学校教育でも十分に実行可能であり，研究3で示したように，マイサイドバイアスの克服を促す上でも効果的だと考えられる。しかし，ここでは様々な作文指導に広く利用可能なマイサイドバイアスの克服支援方法の提案を目指しているため，時間的コストを配慮することなく実行可能な方法に焦点を当てて検討している。

習者に与え，その役割の下で意見文を産出するように求める。具体的には，説得的な意見文を書く役割として「公平な記事を書く新聞記者」の役割を付与し，新聞記事のような意見文を産出するために目標達成が必要なのだという義務づけを行う。

　役割付与が目標達成の促進に効果的だと想定したのは，大きく2つの理由による。第1に「意見文スキーマ」の観点から，新聞記者のように意見文を書くという役割を与えることで，学習者が「説得的な意見文」をより具体的にイメージでき，目標達成の必要性をより一層認識するようになると考えられたことによる。本稿で明らかにしてきたように，学習者にとってマイサイドバイアスを克服した意見文は必ずしも説得力が高い意見文とはならない（研究1，研究2，研究3）。したがって，目標や方略を提示したとしても，学習者がそれらを自分にとっての「説得的な意見文」の構成に必要でないと判断する限り，目標提示の効果は発揮されないと考えられる。そのような学習者に対し，新聞記事を「説得的な意見文」としてイメージさせ，そうした意見文を産出するために目標達成が必要になるという意味づけを行うことは，学習者の目標を「学習者自身にとっての説得的な意見文を書く」ことから，「新聞記事のように説得的な意見文を書く」ことへとシフトし，目標達成の必要性をより具体的に学習者に伝える効果的な手法になると考えられる。

　さらに，新聞記事をイメージさせることは，新聞記事と学習者の意見文との相対的な評価を促す点でも効果を有すると考えられる。もちろん，新聞記者の役割を与えただけで全ての学習者が明瞭に新聞記事をイメージするとは考えにくい。しかし，自分の意見文が新聞記事のように公平性や客観性が担保された意見文となっているかどうか，という新聞記事のスキーマに基づいた意見文の評価は十分に可能だと考えられる。したがって，新聞記者の役割付与は，目標達成の必要性をより具体的にイメージさせる点でも，新聞記事のイメージを基準とした対比的な意見文評価を促進しうる点でも，目標達成に寄与すると考えられる。

第2に「理由想定」の観点から，立場を俯瞰して論じることが義務となる第三者の役割を与えることが立場への固執の回避を促進し，多様な反論想定を促す（研究4）と考えられたことがある。たとえば，立場に固執せず公平に意見文を書く役割を与えることで，学習者は自分の立場の欠点となる反論についても想定できるようになるかもしれない。そして，研究3から示唆されるように，自分の立場の欠点となる反論には再反論が必要になるため，結果としてマイサイドバイアスの克服が促進される可能性もあるだろう。このように，新聞記者の役割を付与する介入は，目標達成の必要性を強調し，さらに立場への固執の回避を促す上でも効果的であると考えられる。そこで本研究では，マイサイドバイアスの克服を促す方法として「目標提示」，「方略提示」，「役割付与」の3つの介入を行うこととし，これらの全てを行う介入を「目標達成支援介入」と呼ぶこととする。

なお，公平な意見文を書く役割として新聞記者を選択したのは，新聞記者が小学生から高校生まで幅広くイメージできる職業だと考えられたことによる。近年では，小学校の国語科や社会科を中心にNIE（Newspaper in Education）など，新聞記事をテーマとした授業実践が推進されており（文部科学省, 2008），新聞記事を用いた授業実践も行われている（e.g., 松本・森田・山添村立やまぞえ小学校, 2011）。また，児童を対象とした職業選択の調査において，一般的に考えられる「将来の職業」の1つとして新聞記者が扱われており，それに対して児童が特定のイメージを有している（e.g., 島袋・廣瀬・井上, 1996）ことからも，新聞記者は児童期からそれ以上の学習者にとってイメージしやすい職業であると考えられる。

10.1.4　本研究の焦点

本稿では小学校から高校で実行可能なマイサイドバイアスの克服支援方法の提案を目的としている。そこで本研究ではまず，中学生と高校生を対象として目標達成支援介入の効果について検証を行う。具体的には，生徒に対し

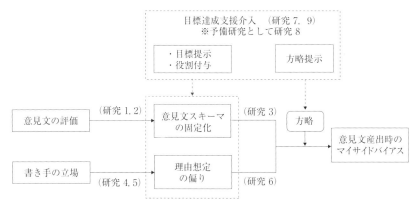

Figure 10.1 目標達成支援介入の焦点

て，(1) 反対立場の優勢性に対する検討，(2) 理由の明確化，(3) 読み手に対する意識，を促す3点の目標提示を行う。そして，それらを達成するための方略提示の効果と，目標達成を義務化する役割付与の効果を検証していく。これらの介入は，第9章の最後に提示したモデルに当てはめると，Figure 10.1 のように表現できる。

　もし，最もシンプルな目標提示介入だけでも十分な効果がみられるのだとすれば，それがマイサイドバイアスの克服支援方法として適していると評価できる。一方，方略提示や役割付与を行うことでマイサイドバイアスの克服がより一層促進されるのだとすれば，それらを含む目標達成支援介入が効果的な支援方法だと評価できるだろう。そこで本研究では，「目標提示」の効果，「目標提示」に「方略提示」を加えることの効果，「目標提示と方略提示」に「役割付与」を加えることの効果を比較し，介入を加えることによりマイサイドバイアスの克服が促進されるかどうかを検討する。そのために，本研究では目標提示のみを行う群を「対照群」とし，目標提示と方略提示を行う「方略群」，目標提示と方略提示に加えて役割付与を行う「方略・役割群」[39]の3群間で産出される意見文を比較する

仮説 目標提示の効果を方略提示が高め，さらにその効果が役割付与によって促進されるとすれば，これらの介入を受けた群においてマイサイドバイアスを克服した意見文がより多く産出されると考えられる。そこで，仮説1「対照群に比べ，方略群と方略・役割群においてマイサイドバイアスを克服した意見文がより多く産出される」，仮説2「方略群に比べ，方略・役割群においてマイサイドバイアスを克服した意見文がより多く産出される」を検証する。また，「役割付与」は立場への固執を回避し，自分の立場の欠点となる反論想定を促進する可能性がある。そこで仮説3「対照群と方略群に比べ，方略・役割群では［賛成立場の欠点］と［重点理由の欠点］がより多く産出される」を検証する。

10.2 方法

10.2.1 対象

　高校生については，公立高校普通科の3年生4学級，計125名（男子50名，女子75名）を対象とし，1学級を「対照群（$n=31$）」，1学級を「方略群（$n=32$）」，2学級を「方略・役割群（$n=62$）」に分けて課題を実施した。

　また，中学生については，私立中学校の1年生2学級と2年生2学級の4学級，計164名（男子99名，女子65名）を対象とし，1年生の1学級を「対照群（$n=42$）」，もう1学級を「方略・役割群（$n=41$）」に分け，2年生の1学級を「方略群（$n=41$）」，もう1学級を「方略・役割群（$n=40$）」に分けて課題を実施した。すなわち，中学生については1年生と2年生の両方でそれぞれ1学級ずつを目標達成支援介入を受ける「方略・役割群」に割り当てた。なお，すべての参加者について，課題実施後に目標達成支援介入と同じ教示を行い，

39）「方略・役割群」は「目標達成支援群」と呼ぶこともできるが，ここでは介入の内容をより明確にあらわすため，「方略・役割群」としている。

教育機会の均等を保証した。また，本研究の課題は全て学校長と担任教師の同意を得て行った。

10.2.2 意見文産出課題

論題 高校生を対象とした意見文産出課題では，研究3と同様に事前課題として高校生が髪を染めることの是非を論じる「ヘアカラー問題」を，事後課題としてアルバイトをすることの是非を問う「アルバイト問題」を用いた。一方，中学生を対象とした意見文産出課題では，事前課題として中学生が髪を染めることの是非を論じる「ヘアカラー問題」を，事後課題として学校に私服で登校することの是非を問う「制服問題」を用いた。

目標文 全群に対して「反対立場の優勢性の検討」，「理由の明確化」，「読み手に対する意識」を促すための3点の目標を提示し，群によってそれらを達成するための方略や役割の付与を行った。

事前課題の目標文は全群で統一しており，以下3点を提示した。

A) だれが読んでも分かるように書きましょう。

B) 読んでいる人の気持ちを考えて書きましょう。

C) あなたの意見と反対の意見の人が納得してくれるように書きましょう。

このうち，(A) は理由の明確化を促す目標，(B) は読み手意識を強調する目標，(C) は反対立場の優勢性に焦点化させる目標となっている。

事後課題では，対照群に対して事前課題と同じ目標を提示した。また，方略群と方略・役割群に対しては，目標提示に加えて，「そのために」と強調するポイントを示し，方略を提示した。さらに，特に重要な点については下線を引いて強調した。実際に用いた目標文は，以下の通りである。

【方略群】

A) だれが読んでも分かるように書きましょう。

「そのために」
「なぜ自分はそう思うのか」について理由をしっかり書きましょう。
B) 読んでいる人の気持ちを考えて書きましょう。
「そのために」
「自分が読者だったらどのように感じるかな？」と考えて書きましょう。
C) あなたの意見と反対の意見の人が納得してくれるように書きましょう。
「そのために」
あなたと反対の意見にも良いところがあるかもしれません。自分の好ききらいにかかわらず，反対意見の良いところも考えましょう。

【方略・役割群】

方略・役割群では，目標文の前に「みなさんにはプロの新聞記者として意見文を書いてもらいます。新聞記者は，自分の意見を『公平に』，『読者が納得するように』書かなければなりません。」という文章を載せ，目標文に続けて方略を提示した。

A) だれが読んでも分かるように書きましょう。
「そのために」
プロの新聞記者は，「なぜ自分はそう思うのか」について理由をしっかり書かなければなりません。
B) 読んでいる人の気持ちを考えて書きましょう。
「そのために」
プロの新聞記者には，「自分が読者だったらどのように感じるかな？」と考えて文章を書くことが求められます。
C) あなたの意見と反対の意見の人が納得してくれるように書きましょう。
「そのために」
あなたと反対の意見にも良いところがあるかもしれません。プロの新聞記者は自分の好ききらいにかかわらず，反対意見の良いところも考えなければなりません。

「プロの新聞記者は」といった文言や，語尾を「～なりません。」などとしているのは，生徒が新聞記者になりきることを促し，目標達成を義務として

捉えさせるためである。また，目標文は高校生と中学生共に同じものを提示した。

課題の構成　課題はいずれも表紙と作文用紙の2枚で構成し，表紙には「論題」と「論題に対する立場の選択項目」，および「目標文」を提示した。論題としては高校生に対しては「高校生が髪を染めるのは（高校生がアルバイトをするのは），良いこと？悪いこと？」と提示し，中学生に対しては「中学生が髪を染めるのは（学校に私服で登校するのは），良いこと？悪いこと？」と提示し，立場選択として「良いこと・悪いこと」のどちらかに丸をするように求めた。また，上述の目標文を群に合わせて提示した。作文用紙としては400字詰めのものを用い，足りない場合には余白や裏面に書くことを認めた。

10.2.3　手続き

意見文産出課題は全て国語の授業において授業者である教師が実施した。高校では事前課題を実施した1週間後から2週間後に事後課題を行った[40]。また，中学校では事前課題の1週間後に事後課題を実施した。意見文課題の実施時間は1回につき約30分であった。また，いずれの学級においても，課題終了後の授業において目標達成支援群で行った指導を行い，意見文産出において重要になる点を教示した。

10.2.4　意見文の分析枠組み

研究3や研究6と同様に［主張支持記述］，［反論想定記述］，［打ち消し記述］，［優勢提示記述］の4カテゴリに基づく分析を行った。また，同様の基準から意見文得点を求めた。

---

40) 時期が数日ずれているのは，学級によって作文の授業が行われる間隔が異なっていたためである。

10.2.5 反論の分析枠組み

［反論想定記述］の内容を［反対立場の利点］，［賛成立場の欠点］の2カテゴリに分類した。なお，本研究では重点理由の評価は求めていないため，［重点理由の欠点］への分類は行っていない。

10.3 結果

10.3.1 高校生の意見文産出の特徴

立場選択 事前課題では対照群で18名（58％），方略群で19名（59％），方略・役割群で34名（55％）がヘアカラーに賛成の立場をとり，事後課題ではそれぞれの群で28名（90％），29名（91％），55名（89％）がアルバイトに賛成の立場をとった。

意見文のカテゴリ分析 各群における事前事後のカテゴリ別産出数と意見文得点をTable 10.1に，各カテゴリの産出者数をTable 10.2に示す。まず，介入前の意見文産出の質が群間で等質であったかを検討するために，事前課題における各カテゴリの産出数についてKruskal Wallisの検定により群間比較を行った。その結果，主張支持記述（$\chi^2(2) = 1.34, n.s.$），反論想定記述（χ^2

Table 10.1 【高校生】群ごとにみた各カテゴリの産出数と意見文得点の平均値（SD）

	対照群（$n=31$）		方略群（$n=32$）		方略・役割群（$n=62$）	
	事前	事後	事前	事後	事前	事後
主張支持	1.91(0.89)	2.02(0.66)	1.84(0.72)	2.34(0.75)	2.03(0.75)	2.02(0.75)
反論想定	0.58(0.72)	0.61(0.92)	0.53(0.76)	0.63(0.66)	0.56(0.75)	1.11(0.69)
反対立場の利点	0.35(0.61)	0.42(0.72)	0.28(0.52)	0.41(0.56)	0.40(0.61)	0.69(0.71)
賛成立場の欠点	0.23(0.44)	0.19(0.40)	0.25(0.51)	0.22(0.42)	0.16(0.37)	0.42(0.50)
打ち消し	0.20(0.53)	0.15(0.44)	0.28(0.52)	0.25(0.44)	0.26(0.57)	0.43(0.54)
優勢提示	0.01(0.06)	0.04(0.12)	0.03(0.18)	0.19(0.40)	0.02(0.13)	0.18(0.38)
意見文得点	1.55(0.71)	1.36(0.96)	1.66(0.94)	1.97(1.09)	1.59(0.76)	2.56(1.01)

Table 10.2 【高校生】群ごとにみた各カテゴリの産出者数（％）

	対照群 ($n=31$)		方略群 ($n=32$)		方略・役割群 ($n=62$)	
	事前	事後	事前	事後	事前	事後
主張支持のみ	18(58)	18(58)	20(63)	15(47)	35(56)	11(18)
主張支持＋反論想定	8(26)	10(32)	4(13)	7(22)	15(24)	17(27)
主張支持＋反論想定＋打ち消し	4(13)	2(6)	7(22)	6(19)	10(16)	23(37)
主張支持＋反論想定＋優勢提示	1(3)	1(3)	0(0)	2(6)	2(3)	8(13)
主張支持＋反論想定＋打ち消し＋優勢提示	0(0)	0(0)	1(3)	2(6)	0(10)	3(5)

(2) = 0.22, n.s.），打ち消し記述（$\chi^2(2) = 1.37, n.s.$），優勢提示記述（$\chi^2(2) = 0.00, n.s.$）のいずれについても有意な差はみられなかった。したがって，介入前の時点で意見文産出の質に差があったという証拠は得られなかった。

次に，方略提示と役割付与の効果を検討するために，意見文得点について「事後－事前」により変化量を算出し，その変化量について共通する介入を受けた群をプールした対比検定を実行した。具体的には，方略提示の効果を検証するために，(1) 対照群と方略を受けた群（方略群と方略・役割群）の対比（以下「対照―方略対比」）と，役割付与が方略提示の効果を促進するかどうかを検証するために，(2) 方略群と方略・役割群の対比（以下「方略―役割対比」）の２つの直交対比による分析を行った。なお，「対照―方略対比」としては，対照群，方略群，方略・役割群のそれぞれに－２，１，１という係数を割り当てた。また，「方略―役割対比」としてはそれぞれの群に０，－１，１という係数を割り当てた。なお，中学生を対象とした分析においても，同様の対比係数を用いた分析を行っている。

対比検定の結果，「対照―方略対比」において有意な平均値差が認められ（$t(122) = 3.16, p < .01, d_\phi = 0.66$（95%$CI$ [0.24, 1.08]）），目標提示のみを受ける群に比べ，方略を提示された群においてマイサイドバイアスを克服した意見文がより多く産出されていたことが示された。また，「方略―役割対比」について検定を行った結果，有意な平均値差が認められ（$t(122) = 2.86, p < .05, d_\phi = 0.62$

Table 10.3 【高校生】群ごとの事後意見文産出課題における各反論カテゴリの産出者数（％）

	反対立場の利点	賛成立場の欠点
対照群	9(69)	4(31)
方略群	11(65)	6(35)
方略・役割群	31(61)	20(39)

$\chi^2(2) = 0.35$, $n.s.$, $V = .07 (95\%CI\ [.00,\ .20])$

注．効果量の信頼区間については下限値を0として算出した。

(95%CI [0.19, 1.05]))，方略を提示された群に比べ，役割付与を受けた群の方がマイサイドバイアスを克服した意見文をより多く産出していたことが示された。したがって，仮説1（対照群に比べ，方略群と方略・役割群においてマイサイドバイアスを克服した意見文がより多く産出される），および仮説2（方略群に比べ，方略・役割群においてマイサイドバイアスを克服した意見文がより多く産出される）は共に支持された。

最後に，反論想定記述において［反対立場の利点］のみを産出した生徒数と，［賛成立場の欠点］を産出した生徒数（Table 10.3）の群間での比率差を検討した。その結果，有意な比率差は認められず，各反論カテゴリの産出者数の比率が群によって異なるという証拠は得られなかった。したがって，仮説3（対照群と方略群に比べ，方略・役割群では［賛成立場の欠点］と［重点理由の欠点］がより多く産出される）は支持されなかった。

10.3.2 中学生の意見文産出の特徴

立場選択　事前課題では対照群で18名（43%），方略群で27名（66%），方略・役割群で37名（46%）がヘアカラーに賛成の立場をとり，事後課題ではそれぞれの群で18名（43%），30名（73%），44名（54%）が私服登校に賛成の立場をとった。

意見文のカテゴリ分析　各群における事前事後のカテゴリ別産出数と意見文得点をTable 10.4に，各カテゴリの産出者数をTable 10.5に示す。まず，

Table 10.4 【中学生】群ごとにみた各カテゴリの産出数と意見文得点の平均値（SD）

	対照群 ($n=42$)		方略群 ($n=41$)		方略・役割群 ($n=81$)	
	事前	事後	事前	事後	事前	事後
主張支持	1.95(0.54)	2.36(0.58)	2.10(0.58)	2.66(0.82)	2.20(0.60)	2.06(0.64)
反論想定	0.22(0.42)	0.22(0.47)	0.17(0.38)	0.29(0.51)	0.31(0.58)	0.67(0.61)
反対立場の利点	0.17(0.38)	0.17(0.38)	0.10(0.30)	0.22(0.47)	0.26(0.52)	0.56(0.55)
賛成立場の欠点	0.05(0.22)	0.05(0.22)	0.07(0.26)	0.07(0.26)	0.05(0.22)	0.11(0.32)
打ち消し	0.17(0.38)	0.10(0.30)	0.07(0.26)	0.22(0.47)	0.16(0.40)	0.36(0.48)
優勢提示	0.05(0.22)	0.02(0.15)	0.00(0.00)	0.02(0.16)	0.02(0.16)	0.10(0.30)
意見文得点	1.48(0.94)	1.36(0.79)	1.27(0.59)	1.51(0.90)	1.46(0.85)	2.15(1.07)

Table 10.5 【中学生】群ごとにみた各カテゴリの産出者数（%）

	対照群 ($n=42$)		方略群 ($n=41$)		方略・役割群 ($n=81$)	
	事前	事後	事前	事後	事前	事後
主張支持のみ	33(79)	34(81)	33(80)	30(73)	61(75)	33(41)
主張支持＋反論想定	0(0)	2(5)	5(12)	2(5)	5(6)	11(14)
主張支持＋反論想定＋打ち消し	7(16)	5(12)	3(7)	8(20)	13(16)	29(36)
主張支持＋反論想定＋優勢提示	2(5)	1(2)	0(0)	1(2)	2(2)	7(8)
主張支持＋反論想定＋打ち消し＋優勢提示	0(0)	0(0)	0(0)	0(0)	0(0)	1(1)

　介入前の意見文産出の質が群間で等質であったかを検討するために，事前課題におけるカテゴリごとの産出数についてKruskal Wallisの検定により群間比較を行った。その結果，主張支持記述（$\chi^2(2)=4.72, p<.10$）では10%水準で有意な比率の差がみられたものの，反論想定記述（$\chi^2(2)=1.24, n.s.$），打ち消し記述（$\chi^2(2)=1.83, n.s.$），優勢提示記述（$\chi^2(2)=1.97, n.s.$）ではいずれについても有意な差はみられなかった。したがって，全体的傾向としては介入前の時点で意見文産出の質に大きな差はないと考えられる。

　次に，方略提示と役割付与の効果を検討するために，高校生と同様に意見文得点について「事後－事前」により変化量を算出し，その変化量について共通する介入を受けた群をプールした対比検定を実行した。分析の結果,「対

Table 10.6 【中学生】群ごとの事後意見文産出課題における各反論カテゴリの産出者数（%）

	反対立場の利点	賛成立場の欠点
対照群	6(75)	2(25)
方略群	8(72)	3(28)
方略・役割群	40(83)	8(17)
$\chi^2(2) = 0.83$, n.s., $V = .11$ (95%CI [.00, .26])		

注．効果量の信頼区間については下限値を0として算出した。

照—方略対比」において有意な平均値差が認められ（$t(161) = 2.95, p < .01, d_\phi = 0.62$ (95%CI [0.17, 0.89])），目標提示のみを受ける群に比べ，方略を提示された群においてマイサイドバイアスを克服した意見文がより多く産出されていたことが示された。また，「方略—役割対比」について検定を行った結果，有意な平均値差が認められ（$t(161) = 2.13, p < .05, d_\phi = 0.41$ (95%CI [0.03, 0.79])），方略を提示された群に比べ，役割付与を受けた群の方がマイサイドバイアスを克服した意見文を産出していたことが示された。したがって，仮説1（対照群に比べ，方略群と方略・役割群においてマイサイドバイアスを克服した意見文がより多く産出される），および仮説2（方略群に比べ，方略・役割群においてマイサイドバイアスを克服した意見文がより多く産出される）は共に支持された。

最後に，反論想定記述において［反対立場の利点］のみを産出した生徒数と，［賛成立場の欠点］を産出した生徒数（Table 10.6）の群間での比率差を検討した。その結果，有意な比率差は認められず，各反論カテゴリの産出者数の比率が群によって異なるという証拠は得られなかった。したがって，仮説3（対照群と方略群に比べ，方略・役割群では［賛成立場の欠点］と［重点理由の欠点］がより多く産出される）は支持されなかった。

以上から示されるように，意見文得点の変化量，ならびに反論想定の傾向については高校生と中学生で同様の傾向が確認された。

10.3.3 介入による意見文構成の変化

次に，介入による変化が認められた生徒の意見文に着目し，方略提示と役割付与が意見文産出にどのような影響を与えていたかについて質的な検討を行った。ここでは，各群で認められた変化を多く含んでいる意見文として，高校生で方略群の宮谷さんと，方略・役割群の辻田さんの意見文を対象とした。実際の意見文をTable 10.7に示す（学習者の名前は全て仮名）。

宮谷さんの意見文をみると，事前課題では反論を想定してはいるものの，その内容に対する再反論はみられない。一方，事後課題では1つの反論想定記述に2つの打ち消し記述を行うなど，反論想定と対応した再反論を行っている。こうした変化は，方略提示により反対立場の優勢性を考えることや，読み手を想定して自分の意見を明確化することが促された結果であると考えられる。

次に，方略・役割群の辻田さんの意見文をみると，事前課題では主張支持記述のみを複数行っており，辻田さんが賛成論を多く示すことによって説得的な意見文を産出しようとしていたことが伺える。しかし，事後課題では反論を打ち消し，最後には賛成立場の優勢性を示す記述を行うなど，マイサイドバイアスを克服した意見文を産出するようになった。このような変化は，方略提示と役割付与によって目標達成が促進されたことを示唆する結果だと考えられる。

辻田さんの事後意見文では，さらに以下の2点について役割付与の影響が確認された。第1には，意見文の冒頭で「高校生がアルバイトをするのは，悪いことだろうか？」という問いかけを行っている点がある。この問いかけは，事後意見文産出課題の論題とほとんど同じ内容であり，冒頭で産出し直す必要のない文である。したがって，このような問いかけがみられたことは，辻田さんが単に論題に対する応答として意見文産出を行っていたのではなく，新聞記者として読み手を想定し，読み手に対して論題を提示する必要が

Table 10.7 事後課題において変化が見られた高校生の意見文内容

【方略群】宮谷さん（女性，ヘアカラー：反対／アルバイト：賛成）
事前：私は，髪を染めることは悪いことだと思います。理由は2つあります。一つ目は，染めることによって，本当の黒髪が痛んでしまって髪の毛にたくさんのダメージを受けてしまって，人からの見た目が悪くなると思うからです［主張支持］。二つ目は，学生のうちは髪の毛を染めなくても全然いいと思うからです［主張支持］。卒業してからたくさん染めることだってできるし，髪を染めることはおしゃれなのかもしれないけど［反論想定］学生のうちは黒髪で全然いいと思います。一回染めてしまうと自分の本当の黒髪をもう見ることはできないので，学生のうちは髪の毛を染めない方がいいと思いました。（主＝2，反＝1，打＝0，優＝0）

事後：高校生がアルバイトをするのは良いことだと私は思います。なぜなら，バイトをするといろんなメリットがあるからです。お金を稼ぐということをすることにより，お金を稼ぐ大変さを知るとともに使い方も変わると思います［主張支持］。また，バイト先の人とのコミュニケーションやお客様に対しての対応や機種によって学べることがたくさんあります［主張支持］。そして，将来こんな仕事につきたいといった夢もできるし，その夢への練習にもなると思います［主張支持］。バイトをしたら勉強に支障が出ると思う人もいるかもしれません［反論想定］。しかし，毎週1回や2回でも学べることはたくさんあるし，友達と遊ぶのを1日や2日だけでもバイトにすれば良いだけです［打ち消し］。もし，勉強に支障が出るならシフトを減らせば良いのです［打ち消し］。高校生がバイトをすることは良いことだと思います。（主＝3，反＝1，打＝2，優＝0）

【方略・役割群】辻田さん（女性，ヘアカラー：賛成／アルバイト：賛成）
事前：私は，高校生が髪を染めるのは，良いと思います。理由は二つあります。一つ目は，社会人になると高校よりしばりがある所があるからです。高校生の内に校則により染められず，社会人になってからも染められないということがありうるからです［主張支持］。二つ目は，個性を出すことができるからです。高校生は，他と同じが嫌，自分に個性が感じられない，という人が多いと思います［主張支持］。三つ目は，若い内のほうが髪で遊べるからです。男の人の多くは，三十代後半からハゲてしまう人もいます［主張支持］。それに，これは偏見ですが，髪を染めて似合うのは，若い内だと思うんです。歳をとれば，白髪に染めたり，カバーすることも多くなるので若い内に染める自由がある方がいいと思いました［主張支持］。以上で私の意見は終わりです。（主＝4，反＝0，打＝0，優＝0）

事後：高校生がアルバイトをするのは，悪いことだろうか？［問いかけ］たしかに，大人から見れば高校生は子どもで，たいした仕事もできないかもしれない［反論想定］。それに夜遅くまでアルバイトをすることを快く思わない親も多いことだろう［反論想定］。しかし，アルバイトというものを高校生のうちに経験しておけば将来役に立つこともあるのではないかと私は思う。まず，アルバイトをすることで，仕事に大切な責任を感じられるようになるだろう［主張支持］。もちろん，責任というものは，学校でも感じられる［反論想定］が，お金をもらう仕事ということで，今よりも大きな責任がある［打ち消し］。それから，あやまる大切さを仕事をすれば知ることができる［主張支持］。じっさいに，私はアルバイトをして本気であやまることがどれだけ大切かを分かった［具体化］。以上から，色々な問題はあるかもしれないが，高校生がアルバイトをすることは責任や，あやまることなどそれ以上に得るものが多いと私は思う［優勢提示］。（主＝3，反＝3，打＝1，優＝1）

注．文中の網掛けは，事前の意見文から顕著な変化の見られた部分を示す。（ ）内は各カテゴリの記述数を示しており，「主」は主張支持，「反」は反論想定，「打」は打ち消し，「優」は優勢提示と対応する。

あると判断したことによって産出された問いかけだと考えられる。第2には，主張支持記述と対応した具体例を示している点が挙げられる。本研究では記述内容の具体化を求める目標や方略は提示していないため，この具体化記述は役割付与によって産出が促された文だと考えられる。すなわち，辻田さんはプロの新聞記者として読み手に分かりやすく，説得的な文章を書かなければならないという役割を与えられることで，提示された目標の達成を超えて自発的に分かりやすい文章産出を行うための工夫をしていたのだと考えられる。

このように，事後意見文産出課題において読み手への［問いかけ］を行う生徒は方略・役割群で15名（高校生9名，中学生6名：全ての方略・役割群の生徒のうち10%）みられ，その他の群では確認されなかった。また，［具体化記述］は対照群で7名（高校生5名，中学生2名：全ての対照群の生徒のうち10%），方略群で9名（高校生6名，中学生3名：全ての方略群の生徒のうち12%），方略・役割群で31名（高校生21名，中学生10名：全ての方略・役割群の生徒のうち22%）確認された。そこで，中学生と高校生をプールした上で，具体例を産出した人数の群間での比率差を検証した結果，有意な比率差が認められ（$\chi^2(2)=6.30, p<.05, V=.15$（95%$CI$［.08, .20］）），残差分析の結果，対照群と方略群に比べ，方略・役割群において［具体化記述］の産出者数の比率が高いことが確認された。すなわち，対照群や方略群に比べ，方略・役割群では［問いかけ］や［具体化記述］といった，読み手に合わせるための文が多く産出されていたことが示された。

10.4 考察

本研究では，高校生と中学生を対象とし，目標提示とそれを達成するための方略提示，そして目標の達成を促進するための役割付与を行う「目標達成支援介入」の効果を検証した。その結果，以下の点が明らかになった。

10.4.1 方略提示の効果

　高校生と中学生の両方で，対照群よりも，方略が提示された群（方略群と方略・役割群）において意見文得点の変化量が大きいことが示された。このことは，目標達成のための方略を知ることで，反対立場の優勢性を考えることや，読み手を想定して自分の意見を明確化することが促された結果であると考えられる。だからこそ，反論想定をして終わるのではなく，打ち消し記述や優勢提示記述など再反論するための記述が多く産出されたのだといえるだろう。

　マイサイドバイアスの克服を促す上で，目標提示だけでなく方略提示が重要になるという結果は，教育実践に対して重要な示唆を提供する。なぜなら，実際の作文指導では目標のみが提示されたり，先行研究のように目標と方略の対応が明確化されずに提示されたりする（e.g., Ferretti et al., 2000; 2009; Nussbaum & Kardash, 2005; Wolfe et al., 2009）場合もあると考えられるためである。したがって，「反対の意見の人が納得してくれるように書く」といった抽象的な目標を提示するだけでなく，それに対応した方略を教示することがマイサイドバイアスの克服を促す上で重要であったことは，目標提示介入において方略を同時に提示することの重要性を示す点で意義があるといえるだろう。

10.4.2 役割付与の効果

　高校生と中学生の両方で，同じ目標と方略を提示されていた群の中でも，方略群に比べ，方略・役割群において意見文得点の変化量が大きいことが示された。この結果は，新聞記者の役割付与により，反対立場の優勢性を明確化した上で，読み手に分かりやすく再反論することが促進された結果だといえるだろう。すなわち，「公平さ」や「読者を納得させる」といった目標の重要性が具体的な役割として示されることにより，想定される反論に触れなが

ら（公平さ），主張の正当性をより説得的に示す（納得させる）ことが義務化され，マイサイドバイアスを克服した意見文の産出が促進されたのだと考えられる。また，辻田さんのように，問いかけや具体例を記述するなど，自分の意見を説得的に伝えるための独自の工夫は，高校生と中学生の両方で，特に方略・役割群において顕著に認められた傾向であった。このように，提示した目標の達成を超えて，説得的な意見文を産出するための自発的な工夫を行う生徒が確認されたことも，生徒が新聞記者としての役割を意識して意見文産出に取り組んだ結果だといえるだろう。

　本研究では，役割付与がマイサイドバイアスの克服を促進しうる理由として，第1に，役割を与えることで新聞記事のような公平かつ客観的な意見文を書く必要性が具体的に伝わると考えた。そして第2には，役割付与が立場への固執の回避を促し，［賛成立場の欠点］など自分の立場に不利な理由が反論として想定されることで，マイサイドバイアスの克服が促進されると予想した。これらの可能性をふまえて本研究の結果を見直してみると，方略・役割群において意見文得点が高く，さらには具体例の提示や読み手への問いかけが多く確認されたことは，生徒が新聞記事のように公平かつ読み手に分かりやすい意見文を「説得的な意見文のスキーマ」として意見文を産出していた可能性を示すものと考えられる。その点で，上述した2つの説明可能性のうち，前者の可能性は役割付与の効果を説明しうる内容だといえるだろう。一方，役割付与が多様な反論の想定を促すという後者の可能性については，高校生と中学生の両方で反論として想定された理由の比率差が群間で有意ではなかったことから，役割付与の効果を十分に説明するものとはいえないと判断できる。したがって，新聞記者の役割付与に効果が認められたのは，役割付与が「新聞記事」や「目標を達成した意見文」を説得的な意見文のスキーマとして活性化していたためだと考える方が，本研究の結果をより適切に説明していると考えられる。

　なお，研究4の結果をふまえると，批判的思考が求められる第三者の視点

を与えることは，自分の立場の欠点を指摘する反論想定を促進すると予想される。したがって，本研究における役割付与によっても，そうした反論の想定が促進されていた可能性は十分にあるだろう。それにもかかわらず，群間で反論想定の質に差が認められなかった原因としては，目標提示や役割付与が反論想定に影響を与えていたとしても，成果物としての意見文からはその影響が検出できなかった可能性が考えられる。研究6で明らかにしたように，学習者は想定した反論をそのまま意見文に取り入れるのではなく，理由の取捨選択を行う（e.g., 戦略的反論想定）と考えらえられる。そのため，目標達成支援介入により多様な反論想定が促進されていたとしても，産出された意見文からその多様性を評価することは難しかったのかもしれない。

マイサイドバイアスの克服を目的とした先行研究の多くは，目標の内容や提示方法についての検討は行ってきたが，目標提示の効果を高める指導法については検討してこなかった (e.g., Ferretti et al., 2000; 2009; Nussbaum & Kardash, 2005)。それに対して本研究では，目標達成を義務とする役割付与を実行し，役割付与が目標達成を促進し，さらには目標達成以上の効果（e.g., 具体例の記述）をもたらす可能性を示した。このことは，役割付与というこれまでにない観点から意見文産出を支援することの有用性を示すと共に，「目標達成支援介入」が学校教育における一斉の作文指導においてマイサイドバイアスの克服を促す効果を有していたことを示す点で有意味な結果だといえるだろう。

10.4.3 本研究の課題

本研究では，方略提示や役割付与の効果を検証することで，目標達成支援介入の効果を明らかにした。しかし，次の2点について大きな課題が残されている。第1に，本研究では役割付与が学習者に俯瞰的な視点を与え，両立場の利点や欠点を吟味することに寄与していたのだと考えた。しかし，役割付与によって学習者の立場に対する態度がどのように変化しているかについ

ては検討しておらず，その可能性については推測にとどまるものとなっている。反対立場に利点を認め，賛成立場にも欠点があると知ることは，マイサイドバイアスを克服するための重要な態度だといえる。しかし，そのような態度を有し，両立場に利点を認めているからこそ，反論を想定しても，それを認めるにとどまり，再反論を行わない学習者もいるかもしれない。また一方では，反論に再反論する学習者は，反対立場に対して正当性を認めないからこそ再反論をできている可能性もある。つまり，両立場に対して均等な評価を行うことは，必ずしもマイサイドバイアスの克服にはつながっておらず，むしろ賛成立場の正当性を確信しているからこそ，どのような反論に対しても再反論しようとするといった関係性があるかもしれない。このように，役割付与と立場への態度との関連を明らかにできれば，目標達成支援介入がマイサイドバイアスの克服を促進するメカニズムについてより詳細な知見を得ることができるだろう。そこで，この点については研究9で検討することとする。

　第2に，本稿では小学校から高校まで実行可能なマイサイドバイアスの克服支援方法の提案を目指すため，中高生だけでなく，児童に対しても目標達成支援介入が効果的であるかどうかを検討する必要がある。また，その検討に際しては，児童が「反対立場」や「読み手」を想定して意見文産出を行うレディネスを有するかどうかについて明らかにする必要がある。そこで次章では，まずこの点について検討していく。

第11章　説得対象者の差異が
児童の意見文産出に与える影響（研究8）[41]

11.1　問題と目的

　目標達成支援介入では学習者に対して，反対立場の読み手を想定するように求める。したがって，目標達成支援介入が児童に対して効果を有するためには，児童が反対立場の読み手を想定して意見文を産出できることが前提となる。他者の心情の推論については，9歳頃から他者の考えを推定し，相互理解や共感ができるようになることが指摘されている（Bigelow, 1977; Perner & Wimmer, 1985）ことから，中学年以上の児童であれば，読み手がどのような意見を求めているかを推測できると考えられる。実際に，岸（2009）は説明文産出において，中学年以上の児童は，読み手意識をもって想定される読み手に応じて文章を産出できることを明らかにしている。

　しかし，説明文産出において読み手に合わせた文章産出ができるからといって，意見文産出においても同様に読み手に合わせた文章産出ができるとは限らない。なぜなら，説明文産出の目的は，「読み手が知らないことを理解させる」ことにあるのに対し，意見文産出の目的は，読み手の知識にかかわらず「読み手を説得する」ことにあり，読み手を具体的に想定する必然性が説明文産出よりも低いと考えられるためである。すなわち，説明文産出では，読み手の知識や理解を推測することが産出する文章の内容と直結するのに対し，意見文産出では，読み手の知識や理解を推測することは必ずしも必要で

---
[41]　本研究は，小野田（2014）をもとに構成したものである。

はなく，自分の意見を説得的に伝えられさえすれば目的が達成されるため，読み手を想定する必要性は説明文産出に比べて低くなると考えられる。したがって，目標達成支援介入の児童に対する適性を判断するためには，児童が読み手に合わせて意見文を産出できるかどうかについて検討する必要性がある。

そこで本研究では，中学年児童を対象とし，児童が読み手に合わせて意見文を産出できるかどうかについて検証する。もし，読み手によって意見文の構造やそこで用いられる理由が異なるとすれば，児童は読み手に合わせて意見文を産出できるということであり，目標達成支援介入の実施対象者として適していると判断できる。なお，本研究では読み手を実験要因として操作するため，特に児童が説得対象とする読み手を「説得対象者」と呼ぶことにする。

説得対象者に合わせた意見文産出の特徴を把握するためのもう1つの観点として，本研究では児童の「説得困難感」にも着目する。意見文産出は物語文の産出などに比べ，児童にとって達成が困難な課題だと考えられる (e.g., Bereiter & Scardamalia, 1987)。したがって，児童が説得対象者の差異に合わせて意見文を産出しようとしていても，そのための方略を十分に有していないために，その努力や工夫が成果物としての意見文に表れない可能性がある。そこで本研究では，児童の説得困難感という観点からも，児童が説得対象者に合わせて意見文を産出しようとしていたかどうかを検討する。もし，児童が説得対象者に合わせて意見文を産出している（しようとしている）とすれば，説得対象者間で説得のしやすさに対する認知やその理由が異なる可能性があるだろう。

以上より，本研究では中学年児童を対象として (1) 説得対象者の差異が意見文産出に与える影響，(2) 説得対象者の差異が説得困難感に与える影響，の2点について検討することを目的とする。これらの目的を達成するため，本研究ではこれまでと同様に校則に関する論題を用い，「校則を破ったクラ

スメイトを説得する（校則に賛成の立場から意見文を書く）」ことを目的とした意見文産出課題を実施する。ここで，書き手の立場を校則に賛成の立場に固定しているのは，立場を固定して説得対象者だけを操作することで，説得対象者の差異が意見文産出に与える影響をより正確に検出できると考えられたことによる。

また，校則を破ったクラスメイトとしては「長年同じ学校で過ごしてきた親友（親友条件）」と「転入してきたばかりの友達（転入生条件）」の2条件を設定した。親友と転入生を説得対象者としているのは，児童にとってそれぞれの「立場の正当性」を考慮する必要性が異なると考えられるためである。たとえば，校則を十分に理解しているにもかかわらずそれを破っている親友に対しては，親友の立場の正当性を考慮する必要はほとんどなく，校則を守るように強調することが重視されるかもしれない。一方，異なる学校から新しく入った転入生は，校則を理解していない可能性があるため，転入生の立場の正当性（e.g., まだ校則を知らない，前の学校では携帯電話やお金が許可されていた，など）を考慮して，彼らの言い分（反論）を想定しながら自分の学校の校則を伝えようとするかもしれない。したがって，親友と転入生は児童にとってイメージしやすい説得対象者であると同時に，読み手に合わせた意見文産出が必要になる説得対象者として適していると考えられる。

11.2 方法

11.2.1 対象

都内小学校4年生の1学級30名（男子17名，女子13名）を対象とした。学校の学力レベルは都内で下～中程度であり，特別な意見文産出指導は行われていない。

11.2.2　意見文産出課題

　論題　校則に関して，児童間で知識や興味に極端な偏りがなく，かつ親近性の高い課題を研究協力者の教師とともに検討し，「携帯電話を学校に持ってきてもよいかどうか」という論題を用いる「携帯課題」と，「お金を学校に持ってきてもよいかどうか」という論題を用いる「お金課題」を作成した。そして，それぞれの課題について異なる説得対象者を説得するための意見文産出を求めた。

　説得対象者については，「親友」と「転入生」の条件間で性別や学年などの属性情報が異ならないようにするため，両者は共に同学年の男児のクラスメイトとした。本実験で用いた論題文については以下に示す（下線部は説得対象条件によって異なる部分であり，実際の課題にはひかれていない）。なお，教示文中に登場する「タツシ」と「トウゴ」に関して，児童が特に想起しやすい人物がいないことは事前に教師に確認した。

【携帯課題】

　《親友条件》あなたのクラスには１年生のときから同じクラスで仲良しのタツシくんがいます。ある日，タツシくんが学校でけいたい電話を使おうとしたので，あなたは「使ってはいけないよ」と注意しました。しかし，なぜけいたい電話を使ってはいけないのか，タツシくんはよく分からないようです。どうすればタツシくんを説得できるでしょうか？なっとくしてくれるような文章を書きましょう。

　《転入生条件》<u>先日，あなたのクラスにトウゴくんという転入生がやってきました。</u>ある日，トウゴくんが学校でけいたい電話を使おうとしたので，あなたは「使ってはいけないよ」と注意しました。しかし，なぜけいたい電話を使ってはいけないのか，トウゴくんはよく分からないようです。どうすればトウゴくんを説得できるでしょうか？なっとくしてくれるような文章を書きましょう。

【お金課題】

《親友条件》あなたのクラスには1年生のときから同じクラスで仲良しのタッシくんがいます。ある日，あなたはタッシくんがお金を持ってきたことに気づきました。そこで，あなたは「学校にお金を持ってきたらいけないよ」と注意しました。しかし，なぜお金をもってきてはいけないのか，タッシくんはよく分からないようです。どう伝えればタッシくんを説得できるでしょうか？なっとくしてくれるような文章を書きましょう。

《転入生条件》<u>先日，あなたのクラスにトウゴくんという転入生がやってきました。</u>ある日，あなたはトウゴくんがお金を持ってきたことに気づきました。そこで，あなたは「学校にお金を持ってきたらいけないよ」と注意しました。しかし，なぜお金をもってきてはいけないのか，トウゴくんはよく分からないようです。どう伝えればトウゴくんを説得できるでしょうか？なっとくしてくれるような文章を書きましょう。

課題の構成 意見文産出課題は表紙と作文用紙から構成される。表紙には上述の論題を載せ，2枚目の作文用紙に意見文産出を求めた。教師と相談した結果，児童が授業内で産出できる文章量は多くても300字程度だと想定されたため，作文用紙としては315字詰めのものを用いた。また，1枚で足りない場合には余白や裏面に書くことを許可した。

11.2.3　質問紙

意見文産出課題後に，親友と転入生のそれぞれを説得する難しさについて，「1：まったくむずかしくない～5：とてもむずかしい」の5件法で尋ねた。また，「むずかしいと思った理由を思いつくだけ書いて下さい」と求め，困難さの理由を自由記述形式で求めた。

11.2.4　手続き

児童の事前の態度を把握しておくため，第1回の意見文産出課題の1週間前に「けいたい電話は学校にもってきても良い」と，「お金は学校にもってき

ても良い」の2項目に対し,「1:まったくそう思わない～5:とてもそう思う」の5件法で回答を求め,課題への態度を確認した。

第1回の携帯課題では,学級の半分 ($n=15$) に「親友」条件の課題を,もう半分 ($n=15$) に「転入生」条件の課題をランダムで配布した。そして,第2回のお金課題では,第1回の課題で親友条件だった児童に転入生条件の課題を,転入生条件だった児童に親友条件の課題を交換して配布した。この手続きを経ることで,課題 (2) ×説得対象 (2) の4群それぞれに $n=15$ のサンプルを配置したとみなすことができる。ラテン方格法により同じ児童に対して異なる条件の課題を実施したのは,第1に全児童が両方の説得対象条件で意見文産出を行うためである。また,第2には,群間の非等質性によって生じる選択バイアスを軽減できるという点がある。たとえば,独立な4群による実験計画を実行した場合,それぞれの群における事前の文章産出能力の差異が選択バイアスとして生起する可能性がある。そこで本研究では,第1回目と第2回目の課題とで説得対象条件を入れ替えることにより,選択バイアスの影響を軽減した上で説得対象要因の効果を検証することとした。課題は国語の授業内で実施され,1回の作文時間は約25分であった。また,意見文課題実施後に行われた質問紙への回答時間は約15分であった。

11.2.5 意見文の分析枠組み

研究7と同様に[主張支持記述],[反論想定記述],[打ち消し記述],[優勢提示記述]の4カテゴリに基づく分析を行った。また,同様の基準から意見文得点を求めた。

11.2.6 反論の分析枠組み

研究7と同様に,[反論想定記述]の内容を[反対立場の利点],[賛成立場の欠点]の2カテゴリに分類した。

11.3 結果

本研究では,オープンソースの統計ソフトウェア環境であるR 2.15.3上で分析を行った。また,欠測値に関してはAmeliaパッケージ (Honaker, King, & Blackwell, 2011) の関数amelia() を利用して,多重代入法により処理を行った。作成した疑似データセットの数は20である。

11.3.1 課題に対する児童の評価

意見文産出前に行った携帯電話とお金の学校への持ち込みに対する児童の態度について検討した結果,携帯電話の平均評価得点は1.36 ($SD = 0.83$),お金の平均評価得点は1.36 ($SD = 0.83$)であり,4以上の評定を行った児童（校則に反対の児童）は各課題で2名ずつであった。ただし,これらの児童は同一人物ではない。なお,これら4以上の評定を行った児童も,他の児童と同様に携帯電話とお金を持ち込むことに反対の立場から意見文産出を行った。

11.3.2 意見文のカテゴリ分析

各課題における説得対象条件ごとのカテゴリ別産出数と意見文得点の平均値,標準偏差をTable 11.1に示す。説得対象者の違いが意見文産出に与える影響について検証するため,重回帰分析の枠組みによる分析を行った。実験的処遇をコード化するにあたり,課題の条件については,携帯課題には0を,お金課題には1を割り当てダミー変数とした。また,説得対象条件については,親友条件には0を,転入生条件には1を割り当てた。賛成論と意見文得点のそれぞれを従属変数とし,課題ダミー,説得対象ダミー,課題ダミーと説得対象ダミーの積である交互作用項を独立変数として重回帰分析を行った。結果をTable 11.2に示す。分析の結果,意見文得点では説得対象ダミーの標準化偏回帰係数が10％水準で有意であった。しかし,回帰式自体は有意

Table 11.1 課題ごとにみた理由産出数の平均値 (SD)

	親友条件	転入生条件
【携帯課題】		
主張支持	3.47(1.13)	2.93(1.39)
反論（反対立場の利点）	0.07(0.26)	0.27(0.46)
打ち消し	0.00(0.00)	0.13(0.35)
意見文得点	1.07(0.26)	1.40(0.74)
【お金課題】		
主張支持	3.20(0.52)	2.60(1.45)
反論（反対立場の利点）	0.07(0.26)	0.33(0.49)
打ち消し	0.00(0.00)	0.07(0.26)
意見文得点	1.07(0.26)	1.40(0.63)

注．反論としては［反対立場の利点］のみが確認された。また，再反論としては［打ち消し］のみが確認された。

Table 11.2 従属変数ごとの重回帰分析結果

従属変数	独立変数	b^*	SE
主張支持	課題ダミー	-.11	0.18
	説得対象ダミー	-.22	0.18
	課題ダミー×説得対象ダミー	-.02	0.22
$F(3, 56) = 1.41, n.s., R^2 = .07 (95\%CI [.00, .18]), R^2_{adj} = .02$			
意見文得点	課題ダミー	.00	0.18
	説得対象ダミー	.32†	0.18
	課題ダミー×説得対象ダミー	.00	0.22
$F(3, 56) = 2.07, n.s., R^2 = .10 (95\%CI [.00, .23]), R^2_{adj} = .05$			

注．b^*は標準化偏回帰係数を示す。　　　　　　　　　　　　　　　†$p < .10$

Table 11.3 説得対象条件ごとの［反対立場の利点］産出者数（%），および比率差の検定結果

	記述なし	記述あり
親友条件（$n = 30$）	28(90)	2(10)
転入生条件（$n = 30$）	21(70)	9(30)
$z = 2.37, p < .05, r = .43 (95\%CI [.09, .69])$		

ではなく，また決定係数の値も低いことから，意見文産出課題や説得対象者によって［主張支持記述］の産出数や意見文得点が異なるという証拠は得られなかったと判断できる。

次に，最大産出数が1であった［反論（反対立場の利点）］についての分析を行った。なお，産出数が0の条件が存在することや，課題間で意見文産出に差は見られなかったことから，ここでは課題間で反論産出数をプールした上で，それぞれの産出数が説得対象条件によって異なるかどうかを検討した。説得対象条件ごとの産出者数と比率差の検定結果をTable 11.3に示す。分析の結果，親友条件に比べ，転入生条件において［反対立場の利点］の産出者数が多いことが示された。また，［打ち消し］については転入生条件のみで産出が認められた。したがって，児童は親友に比べ，転入生が説得対象者となる場合に，より多くの反論想定や打ち消しを行う傾向にあることが示された。

11.3.3　説得困難感の分析

説得困難感の評定　説得対象条件間における説得困難感の評定得点の平均値差を対応のある t 検定により検証した。その結果，親友に対する評定得点（$M=2.63, SD=1.20$）と，転入生に対する評定得点（$M=3.67, SD=1.24$）の間に有意な平均値差がみられ（$t(29)=4.11, p<.01, d'=.75$（95%$CI$ [0.25, 1.15]）），児童が転入生の説得により強く困難さを感じていることが認められた。

説得困難感の記述　次に，説得困難感に関する自由記述の分析を行った。その結果，「関係性」，「感情への配慮」，「理由の欠如」，「容易さ」の4カテゴリが見出された。分類基準を以下に，カテゴリの分類例と記述数についてTable 11.4に示す。

a）関係性：説得対象者との関係を困難さの理由とする記述
b）感情への配慮：説得対象者の感情に配慮する必要性を困難さの理由とする記述
c）理由の欠如：説得的な理由がみつからないことを困難さの理由とする

Table 11.4 説得困難感に関する自由記述の分析結果（%）

		文章例	親友	転入生
関係性	親友	：わたしが言ってもなっとくしてくれないと思うから。	3(16)	12(55)
	転入生	：転入せいだから，いままでのこともしらないし，あまりなかよくないからはなせない。		
感情への配慮	親友	：とてもなかのいい友だちだからけんかにならないようにするから。	4(21)	3(14)
	転入生	：急にせっとくしてしまうと，おこってずっと何年んたっても友だちになれないと思うから。		
理由の欠如	親友	：理由がない。タツシがちょっとむずかしい。いちいち言うのもめんどくさい。	6(32)	7(32)
	転入生	：転入生は，この学校のルールをしらないので難しかった。		
容易さ	親友	：せつめいがなくてもせっとくしやすい。	6(32)	0(0)
		計	19	22

記述

d）容易さ：困難ではないとする記述

筆者を含む2名の評定者が独立に分類を行った結果，カテゴリ分類の一致率は$\kappa = .91$であったため，信頼性は十分であると判断した。不一致箇所については，評定者間での相談により決定した。

説得対象条件間での記述数の比率差を検証するため，［関係性］，［感情への配慮］，［理由の欠如］の3カテゴリについて，2項分布の正規近似を用いた検定を実行した。その結果，［感情への配慮］と［理由の欠如］では有意な比率差が認められなかったが，［関係性］については親友よりも転入生に対して記述数が多い傾向が認められた（$p < .05$）。また，［容易さ］は親友に対してのみ生起していた。したがって，児童の説得困難感は説得対象者によって異なることが示された。

説得困難感と意見文産出の関連 次に，説得困難感と意見文産出との関連を検討するため，説得困難感の記述において［容易さ］を感じていた児童と，［理由の欠如］を感じていた児童の中から，井田さんと尾上さんの2名の意見

Table 11.5 児童の意見文例

【尾上さん】
転入生条件（携帯課題）　困難感の評定得点：4, 困難理由：関係性
　まえの学校は，もってきてもよかったのかもしれないね［反論想定］。だけど，この学校ではだめだよ。なぜかというと，この学校はけいたい電話を学校にもってきちゃいけないルールがあるんだよ［打ち消し］。ちゃんとこの学校のルールを見直したほうがいいんじゃない。もし，授業中に，電話やメールがきたら，ほかの人に，めいわくだから［主張支持］，この学校には，けいたい電話をもってきちゃいけないルールがあるんだよ。こんどからは，もってこないようにしてね。（主＝1, 反＝1, 打＝1）
親友条件（お金課題）　困難感の評定得点：1, 困難理由：容易さ
　1年生のときから学校にお金をもってきてはいけない校そくだったでしょ［主張支持］。もってきたらぬすまれたりしちゃうからだめだよ［主張支持］。（主＝2, 反＝0, 打＝0）

【井田さん】
転入生条件（携帯課題）　困難感の評定得点：3, 困難理由：関係性
　学校はべんきょうをするところだからもってきてはいけないよ［主張支持］。もってきたら先生にしかられるよ［主張支持］。だれもけいたい電話はもってきていないよ［主張支持］。もしでんわがなったらまわりのみんなにめいわくしちゃうから［主張支持］，けいたい電話をつかっていると，とまらなくなるから，べんきょうをしたことがあたまにははいらないからテストで100点をとれなくなるよ［主張支持］。（主＝5, 反＝0, 打＝0）
親友条件（お金課題）　困難感の評定得点：5, 困難理由：理由の欠如
　学校にはお金をもってきてはいけないからこのせつめいをよんでなっとくしてくれると思う。もし他の友達にとられたりしたらその友達のせきにんではなく自分のせきにんになって親にうったえてもどうにもならないから［主張支持］。（主＝1, 反＝0, 打＝0）

注．（ ）内は各カテゴリの記述数を示しており，「主」は主張支持，「反」は反論想定，「打」は打ち消し，「優」は優勢提示と対応する。

文を分析した（児童名は全て仮名）。ここで，説得困難感として［理由の欠如］に着目するのは，［理由の欠如］が研究4～研究7で検討してきた理由想定に関する困難さであり，反論想定や再反論の産出と密接に関連する困難さの記述であると考えられたことによる。2名が産出した意見文をTable 11.5に示す。

　尾上さんの転入生に対する意見文では，［反論想定記述］に対して［打ち消し］をするなど，転入生の立場の正当性を考慮した上で立論している。これは，尾上さんが困難さの理由として記述しているように，転入生との関係性

を構築する上で反対立場への考慮を示しているためだと考えられる。一方，親友に対しては［主張支持記述］を2つ述べるにとどまっており，その内容についても校則を再提示するなど，転入生に対する意見文よりも簡略化されている。尾上さんは親友の説得を容易だと評価していることから，すでに校則を理解しているはずの親友に対しては，これらの文章で十分に説得できると判断していたのだと推察される。

一方，井田さんは転入生に対して［主張支持記述］を多く産出しているのに対し，親友に対しては1つの［主張支持記述］のみを産出していた。ただし，井田さんが1つだけの理由を産出しているのは，他の理由を考えなかったためではないと考えられる。なぜなら，井田さんは親友を説得することの困難さとして「理由を考えるのがむずかしかった」と記しており，転入生と同様に多くの［主張支持記述］を考えていたが，すでに校則を知っている親友を説得するのに効果的な理由が想定できなかったために，1つの理由のみを産出していたのだと推察されるためである。これらの結果からも分かるように，児童は説得対象者に合わせて意見文を書き分けており，それに応じた説得の困難感を感じていたと考えられる。

なお，転入生と親友に対する説得困難感の得点が異なっていた児童は23名（77%）であったが，そのうち説得対象者によって構成要素の異なる意見文を産出していた児童（e.g., 転入生に対しては反論想定や再反論を行うが，親友に対しては賛成論のみの意見文を産出するなど）は4名（18%）であった。したがって，説得対象者によって異なる説得困難感を有していた児童であっても，それを反映して意見文を産出することは困難であったと考えられる。

11.4 考察

本研究では，中学年児童を対象として（1）説得対象者の差異が意見文産出に与える影響，（2）説得対象者の差異が説得の困難感に与える影響，の2点

について検討してきた。その結果，以下の点が明らかになった。

11.4.1 説得対象者に合わせた意見文産出

　説得対象条件間では［主張支持記述］や意見文得点に有意な差は認められなかった。説得困難感の分析結果からも分かるように，説得対象者に応じて意見文を書き分けようとしていた児童であっても，そのための方法や理由が思いつかず，書き分けようとする態度が意見文に反映されない児童も少なからず存在していた。そのため，説得対象者の差異が意見文得点などの変数には表れなかったのだと考えられる。一方，反論の分析を行った結果，［反対立場の利点］の産出数は親友条件よりも転入生条件において増加していた。また，反論想定に対する［打ち消し］の記述は転入生条件においてのみ確認された。転入生は新しい学校の校則を十分に理解していない可能性があり，自分と異なる校則の学校から来た可能性もある。そのため，児童は転入生に対して，「言い分」としての反論を考慮した意見文産出を行っていたのだと考えられる (Table 11.5)。このように，親友条件と転入生条件とで意見文産出の傾向が異なり，なおかつ転入生に対して反論想定の記述をより多く産出していたことは，説明文産出（岸, 2009）だけでなく，意見文産出においても児童が説得対象者に合わせて文章産出を行っていたことを示す結果だといえるだろう。したがって，読み手の想定を求めることは中学年以上の児童に対して十分に実行可能な介入になると考えられる。

11.4.2 説得対象者による説得困難感の差異

　本研究では，親友よりも転入生において説得困難感が高く評価されるという結果が得られた。困難感の自由記述において，関係性や感情に関する記述が見出されたことをふまえると，児童は説得対象者とのその後の関係性構築を意識して困難さを評価していた可能性が示唆される。久保（2008）が指摘するように，児童期は仲間との関係性が特に重要になる時期である。そのた

め，関係性や感情に配慮する必要性が高く認知され，関係性構築が難しい転入生に対して，説得の困難感を強く持ったのだといえるだろう。

　また，説得困難感と意見文産出との関連を検討した結果，尾上さんと井田さんのように，児童は説得対象者によって異なる「困難感」をもちながら意見文を書き分けていたことが示された。本研究では意見文産出後に説得困難感を測定しているため，児童が説得に困難さを感じたために意見文産出における工夫を行っていたのか，あるいは意見文産出が困難であったために説得困難感が高く評価されたのか，という因果の方向性については断定できない。しかし，少なくとも説得対象者に合わせて困難さの感じ方が異なるということは，児童が説得対象者となる読み手を意識し，それに合わせて意見文産出を行っていたことを示す点で重要だといえるだろう。

　以上より，中学年以上の児童は，仮想的に読み手を想定し，読み手に合わせた意見文産出を行う能力を有していることが示された。そこで次章では，中学年以上の児童を対象として目標達成支援介入を実施し，その効果検証を行う。

第12章　目標達成支援介入が意見文産出における
マイサイドバイアスに与える影響
――児童を対象とした検討――　（研究9）[42]

12.1　問題と目的

　本研究では，児童を対象に目標達成支援介入を行い，意見文産出におけるマイサイドバイアスの克服が促進されるかどうかを検討する。これまで，児童を対象としたマイサイドバイアスの克服支援方法として目標提示介入が行われることはあったが（e.g., Ferretti et al., 2000; 2009），目標を児童に個別に提示する必要があるなど，実施にかかるコストが大きい支援方法となっていた。そのため，目標提示介入をそのまま小学校の作文指導に応用することは困難であったと考えられる。したがって，本稿が提案する目標達成支援介入により，一斉指導の条件下でマイサイドバイアスの克服を促進できれば，小学校の作文指導において実行可能な新たな支援方法を提案することが可能になる。

　ただし，研究7で実行した目標達成支援介入は高校生や大学生を対象とした研究（研究1～研究6）の結果をふまえて考案したものであるため，児童のマイサイドバイアスの克服に適した内容となっているかどうかについて吟味する必要がある。そこで本研究では，まず予備実験を実行し，マイサイドバイアスの克服において児童がどのような点につまずくのかを明らかにする。そして，そのつまずきを克服するための支援として目標達成支援介入が適しているかどうかを検討する。本実験では，その結果をふまえて児童に対する

---
[42] 本研究は，小野田（2015a）をもとに構成したものである。

目標達成支援介入を行い，効果検証を行う。

なお，本研究では研究8の結果をふまえ，特別な意見文産出指導を受けていない4年生と5年生を対象とし，4年生に予備実験を，5年生に本実験を実行した。冒頭でも述べたように，マイサイドバイアスは幼児期（Stein & Bernas, 1999）から青年期以上（Nussbaum & Kardash, 2005）まで広く確認されており，認知能力とも関連がみられていない（e.g., Toplak & Stanovich, 2003）。したがって，マイサイドバイアスを克服するための特別な指導を受けていない限り，4年生と5年生との間でマイサイドバイアスの傾向には大きな差は無く，4年生に有効な指導法は5年生にとっても効果的だと考えられる。

12.2 予備実験

12.2.1 目的

予備実験における第1の目的は，マイサイドバイアスの克服において児童が陥りやすい問題を明らかにし，目標達成支援介入の児童への適性を判断することである。そのために，何も教示を行わない「対照群」と，反対立場の読み手を想定し，その説得を目的として意見文産出を行う「目標群」とで産出された意見文を比較し，特に児童の反論想定と再反論の特徴について明らかにする。また，目標を提示したとしても，その目標に沿った意見文産出を行わない児童もいると考えられるため，第2の目的として，目標を提示しても目標に沿った意見文産出を行わなかった児童の特徴について明らかにし，目標達成支援介入がそのような児童に対しても効果を有しうるかどうかについて検討する。

12.2.2 方法

対象 都内で学力レベルが中程度の小学校一校の中から，4年生2学級65

名（男子36名，女子29名）を対象とした。なお，予備実験・本実験における課題は，全て学校長と担任教師の同意を得て行った。

意見文産出課題　研究8と同様に，携帯電話やお金を学校に持ってくることの是非を問う「携帯課題」と「お金課題」を用いた。各課題の作文用紙には「学校にけいたい電話（お金）を持っていくことは良いこと？悪いこと？」という論題を載せ，「良いこと・悪いこと」のどちらかに丸をした上で，読んだ人が納得するように自分の意見を書くことを求めた。また，作文用紙については研究8と同様に315字詰めの用紙を用い，1枚で足りない場合には余白や裏面に書くことを許可した。

手続き　学級ごとに対照群（$n=28$）と，目標群（$n=37$）に分け，第1回の携帯課題では，共に特別な教示を行わず意見文産出を行った。第2回のお金課題では，目標群に対して「自分の立場だけでなく，あなたと反対の立場の人がどう言うかを考えながら書きましょう」と教師が口頭で伝え，対照群には特別な教示は行わなかった。一回の課題実施時間は約30分であった。また，目標に沿った意見文産出を行わなかった児童の特徴を明らかにするため，目標群の教師に対しては，事後課題実施後に課題の実施状況について確認した。

意見文の分析枠組み　［主張支持記述］，［反論想定記述］，［打ち消し記述］，［優勢提示記述］の4カテゴリに基づく分析を行った。

反論の分析枠組み　［反論想定記述］の内容を［反対立場の利点］，［賛成立場の欠点］の2カテゴリに分類した。

12.2.3　結果と考察

立場の選択　事前課題では対照群で18名（64%），目標群で21名（57%）の児童が携帯電話の持ち込みに反対の立場をとり，事後課題ではそれぞれの群で23名（85%），27名（73%）の児童がお金の持ち込みに反対の立場をとった。

意見文のカテゴリ分析　各群における事前事後のカテゴリ別産出数の平均

Table 12.1 【予備実験】群ごとにみた事前事後のカテゴリ別産出数と意見文得点の平均値（SD）

	対照群（$n=28$）		方略群（$n=37$）	
	事前	事後	事前	事後
主張支持	1.68(0.90)	1.57(0.69)	1.65(0.86)	1.73(0.89)
反論想定	0.25(0.52)	0.11(0.31)	0.16(0.37)	0.62(0.69)
反対立場の利点	0.21(0.50)	0.07(0.36)	0.14(0.35)	0.59(0.55)
賛成立場の欠点	0.04(0.19)	0.04(0.19)	0.03(0.10)	0.03(0.16)
打ち消し	0.11(0.31)	0.00(0.00)	0.19(0.40)	0.03(0.16)
優勢提示	0.07(0.26)	0.00(0.00)	0.03(0.16)	0.03(0.16)

Table 12.2 【予備実験】群ごとにみた各カテゴリの産出者数（％）

	対照群（$n=28$）		目標群（$n=37$）	
	事前	事後	事前	事後
主張支持のみ	18(64)	25(89)	23(62)	14(38)
主張支持＋反論想定	5(18)	3(11)	6(16)	21(57)
主張支持＋反論想定＋打ち消し	3(11)	0(0)	7(19)	1(3)
主張支持＋反論想定＋優勢提示	2(7)	0(0)	1(3)	1(3)

値と標準偏差をTable 12.1に，各カテゴリの記述者数をTable 12.2に示す。マイサイドバイアスの克服において児童がどの文の産出に困難さを示すかについて明らかにするため，各カテゴリの産出数について「事後－事前」により変化量を求め，(1) 各群におけるカテゴリごとの変化量は0よりも大きい（あるいは小さい）といえるか，(2) 変化量について群間で平均値差はあるのか，の2点について検証を行った。まず，(1) について明らかにするため，対照群の［主張支持記述］と［反論想定記述］の変化量について1標本t検定を実行し，［打ち消し記述］と［優勢提示記述］についてはWilcoxonの符号付順位和検定を実行した。その結果，［主張支持記述］（$t(27) = -0.92, n.s., d' = 0.17$ (95%CI [$-0.19, 0.55$])），［反論想定記述］（$t(27) = -1.14, n.s., d' = 0.22$ (95%CI [$-0.15, 0.59$])），［打ち消し記述］（$z = 1.60, n.s., r = .30$ (95%CI [$-.08, .56$])），［優勢提示記述］（$z = 1.34, n.s., r = .25$ (95%CI [$-.11, .53$])）のいずれにおいて

も有意な差は認められなかった。一方，目標群では，[主張支持記述]（$t(36)$ = 0.48, n.s., d' = 0.09（95%CI [−0.25, 0.39]）），[優勢提示記述]（z = 1.34, n.s., r = .22（95%CI [−.11, .48]））では有意な差が認められなかったが，[反論想定記述]（$t(36)$ = 3.53, p < .01, d' = 0.67（95%CI [0.23, 0.93]）），[打ち消し記述]（z = −2.52 p < .05, r = .41（95%CI [.10, .61]）），では有意な差が認められた。すなわち，目標群では事前課題に比べ，事後課題において[反論想定記述]の産出数が増加し，その一方で，[打ち消し記述]の産出数は低下していることが示された。

次に，(2) について明らかにするため，各カテゴリの変化量を群間で比較した。その結果，[主張支持記述]（$t(63)$ = 0.95, n.s., d = 0.24（95%CI [−0.25, 0.73]）），[打ち消し記述]（z = 0.61, n.s., r = .08（95%CI [−.16, .30]）），[優勢提示記述]（z = 1.15, n.s., r = .14（95%CI [−.01, .36]））については有意な差が認められなかった一方で，[反論想定記述]では有意な平均値差が認められた（$t(63)$ = 3.57, p < .01, d = 0.88（95%CI [0.38, 1.41]））。すなわち，目標群の児童は反対立場の読み手からの反論を予期して意見文産出を行うことで，想定しうる反論について産出するようになったのだと考えられる。このような結果が得られた点については，教師からも「読み手をイメージさせるだけでも随分違うんだなと感じました」という感想を受けており，読み手意識をもたせることが反論想定において重要な指導となることが示された。

ただし，マイサイドバイアスの克服という目的に照らすならば，[反論想定記述]だけでなく，[打ち消し記述]や[優勢提示記述]も共に増加することが重要になる。しかし，事前課題に比べ，事後課題において[打ち消し記述]の産出数が低減していたことからも示されるように，目標群で反論想定を行っていた児童のほとんどは再反論を行わずに意見文を完成させていた。このような傾向は，児童が反対立場の優勢性について十分に思考を深めていないことに起因している可能性がある。なぜなら，目標群でみられた反論の多くは，「(携帯電話の持ち込みに反対だが) お母さんがいいって言ったらいいとい

う人もいるかもしれません［反対立場の利点］。」や，「（お金の持ち込みに反対だが）でも，しゅう金のときはいいです［反対立場の利点］。」など，例外として認められるような内容となっており，賛成立場の正当性を揺るがせるような，再反論が必要となる反論とはなっていなかったためである。すなわち，目標群の児童は反対立場が賛成立場に優る点を十分に想定していないために，例外として認めることができるような反論を想定していたのだと考えられる。したがって，これらの児童に対しては，目標達成支援介入で行っているように「反対立場の優勢性に対する検討」を促す支援が必要だと考えられる。そうすることで，単に例外として認められるような反論ではなく，再反論が必要となる反論想定が促進されると考えられる。

目標提示の効果が見られない児童の特徴　目標群で反論想定を行っていなかった児童の特徴について，課題の実施状況と共に教師に確認した。その結果，目標を達成していない児童の中には大きく分けて，(1) 目標達成の方法が分からない児童と，(2) 目標達成の必要性を感じていない児童が含まれている可能性が示された。たとえば，前者の児童としては，目標提示に対して「どう書けばいいか分からない」といった反応を示す児童の存在が報告された。このような児童は，反論想定や再反論の必要性を感じていながらも，それを文章化する方法が分からないためにマイサイドバイアスを克服した文章産出ができないのだと考えられる。したがって，これらの児童に対しては，反論想定や再反論を達成するための具体的な方略を提示することが効果的であると考えられる。

その一方で，後者の児童のように目標提示に対して「なんで？」，「書く意味が分からなかった（だから書かなかった）」といった反応を示した児童も確認された。このように，児童が目標達成の必要性を十分に感じていない場合，いくら目標を精緻化し，それを達成するための方略を示したとしても，十分な効果は得られないだろう。したがって，これらの児童に対しては，目標提示に伴いそれらを達成する意味や必要性を実感させるような指導が必要にな

ると考えられる。たとえば，目標達成支援介入のように反論想定や再反論が義務となる役割を付与することは，目標達成の必要性を具体的にイメージさせる上で効果的な手立てとなる可能性があるだろう。

　さらに興味深いのは，反論への言及に対し「なんか悔しい」と述べる児童が複数報告された点である。このような児童は，[反論想定記述]をいわば「負けを認める記述」と捉えていたために，反論想定を行わなかったのだと考えられる。このように，児童が自分の感情を優先させて意見文を産出する場合，目標提示によって反対立場の優勢性について考えるように促したとしても，[反論想定記述]の増加は期待できない。したがって，これらの児童に対しては，自分の感情を優先させずに意見文を産出するように伝える必要がある。たとえば，上述の役割付与をする際に，感情に左右されずに意見文を産出することが義務となる役割を与え，その役割に沿って意見文産出を求めることは目標達成を促すと考えられる。ただし，児童が悔しさを感じた理由としては，再反論の方略を有していなかったという可能性も考えられる。すなわち，賛成立場の正当性を脅かすような反論に対して再反論する方略を知らず，対応できないことに悔しさを感じていたのかもしれない。このように，「悔しい」と感じていた理由は特定できないものの，前者が理由であれば役割付与が，後者が理由であれば方略提示が有効に機能すると考えられるため，いずれにしても目標達成支援介入により，想定される反論への再反論を促すことができるだろう。

　児童に対する目標達成支援介入の適性　以上の点をふまえると，児童の意見文産出におけるマイサイドバイアスの克服を促進する上でも，目標達成支援介入で提示する3点の目標は重要になると考えられる。なぜなら，児童は[反論想定記述]は産出できるため，(1)「反対立場の優勢性の検討」や(2)「理由の明確化」を求めることにより，反対立場にも優勢性があるにもかかわらず，なぜ反対立場は正当とはいえないのか（あるいは，正当性があっても賛成立場を選択した理由はなにか）について明確化する必要性が生じ，再反論の産出

が促進されると考えられるためである。そして，反対立場の読み手を想定するだけでも反論想定記述数が増加したということは，反対立場の読み手を意識させることが児童の反論想定を促進する効果的な方法となる可能性を示している。したがって，(3)「読み手に対する意識」を強化する目標を提示することも重要な支援になると考えられる。そして，これら3点の目標提示に加え，「目標達成の方法が分からない児童」を支援するために，それらを達成するための方略を提示することもまた重要だといえるだろう。

さらに，目標達成支援介入の特色である「役割付与」は，目標達成の必要性を具体的にイメージさせる支援であることから，特に目標達成の必要性を十分に理解していない児童に対して効果的であると考えられる。また，感情的に意見文産出に取り組んでいる児童にとっても役割付与は効果的だと予想される。Kahneman (2011) や，Sokol-Hessner, Hsu, Curley, Delgado, Camerer, & Phelps (2009) が指摘しているように，感情が思考や判断に影響する課題では，特定の役割を自分に当てはめることによって，感情の影響を抑制したパフォーマンスを示すことができる。したがって，感情に左右されずに目標を達成することが義務となる役割付与を行うことは，反論想定に悔しさなどの感情的なとまどいを感じる児童にとって効果的であると考えられる。

12.3 本実験

12.3.1 目的

本実験では，児童の意見文産出におけるマイサイドバイアスの克服を促すため，(1) 反対立場の優勢性に対する検討，(2) 理由の明確化，(3) 読み手に対する意識，を促す3点の目標提示を行う。そして，目標達成支援介入の効果を検証するために，それらの目標を達成するための方略提示の効果と，目標達成を義務化する役割付与の効果を検証する。具体的には，研究7と同

様に目標提示のみが行われる「対照群」，目標提示と方略提示が行われる「方略群」，目標提示と方略提示に加えて役割付与が行われる「方略・役割群」の3群間で，産出される意見文を比較する。

なお，目標達成を義務化する役割としてはこれまでと同様に「新聞記者」を選択した。研究7でも述べたように，新聞記者は児童を対象とした目標達成支援介入の実行を視野に入れて選択した役割であり，児童にとってイメージしやすい職種であると考えられる。また，予備実験でみられた「悔しさ」といった感情的なとまどいを感じる児童にとっても，感情に左右されずに論題を公平に捉える新聞記者の役割は，感情の影響を抑制するための役割として適していると考えられる。

仮説 本研究では，研究7と同様に，仮説1「対照群に比べ，方略群と方略・役割群においてマイサイドバイアスを克服した意見文がより多く産出される」，仮説2「方略群に比べ，方略・役割群においてマイサイドバイアスを克服した意見文がより多く産出される」を検証する。なお，研究7ではこれらの仮説に加えて，役割付与が自分の立場の欠点となる反論想定の産出に影響するという仮説をたてたが，研究6や研究7の結果から，その影響を意見文から検出するのは困難であると考えられたことから，本研究では仮説としての検討は行わないこととした。

また，研究7では書き手の立場に対する評価の変化を捉えていないという課題が残されていた。そこで，方略提示と役割付与が反対立場に対する評価や，読み手に対する認識に与える影響については，意見文産出後に実施する質問紙調査によって探索的に検討する。

12.3.2 方法

対象 都内A小学校の5年生2学級60名（男子35名，女子25名），都内B小学校の5年生の1学級30名（男子17名，女子13名）の，計3学級90名を対象とした。いずれの小学校も学力レベルは都内で中程度である。

意見文課題の構成 予備実験と同様に，事前に携帯課題を，事後にお金課題を実施した。課題はいずれも表紙，作文用紙，質問紙の3枚から構成し，表紙には論題，論題に対する立場の選択項目，目標文を提示した。作文用紙は予備実験と同じ315字詰めのものを用い，足りない場合には余白や裏面に書くことを認めた。

目標文 目標文は全て研究7と同様の文章を提示した。ただし，全ての目標文は教師が口頭で読み上げ，何度でも読み返して良いこととした。各群に対して実際に提示した目標文は研究7に示す通りである。

質問項目 条件の違いにより，立場に対する評価や読み手に対する認識がどのように異なるかを検討するため，「q1：あなたは自分の意見がどのくらい正しいと思いますか？」，「q2：あなたと反対の意見はどのくらい正しいと思いますか？」の2項目について「10：とても正しい」から「1：まったく正しくない」までの10件法で回答を求めた。また，「q3：あなたと反対の意見にも良いところがあると思いますか？」，「q4：読み手の反応を知りたいと思いますか？」，「q5：良い文章を書くために，自分と反対の意見も知る必要があると思いますか？」の3項目について，「10：とてもそう思う」から「1：まったくそう思わない」の10件法で回答を求めた。

手続き 学級ごとに対照群（$n=30$），方略群（$n=30$），方略・役割群（$n=30$），の3群に分け，上述の課題を実施した。一度の課題実施時間は約40分であった。

意見文の分析枠組み 予備実験と同じ基準で，同じカテゴリに分類を行った。

12.3.3 結果と考察

立場の選択 事前課題では対照群で23名（77%），方略群で18名（60%），方略・役割群で25名（83%）の児童が携帯電話の持ち込みに反対の立場をとり，事後課題ではそれぞれの群で22名（73%），17名（57%），26名（87%），の児童

Table 12.3 【本実験】群ごとにみた各カテゴリの産出数と意見文得点の平均値（SD）

	対照群 ($n=30$)		方略群 ($n=30$)		方略・役割群 ($n=30$)	
	事前	事後	事前	事後	事前	事後
主張支持	2.07(1.08)	2.17(0.87)	2.03(1.00)	1.93(1.26)	2.47(0.97)	2.20(1.00)
反論想定	0.53(0.73)	0.57(0.68)	0.60(0.77)	0.63(0.76)	0.73(0.83)	0.73(0.87)
反対立場の利点	0.37(0.56)	0.37(0.56)	0.47(0.68)	0.33(0.55)	0.57(0.73)	0.43(0.63)
賛成立場の欠点	0.10(0.22)	0.20(0.31)	0.13(0.28)	0.30(0.40)	0.16(0.39)	0.23(0.34)
打ち消し	0.30(0.60)	0.17(0.46)	0.37(0.72)	0.53(0.73)	0.30(0.47)	0.60(0.67)
優勢提示	0.13(0.35)	0.07(0.25)	0.17(0.38)	0.23(0.43)	0.10(0.31)	0.47(0.63)
意見文得点	2.17(1.05)	1.80(0.92)	2.33(1.03)	2.63(1.00)	2.13(0.94)	3.13(0.86)

Table 12.4 【本実験】群ごとにみた各カテゴリの産出者数（％）

	対照群 ($n=30$)		方略群 ($n=30$)		方略・役割群 ($n=30$)	
	事前	事後	事前	事後	事前	事後
主張支持のみ	10(33)	14(47)	7(23)	4(13)	8(27)	1(3)
主張支持＋反論想定	9(30)	10(33)	11(37)	10(33)	13(43)	6(20)
主張支持＋反論想定＋打ち消し	7(23)	4(13)	7(23)	9(30)	6(20)	11(37)
主張支持＋反論想定＋優勢提示	4(13)	2(7)	4(13)	4(13)	0(0)	8(27)
主張支持＋反論想定＋打ち消し＋優勢提示	0(0)	0(0)	1(3)	3(10)	3(10)	4(13)

がお金の持ち込みに反対の立場をとった。

意見文のカテゴリ分析　各群における事前事後のカテゴリ別産出数と意見文得点の平均値と標準偏差をTable 12.3に示す。また，各カテゴリの記述者数をTable 12.4に示す。まず，介入前の意見文産出の質が群間で等質であったかを検討するために，事前課題における各カテゴリの記述数についてKruskal Wallisの検定により群間比較を行った。その結果，主張支持記述（$\chi^2(2)=4.73, n.s.$），反論想定記述（$\chi^2(2)=0.94, n.s.$），打ち消し記述（$\chi^2(2)=0.17, n.s.$），優勢提示記述（$\chi^2(2)=0.57, n.s.$）のいずれについても有意な差はみられなかった。

次に，方略提示と役割付与の効果を検討するために，意見文得点について

「事後－事前」により変化量を算出し，その変化量について共通する介入を受けた群をプールした対比検定を実行した。具体的には，方略提示の効果を検証するために，(1) 対照群と方略を受けた群（方略群と方略・役割群）の対比（以下「対照―方略対比」）と，役割付与が方略提示の効果を促進するかどうかを検証するために，(2) 方略群と方略・役割群の対比（以下「方略―役割対比」）の2つの直交対比による分析を行った。なお，「対照―方略対比」としては，対照群，方略群，方略・役割群のそれぞれに－2，1，1という係数を割り当てた。また，「方略―役割対比」としてはそれぞれの群に0，－1，1という係数を割り当てた。

対比検定の結果，「対照―方略対比」において有意な平均値差が認められ（$t(87) = 3.78, p < .01, d_\phi = 0.84$（95%$CI$ [0.38, 1.29]）），目標提示のみを受ける群に比べ，方略を提示された群においてマイサイドバイアスを克服した意見文が産出されていたことが示された。また，「方略―役割対比」についても有意な平均値差が認められ（$t(87) = 2.24, p < .05, d_\phi = 0.58$（95%$CI$ [0.06, 1.09]）），方略を提示された群に比べ，役割付与を受けた群の方がマイサイドバイアスを克服した意見文を産出していたことが示された。したがって，仮説1（対照群に比べ，方略群と方略・役割群においてマイサイドバイアスを克服した意見文がより多く産出される），および仮説2（方略群に比べ，方略・役割群においてマイサイドバイアスを克服した意見文がより多く産出される）は共に支持された。

なお，事後課題においてマイサイドバイアスを克服した記述（打ち消し記述と優勢提示記述）を行っている児童数は，対照群において6名（20%）であったのに対し，方略群では16名（53%），方略・役割群では23名（77%）であった。マイサイドバイアスを克服した児童の比率についてχ^2検定により検証した結果，有意な比率差がみられ（$\chi^2(2)=19.47, p < .01, V = .66$（95%$CI$ [.40, .96]）），残差分析の結果，対照群よりも方略・役割群でマイサイドバイアスを克服した児童の比率が高いことが5%水準で示された。

介入による意見文構成の変化 以上の結果から，方略提示は再反論の産出

を促進し，役割付与がさらにその効果を高めることが示された。そこで次に，介入によって変化が見られた児童の意見文に着目し，方略提示と役割付与が児童の意見文産出にどのような影響を与えていたかについて検討する。

方略群の北永さんと，方略・役割群の安原さんの意見文をTable 12.5に示す（児童名はいずれも仮名）。北永さんの意見文をみると，事前課題では反論を例外的に認める反論想定記述をしており，その内容に対する再反論はみられない。これは予備実験における目標群の意見文と同じ傾向である。一方，事後課題では例外としてではなく，反対立場の優勢性を示す理由として反論を想定しており，文章全体の構成をみても，「私は…。なぜなら…。しかし…。」といったように，事前課題と比べて文章構造が明確化されるようになった。これらの変化は，方略提示により反対立場の優勢性を考えることや，読み手を想定して自分の意見を明確化することが促された結果であると考えられる。

さらに，北永さんの事後の意見文で興味深いのは，最後の一文に賛成立場と反対立場を認める記述が交互に登場し，他の文に比べて一貫性を欠いた内容となっている点である。この文からは，反対立場の優勢性について記述することで，反対立場の正当性が賛成立場と同程度に強調され，再反論が困難になっていた可能性が示唆される。そのため，北永さんは最後の一文で無理矢理まとめを行い，意見文としての一貫性を維持しようとしていたのだと考えられる。このように意見文の一貫性を欠くまとめを行っていた児童は，対照群では確認されず，方略群で6名（20%），方略・役割群で1名（3%）確認された。

次に，方略・役割群の安原さんの意見文をみると，事前課題では例外としての反論想定を行っている点で北永さんと共通している。しかし，事後課題では反論を打ち消し，賛成立場の優勢性を示す記述を行うなど，マイサイドバイアスを克服した意見文を産出している。このような変化は，方略提示と役割付与によって目標達成が促進されたことを示唆する結果だと考えられ

Table 12.5 【本実験】事後課題において変化が見られた児童の意見文内容

【方略群】北永さん（携帯電話の持ち込み：反対／お金の持ち込み：賛成）
事前：授業中に，電話がなったりして音がなっていて，みんなけいたいを持っていたら集中して勉強を取り組もうと思っている人にじゃまになるから［主張支持］。たぶん，授業中にけいたいで遊んだりして，ふざけてしまう人もいて授業にならないから［主張支持］。しかし，家がとおく，電車でかよっていてしかもお母さんが仕事でいなくて，不安だからもっていくが，学校ではださないというのであればもっていっていいと思います［反論想定］。（主＝2，反＝1，打＝0，優＝0）
事後：私は，良いことだと思いました。なぜなら，しんさいとかでこまったら使えるからです［主張支持］。こうしゅうでんわ代ぐらいのお金で，しっかりと自己管理ができるなら，まわりの人にもなにもふたんもかけないからいいと思います［主張支持］。しかし，悪い事の意見でもいいというところがあります。それは，授業にひつようがないということと，そのお金であそび，授業に集中できない［反論想定］，自己管理ができなく，なくしてしまうかもしれないということです［反論想定］。でも私は，しんさいとかがあったとして，授業に集中できないかもしれないけど，それは悪いのですが，自分の命は一つしか無いので，良いことだと思いました［打ち消し］。（主＝2，反＝2，打＝1，優＝0）

【方略・役割群】安原さん（携帯電話の持ち込み：反対／お金の持ち込み：反対）
事前：私は，けいたい電話をもってくるのは悪いことだと思います。その理由は2つあります。1つ目は，登校するときや下校するときに，けいたいばかりみていて，事故にあうと大変だからです［主張支持］。2つ目の理由は，休み時間が終わっていて，先生がいない時などに，こっそりやっている子がいて，みんなが集中できなくなるからです［主張支持］。この2つの理由から，私は，けいたい電話を持ってくることは，悪いことだと思います。でも，学校などから許可をもらっていれば，べつに持ってきてもいいと思います［反論想定］。（主＝2，反＝1，打＝0，優＝0）
事後：私は，お金を持ってくるのは悪いことだと思います。理由は2つあります。1つ目は，ぬすまれたり，落とす可能性があるからです［主張支持］。自分は少ないのに友達はたくさんもっているからとってしまおう，ということもあるかもしれません［主張支持・具体化］。2つ目は，かしかりをして，けんかの原因になる可能性があるからです［主張支持］。自分はあの子にかしてあげたのに，まだかえしてもらってない。そんなこともあるかもしれません［主張支持・具体化］。しかし，お金を持ってくるのは悪いことばかりではありません。なにか災害があった時にお金が役に立つかもしれません［反論想定］。でも，そのときは先生にかりれば良いし，やはり悪いことに使われてしまう可能性はじゅう分あります［優勢提示］。私は学校にお金を持っていきたいです。でも，この2つの理由から考えると，もってくるのは悪いことだと思います。みなさんはどうでしょうか。（主＝4，反＝1，打＝0，優＝1）

注．文中の網掛けは，事前の意見文から顕著な変化が見られた部分を示す。（ ）内は各カテゴリの記述数を示しており，「主」は主張支持，「反」は反論想定，「打」は打ち消し，「優」は優勢提示と対応する。

Table 12.6 【本実験】群ごとにみた事前事後の項目評定点の平均値（SD）

	対照群 ($n=30$)		方略群 ($n=30$)		方略・役割群 ($n=30$)	
	事前	事後	事前	事後	事前	事後
q1	6.97(1.75)	6.76(1.65)	6.90(2.22)	7.03(1.77)	7.40(1.52)	7.60(1.69)
q2	4.45(1.71)	4.66(1.69)	4.60(1.96)	5.70(2.09)	4.13(1.91)	4.57(1.98)
q3	6.63(2.47)	6.83(2.55)	6.43(2.75)	8.37(1.69)	6.07(2.63)	6.73(2.12)
q4	7.03(3.03)	7.38(2.82)	6.40(3.31)	7.20(3.02)	6.17(3.03)	7.20(2.36)
q5	7.90(2.85)	8.00(2.35)	7.80(1.75)	8.10(2.83)	7.43(2.90)	7.50(2.70)

る。

また，安原さんの意見文においても，研究7の方略・役割群でみられたように1つの主張支持記述と，その内容を具体例として示す［具体化記述］とが対になって示されていた。さらに，最後の文で「みなさんはどうでしょうか」と読み手に問いかける記述を行っていることからも分かるように，安原さんは新聞記者として読み手を意識した意見文産出を行っていたと考えられる。これらの結果が得られたのは，研究7と同様に，方略・役割群の書き手はプロの新聞記者として読み手に分かりやすい文章を書かなければならない，という義務のもとで意見文を産出し，提示された目標の達成を超えて，分かりやすい文章産出を行うための自発的な工夫をしていたためだと考えられる。［具体化記述］は方略・役割群で9名（30%）みられ，その他の群では確認されなかった。また，［問いかけ］も方略・役割群のみで確認され，産出者数は5名（17%）であった。

質問項目の分析　各群における事前事後の項目評定点の平均値をTable 12.6に示す。なお，欠測値に関してはオープンソースの統計ソフトウェア環境であるR 2.15.3を用い，Ameliaパッケージ（Honaker et al., 2011）の関数amelia() を利用して，多重代入法により処理を行った。多重代入によって作成した疑似データセットの数は20である。

全体的傾向として，q2を除く全ての項目において6以上の平均値が得られた。すなわち，目標提示や役割付与の有無にかかわらず，児童の多くが読み

Table 12.7 【本実験】群ごとにみた項目評定点の変化量の平均値（SD）と直交対比の検定結果

	条件（いずれも$n=30$）			t値（$df=87$）[1]	
	対照群	方略群	方略・役割群	対照—方略対比	方略—方略・役割対比
q1	-0.21	0.13	0.20	1.03	0.16
	(1.69)	(1.89)	(1.22)	(0.23 [-0.22, 0.67])	(0.04 [-0.46, 0.55])
q2	0.21	1.10	0.43	1.23	-1.26
	(2.22)	(2.25)	(1.59)	(0.27 [-0.17, 0.72])	(0.33 [-0.18, 0.83])
q3	0.20	1.93	0.67	2.10*	-2.09*
	(2.82)	(2.33)	(1.77)	(0.35 [0.02, 0.91])	(0.40 [0.03, 1.20])
q4	0.34	0.80	1.03	0.80	0.28
	(3.33)	(3.33)	(2.88)	(0.24 [-0.27, 0.62])	(0.10 [-0.44, 0.58])
q5	0.10	0.30	0.07	0.15	-0.38
	(2.02)	(2.42)	(2.66)	(0.04 [-0.40, 0.47])	(0.10 [-0.41, 0.60])

[1]（ ）内は効果量d_ψとその95％信頼区間を示す。　　　　　　　　　　　　　　　*$p<.05$

手の反応を知りたいと考えており（q4），反対立場にも利点があること（q3）や，それをふまえることにより文章の質が高くなる（q5）と認識していることが示唆された。

　次に，条件の違いによる項目評定点の変化を検討するため，各項目において事前事後間の変化量を求め，変化量に群間差があるかどうかについて，意見文の分析と同様に2つの直交対比による検定を行い検証した。変化量の平均値，および検定の結果をTable 12.7に示す。分析の結果，q3において両方の対比が有意であった。すなわち，反対立場にも利点があるという評価に関しては，方略を提示された群において得点の増加量が高く，さらにその中でも，方略群の方が方略・役割群よりも増加量が高いことが示された。その他の項目ではいずれの対比も有意にはならず，方略提示や役割付与の有無が立場への評価（q1, q2）や，読み手への意識（q4），反対立場の意見をふまえることの重要さの認識（q5）に影響を与えるという証拠は得られなかった。

12.4 考察

予備実験の結果，反対立場の読み手を意識させるだけでも，反論想定を促すことは十分に可能であることが示された．ただし，目標群の中には目標を達成していなかった児童も存在しており，その中には大きく分けて「目標達成の方法を理解していない児童」と，「目標達成の必要性を理解していない児童」が含まれていた．そこで本実験では，目標達成支援介入として (1) 反対立場の優勢性に対する検討，(2) 理由の明確化，(3) 読み手に対する意識，を促す3点の目標を提示し，主に前者の児童に対する指導を目的として方略提示介入を，後者の児童に対する指導を目的として役割付与介入を行った．

12.4.1 方略提示の効果

カテゴリ分析の結果，対照群よりも，方略が提示された群（方略群と方略・役割群）において，意見文得点の変化量が大きいことが示された．この結果は，中高生を対象とした結果（研究7）と一致するものであり，児童に対しても目標達成のための方略を伝えることがマイサイドバイアスの克服を促していたことを示しているといえるだろう．ただし，方略群では北永さんのように反対立場の優勢性を明確化することで賛成立場の優勢性が弱まり，一貫性に欠けるまとめをする児童も確認された．このことは，反論を想定しながら立論することの困難さを示すと同時に，児童が賛成立場と反対立場の両立場から論題への思考を深めていたことの証左となる．なぜなら，一度賛成立場から離れ，反対立場から賛成立場に優る点を考えていたからこそ，再反論が困難になるほどの反論想定記述を行っていたと考えられるためである．結果的に，時間内で完成度の高い意見文を産出できなかったとしても，問題を両面的に捉えることは論題への思考を深める上で重要な態度であり (Baron, 1995; Kuhn, 1991; Wolfe, 2012)，それを促進するという点において，方略提示は

重要な機能を有していたと考えられる。

また，質問項目の分析結果からも，目標提示とそれに伴う方略提示の重要性が示唆される。各項目の評定点をみると，立場への評価（q1, q2），読み手への意識（q4），反対立場の意見をふまえることの重要性（q5）については，対照群の児童も介入を受けた群の児童と同程度の評価を行っており，目標の内容自体は理解していたことが推察される。すなわち，対照群の児童は「反対の立場を考える」ことや「読者の気持ちを考える」ことの重要性を認識していながらも，それを意見文に反映させる方法が分からないために，方略を提示された群よりもマイサイドバイアスを克服する傾向が弱かったのだと考えられる。したがって，児童に対する指導として重要になるのは，目標提示に加え，それに対応した方略を教示することだと言えるだろう。そうすることで，一斉指導の条件下であっても，マイサイドバイアスを低減できるという点が本研究から得られた示唆である。

12.4.2 役割付与の効果

直交対比を用いた検証により，同じ目標と方略を提示されていた群の中でも，方略群に比べ，方略・役割群において意見文得点の変化量が大きいことが示された。この結果も，中高生を対象とした研究（研究7）と一致するものであり，新聞記者の役割付与により，反対立場の優勢性を明確化した上で，読み手に分かりやすく再反論することが促進された結果だと考えられる。さらに注目できるのは，研究7で確認された［具体化］や［問いかけ］の記述が本研究においても再確認されたことである（e.g., Table12.5 安原さん）。このことは，新聞記者の役割を付与し，目標達成を義務化することが中高生だけでなく児童に対しても効果的であり，マイサイドバイアスの克服のみならず，読み手に対してより説得的に意見を伝えるための工夫を促していたことを示唆するものといえるだろう。

さらに，質問項目の分析において，反対立場の利点を認める項目（q3）の評

定点変化量が方略・役割群に比べ，方略群において高かったことも，より説得的に賛成立場の優勢性を示さなければならない，という役割付与の効果を示す証左の1つだと考えられる。つまり，方略・役割群の児童は，反対立場よりも賛成立場の方が優勢であるという意識をより強く持って意見文産出を行ったために，方略群よりも多くの優勢提示記述を行ったのだと考えられる。そのような意識を強く持っていたからこそ，方略群と比較して方略・役割群の児童は，反対立場の利点を評価する傾向が弱かったのであろう。

　これらの結果をふまえると，優勢提示のように最も高度とされる再反論を促進する上では，単に両立場の利点・欠点を認めて反論を想定するだけでなく，反論を再反論するべき対象として認識し続けることも重要になると考えられる。そうしなければ，反論を想定することはできても，結論でそれを打ち消し，さらに賛成立場の優勢性を示すことは困難になるといえるだろう。そのため，目標達成の必要性を具体的にイメージできる役割を与え，反論への再反論を義務として認識させることが効果的な介入となったのだと考えられる。

　以上より，目標達成支援介入は児童に対してもマイサイドバイアスの克服を促す効果を有することが示された。この結果は，目標達成支援介入の効果の一般化可能性をより高めるものといえるだろう。意見文産出におけるマイサイドバイアスは，児童（e.g., Ferretti et al., 2000; 2009）から大学生（e.g., Nussbaum & Kardash, 2005; Wolfe et al., 2009）まで広く確認されており，学校教育全体を通してマイサイドバイアスを克服するための指導を行う必要がある。このように，学校教育全体を通した指導を考える上で，高校生から児童まで同様に実施することができ，マイサイドバイアスの克服を促す効果を有する目標達成支援介入は，重要な指導方法の一つになると考えられる。ただし，本研究においても，また中高生を対象とした研究においても，目標達成支援介入を行ったにもかかわらず再反論を産出していない学習者は確認された（Table 12.4）。したがって，このような学習者をどのようにフォローアッ

プできるかということも今後の重要な検討課題となるだろう。

　また，それと関連して検討する必要があるのは，中高生よりも児童の方がマイサイドバイアスを克服した意見文産出を行っていたという点である。目標達成支援介入後の意見文得点をみると，児童の平均得点は3.13点であったのに対し，中学生では2.15点，高校生では2.56点といずれも児童よりも低い意見文得点が確認されていた。その理由としては、以下の2点が考えられる。第1には，中高生は「説得的な意見文」のスキーマを児童よりも強く有しており，そのために一時的な介入によってそのスキーマを修正することができなかった可能性がある。一方，児童はどのような意見文が「説得的な意見文」であるかについてスキーマを有していなかったために，一時的な介入であっても十分な効果が認められたのかもしれない。第2には，中高生に比べ，児童の方が目標達成への動機づけが高かった可能性がある。たとえば，「新聞記者になりきる」といった行為に対して，中高生よりも児童の方が動機づけられていた可能性がある。今後，これらの可能性について検討することで，目標達成支援介入のより効果的な利用方法を提案できると考えられる。

第Ⅴ部　総合考察

第13章　総合考察

13.1　まとめ

　反論を考え，それに再反論することは，説得的に意見を提示するだけでなく，論題への理解を深め，反対立場との相互理解を構築するために必要不可欠である。しかし，マイサイドバイアス（my-side bias）という言葉に示されるように，我々は自分の立場に有利な情報を積極的に参照・産出するという認知的偏りを有しており，反論想定や再反論を行うことに困難さを示す場合も少なくない。本稿では，こうしたマイサイドバイアスと呼ばれる現象が意見文産出において生起するメカニズムを「意見文スキーマ」と「理由想定」の観点から検討し，そこから得られる知見をふまえてマイサイドバイアスの克服支援方法を提案することを目的としてきた。

　第Ⅱ部では，説得的な意見文産出において，学習者がマイサイドバイアスの克服を志向しない原因を明らかにするため，「なぜ学習者はマイサイドバイアスを克服することの有効性の認知をもちにくいのか」という問いをたて，意見文評価課題を用いた実験研究（研究1，研究2）により，マイサイドバイアスの克服が説得力評価に与える影響を検討した。そして，その評価が意見文産出にどのような影響を与えるかについて授業内実験（研究3）によって検討を加えた。研究1の結果，文章構造の異なる意見文を相対的に評価する条件下では，マイサイドバイアスを克服した意見文の説得力が高く評価される一方で，文章構造の異なる意見文を独立で評価する条件下では，マイサイドバイアスを克服することが必ずしも説得力評価の向上に寄与するわけではないことが明らかになった。ただし，こうした結果はあくまでも即時的な意見

文評価において得られたものであり，研究2では独立評価法の方法であってもマイサイドバイアスを克服することが意見文の説得力評価の維持に寄与する可能性が示された。また，研究3では，そうした説得力の評価が意見文産出に影響しており，マイサイドバイアスを克服した意見文を説得的だと評価する学習者ほど，実際にマイサイドバイアスを克服した意見文を産出する傾向にあることが示された。

第Ⅲ部では，学習者が反論想定に困難さを示す原因を「書き手の立場」という観点から明らかにするため，立場選択と理由想定との関連を授業内実験（研究4，研究5）によって検討し，立場選択が意見文産出のプロセスに与える影響をレポート課題を用いた実験により検討した。まず，研究4では理由想定と書き手の立場との関連について探索的な検討を行い，反対立場の利点を指摘する反論に比べ，自分の立場の欠点を指摘する反論の方が想定困難であることを指摘した。そして，そうした反論想定の偏りは，批判的な思考が求められる第三者の役割を与えることで改善できることも明らかになった。研究5では，立場選択を実験要因として操作し，立場を決定することが多様な反論想定と，理由に対する柔軟な評価を抑制する可能性を示した。研究6では，そうした立場選択の影響が「意見文産出プロセスにおける理由想定」にどのような影響を与えるかを検討した。その結果，立場を固定化された学習者は，立場を自由に決められる学習者よりも反論想定における「迷い」を感じにくく，「迷い」を感じたとしてもクリティカルな反論をより弱い反論に置き換えるなど，反論に対して消極的な方略をとる可能性が示された。最後に，第Ⅳ部への接続に際し，研究1～研究6の結果から意見文産出におけるマイサイドバイアスの生起メカニズムのモデル（Figure 9.1）を想定し，マイサイドバイアスの克服支援において焦点を当てるべきポイントを明確化した。

第Ⅳ部では，マイサイドバイアスを克服するための「目標提示」，その目標を達成するための「方略提示」，そして目標達成を促進するための「役割付与」の3点の介入を含む「目標達成支援介入」の効果を，中高生を対象とした授

業内実験（研究7）と，児童を対象とした授業内実験（研究9）によって検証した。研究7では目標達成支援介入によって，反論想定と再反論を含む意見文の産出数が増加することが示された。ただし，目標達成支援介入は，高校生や大学生を対象とした研究の結果から導出したものであるため，それが児童に対しても適した内容となっているかどうかを吟味する必要があった。そこで研究8では，中学年児童が読み手に合わせた意見文産出を行えることを明らかにし，中学年以上の児童であれば，目標達成支援介入が適用可能であることを示した。さらに研究9の予備実験では，マイサイドバイアスの克服における児童のつまずきのポイントを明らかにし，それらのポイントに対する支援として目標達成支援介入が十分な適性を有していることを確認した。そして，研究9の本実験の結果，研究7と同様に目標達成支援介入を行った群において意見文得点が増加していたことから，目標達成支援介入は児童にとっても効果的であることが明らかになった。この結果は，目標達成支援介入の学校教育への応用可能性を示すと共に，Figure 9.1のモデルがマイサイドバイアスの生起メカニズムについて，一定の説明力を有することを示唆するものといえるだろう。

以上の研究成果は，意見文産出におけるマイサイドバイアスに書き手の「意見文スキーマ」と「理由想定」が重要な影響を与えていることを特定し，その影響を調整するための具体的な方法を提案した点で意義があるといえるだろう。以下では，本稿で得られた知見の示唆を，いくつかの観点から論じていくこととする。そして最後に，本稿の限界と展望についてまとめていく。

13.2 マイサイドバイアス研究への示唆

第2章でみてきたように，意見文産出におけるマイサイドバイアスは，「どのように書くか」に関する意見文スキーマと，「何を書くか」に関する理由想定の観点から捉えることができる。そこで本稿では，これら「意見文スキー

マ」と「理由想定」という2つの観点から意見文産出におけるマイサイドバイアスの生起メカニズムを検討し，従来のマイサイドバイアス研究に新たな示唆を与えうる知見として，以下の3点を見出した。

13.2.1　意見文のスキーマに着目する必要性

　第2章で概観したように，書き手のスキーマは意見文産出にかかわらずあらゆる文章産出に影響を与える重要な要因となる（Hayes, 2006; McCutchen, 2006）。それは，説明力のある文章産出のプロセスモデルとされてきたHayesらのモデル（Hayes & Flower, 1980; Hayes, 1996）や，Bereiter & Scardamalia (1987)のモデルにおいても同様に指摘されてきたことである。したがって，意見文産出におけるマイサイドバイアスが書き手の意見文スキーマに起因すると想定する（e.g., Nussbaum & Kardash, 2005; Wolfe, 2012; Wolfe et al., 2009）ことは妥当な推論の帰結だといえる。しかし，スキーマへの注目が集まる一方で，説得的な意見文を産出するという目標下において，マイサイドバイアスを克服した意見文のスキーマはなぜ活性化されないのかという，根本的な問いについては回答が得られてこなかった。

　それに対して本稿では，「なぜ学習者はマイサイドバイアスを克服することの有効性の認知をもちにくいのか」という問いをたて，反論想定や再反論を含む文章構造の影響は，論題の内容や評価方法によって異なることを明らかにし，マイサイドバイアスを克服することが必ずしも即時的な意見文の説得力評価に寄与するわけではないことを指摘した（研究1，研究3）。このことは，マイサイドバイアスを克服した意見文が「説得的だと評価されるのにスキーマとして活性化されにくい」のではなく，「説得的だと評価されないためにスキーマとして活性化されにくい」という可能性を示した点で重要な結果だと考えられる。すなわち，「読み手を説得する」という目的を与えられても，学習者はマイサイドバイアスを克服することが説得力を高める上で有効だと認識していないために，反論想定や再反論を欠いた意見文を産出するの

だと考えられる。だからこそ、マイサイドバイアスを克服した意見文を説得的だと評価し、反論想定や再反論の有効性に気づいた学習者ほど、マイサイドバイアスを克服した意見文産出を実現していたのだといえるだろう（研究3）。したがって、マイサイドバイアスの克服を支援する上では、反論想定や再反論が説得力を高めるための重要な要素となることを教示し、複数の意見文を評価者として読み比べるといった機会を与えることが必要になると考えられる。

また、独立評価法において文章構造が意見文評価に与える影響に個人差がみられたこと（研究1）から、マイサイドバイアス研究としては、今後、どのような学習者がマイサイドバイアスを克服した意見文を「説得的な意見文のスキーマ」として有するかについて、学習者の個人差要因に着目した検討をすすめる必要があるだろう。すでに、思考の開放性（actively open-minded thinking）や、認知欲求（need for cognition）といった要因はマイサイドバイアスと関連することが指摘されている（Toplak et al., 2014）。したがって、そうした態度を有する学習者はマイサイドバイアスを克服した意見文のスキーマを有している可能性が高いと予想される。また、批判的思考態度（田中・楠見, 2007）をもつ学習者ほど、反論に言及して自分の意見の欠点を考慮した意見文を高く評価し、マイサイドバイアスを克服する必要性を強く認識するといった可能性もあるかもしれない。こうした個人差要因との関連を明らかにしていくことにより、マイサイドバイアスの生起メカニズムについてより理解を深めることができるだろう。

さらに、独立評価法において文章構造が意見文評価に与える影響が論題によって異なっていた（研究1）ことからは、論題によって活性化するスキーマが異なる可能性が示唆される。論題によって文章構造の影響が異なるということは、マイサイドバイアスを克服することが説得力評価に寄与する論題と、そうでない論題があることを示している。研究3において、意見文評価と意見文産出との関連が示されたことをふまえると、論題間の差は意見文評価だ

けでなく，意見文産出にも影響する可能性があると考えられる。たとえば，本稿で扱った校則に関する論題は，携帯電話やアルバイト，ヘアカラーの是非など，学習者側と教師側とで意見が対立しやすく，双方の言い分を想定して立論しやすい論題となっていたため，マイサイドバイアスの克服を重視するスキーマが活性化しやすかった可能性がある。一方，個人的趣向が重視される論題 (e.g., 好きなTV番組など) は，対立的論題であったとしても，双方の言い分を想定する必要性が感じられにくく，マイサイドバイアスを克服した意見文が「説得的な意見文のスキーマ」として喚起される可能性は低いかもしれない。また，素朴概念を持ちやすい論題[43]のように反証可能性に気づきにくい論題においても，マイサイドバイアスを克服するスキーマの活性化は生じにくい可能性もある。

本稿では，独立評価法において文章構造が意見文評価に与える影響が論題によって異なることは明らかにしたものの，論題によるスキーマの変化や，それに伴う意見文産出の変化については検討しておらず，上述の可能性についてはほとんど明らかにされていない。したがって，今後は論題の差異に着目し，論題と意見文評価，意見文産出との関連を明らかにする必要があると考えられる。そうすることで，重点的な指導が必要になる論題の特徴を明らかにすることができるだろう。

13.2.2 理由の想定に着目する必要性

意見文産出におけるマイサイドバイアスの克服を目的とした先行研究は，型の提示にせよ (清道, 2010)，目標提示にせよ (Ferretti et al., 2000; 2009; Nussbaum & Kardash, 2005)，意見文のスキーマを修正する方向で検討が進められてきた。このように，意見の構成方法に焦点化した介入は，意見文産出だけでなく，発話におけるマイサイドバイアスの克服を目的とした研究にお

---

[43] 素朴概念に関する有名な論題としては，地球の形態についての論題 (Vosniadou & Brewer, 1992) や，気圧に関する論題 (進藤・麻柄・伏見, 2006) などがある。

いても同様に行われてきたといえる（Erduran et al., 2004; Chin & Osborne, 2010; Nussbaum & Edwards, 2011; Reznitskaya et al., 2001）。こうした介入が行われるのは「反論想定や再反論の必要性を理解すれば，学習者はそれらを産出する」という暗黙の前提があるためだと考えられる。

一方，本稿第Ⅲ部では，反論想定の産出を求め，学習者が反論想定の必要性を理解した状況を作り出しても，反論想定が抑制される可能性を見出した（研究4）。そして，その原因の1つとして書き手の立場が重要な影響を与えており，立場を決定することが多様な反論想定や，理由の柔軟な比較検討を抑制していることを明らかにした（研究5）。第Ⅲ部で主たる対象となった専門学校生や大学生は，SNSでの匿名性の是非などについてある程度の知識を有していたと想定できる。それでも，反論を1つしか思いつかない参加者がみられた（Table 9.3）ことは，「反論想定の必要性を理解していても（そして，そのための知識を有していても），それらを産出できない学習者がいる」ことを示唆している。したがって，今後，マイサイドバイアスの克服支援方法を検討する研究では，「どのように書くか」に関するスキーマに焦点を当てるだけでなく，そのスキーマに合わせて「何を書くか」に関する理由想定を促す方法についても検討する必要があるだろう。たとえば，本稿の試みのように，立場への固執を回避するための役割を与えることは，限られた時間内で多様な理由想定を促すための効果的な方法の1つになるかもしれない。

13.2.3 異なる視点を「役割」として付与することの効果

道徳性発達に関する先行研究は，俯瞰的に論題を捉え，反対立場の考えを考慮した思考を行う上で，第三者の視点を取得することが重要であることを指摘してきた（e.g., Epley, 2008; Kohlberg, 1963; 1976; Selman, 1976）[44]。また，科

---

[44]「視点取得（perspective taking）」と「役割取得（role taking）」の定義は研究間で曖昧になっており，同じ現象を両方の言葉で表現していることもある（本間・内山，2013）。本稿では，単に対象者の視点から考えることを視点取得とし，ある行為（e.g., 批判的に考える・公平に考える）が「義務化」された対象者の視点から考えることを役割取得として捉える。

学的論題においても，自分の意見に固執せず，仮説に対する反証可能性など反対立場の視点から考えることの重要性は強く指摘されてきたことである（e.g., Chin & Osborne, 2010; Erduran et al., 2004; 岡田・横地，2010; Osborne, 2010）。このように，多様な視点から考えることは，様々な論題における客観的・熟考的思考のために重要であるため，批判的思考の態度としても重視されてきた（平山・楠見，2004; 楠見，2010; Paul & Elder, 2001）のだといえるだろう。しかし，異なる視点を取得することは学習者にとって必ずしも容易なことではなく，特に，自分の主張を提示する際に反対立場の視点から反論を想定することは困難だと考えられる（Toplak & Stanovich, 2003）。実際に，研究4では反対立場の視点を明示的に与えたとしても，反論想定が促進されるわけではないことが明らかになった。この結果は，視点を与えるだけの介入では，反対立場から思考を深めることは難しいことを示している。

　こうした課題に対し，本稿では批判的な指摘を行うことが義務となる弁護士や検事（研究4），あるいは公平な視点から論題を考えることが義務となる新聞記者（研究7，研究9）といった役割の付与によって，異なる視点からの思考を促すことを試みた。その結果，役割を与えた群においてマイサイドバイアスが最も克服されていたことは，視点を役割として付与することの効果を示唆するものといえる。したがって，他者の視点取得に基づくマイサイドバイアスの克服を促す上では，単に「反対立場の読み手を考える」，「反論を考える」といった指導を行うのではなく，「○○のつもりで反対立場の読み手を考える」といった役割を与えることが効果的な支援になるといえるだろう。

　それでは，なぜ役割付与にこのような効果が認められたのだろうか。ここでは，研究7や研究9において論じた「目標達成の必要性を具体的にイメージさせる可能性」や，「俯瞰的な視点を与える可能性」とは異なる観点から考察していく。第1に，特定の行為（e.g., 両立場を公平に捉える，批判的に考える）が義務となる役割を与えることで学習者の義務スキーマが活性化された可能性がある。認知バイアスに関する研究では，課題の達成と適合した役割を付

与することで，参加者の義務のスキーマが喚起され，バイアスの影響を低減した状態での課題遂行が促されることが明らかにされてきた（Cheng & Holyoak, 1985）[45]。したがって，新聞記者の役割を与え，「公平さ」や「読者を納得させる」といった点が義務化されることにより，想定される反論に触れながら（公平さ），主張の正当性をより説得的に示す（納得させる）ことを義務とするスキーマが喚起され，マイサイドバイアスを克服した意見文産出が促進されたと考えることもできるだろう。義務的文脈を設定することによる課題達成の促進は幼児期から確認されているため（Harris & Nunez, 1996），児童期以上の学習者であれば，目標達成を義務化することがマイサイドバイアスの影響を低減した意見文産出を促す可能性は十分にある。だからこそ，児童に対しても役割付与の効果は認められ，［問いかけ］や［具体化］などの工夫により，読み手に分かりやすい意見文を産出しようとする傾向が確認されたのかもしれない。

　第2に，役割付与が課題や論題への取り組みにおける感情の調整に寄与していた可能性もある。特定の役割をイメージすることで，本来であれば喚起されるはずの感情を抑制して課題や論題に取り組むようになることは，すでに先行研究により指摘されている（e.g., Kahneman, 2011; Sokol-Hessner et al., 2009）。児童が反論想定に「悔しさ」を感じており，それが反論想定を抑制していた可能性（研究9）をふまえると，新聞記者になりきることがそうした感情の影響を抑制し，熟考的・客観的思考を促進していたと考えることもできる。すなわち，役割付与は単に第三者の視点を取得させるだけでなく，「私」を離れた熟考的・客観的思考を促すことに貢献しており，それがマイサイドバイアスを克服した意見文産出に結びついていた可能性もあるかもしれない。

45）有名な例としてはWasonの4枚カード問題を発展させた「コレラ問題」がある（Cheng & Holyoak, 1985）。この問題を用いた実験では，「コレラ予防をしていない人は入国させてはいけない」という義務のスキーマが活性化することで，通常の4枚カード問題に比べて正答率が上昇することが明らかにされている。問題の詳細やその結果に対する考察については市川（1997a）や服部（2010）を参照されたい。

こうした感情の影響について，本稿の知見はまだ示唆にとどまるものであるが，今後のマイサイドバイアス研究の方向性として感情に着目することの必要性を示す点で意義があると考えられる。個人内で行っていた意見文産出においてさえ，反論を想定することに「悔しさ」を感じる学習者がいたことをふまえると，反対立場から直接反論を受けるディベート活動（e.g., 寺井・成家, 2008; 小野田, 2015d）のような議論活動では，より一層感情的な思考や判断が先行すると予想できる。そうした場面において，「○○のつもりになる」という役割をイメージすることは，感情を適切に抑制して課題に取り組むため効果的な手法になるかもしれない。したがって，今後は意見文産出活動のみならず，発話による意見産出活動に対する目標達成支援介入の効果を，特に感情に着目して検証していきたい。もし，その中で目標達成支援介入が他の意見産出活動においても効果を有することが確認できれば，教科の枠を超えて様々な活動を通して介入を実行し，より効果的にマイサイドバイアスの克服を促すことが可能となるだろう。

　最後に，役割付与の効果を考える上では，付与する役割の社会文化的な意味を考える必要もあるだろう。本稿で役割付与として提示した役割は，検事，弁護士，新聞記者など，いずれも本邦において職業的価値や，社会的な役割の重要性が広く認められた役割となっていた。つまり，社会文化的な意味が共有されている役割であったからこそ，学習者はそうした役割になりきることに価値づけを行うことができたのかもしれない。本稿では，役割付与という方法に焦点を当てているものの，どのような役割であれば最も効果的にマイサイドバイアスの克服を促進できるかなど，役割の内容については十分に検討してこなかった。したがって，今後は役割として付与する内容に着目し，介入の効果を検討していくことも必要になると考えられる。それは，単に介入の効果を最大化するための試みにとどまらず，学習者がどのような心理メカニズムによって意見産出に取り組むかを解明する上でも有益な示唆を提供するだろう。

13.3 意見文産出指導への示唆

　本稿で明らかにした知見は，学校教育における作文指導に対してもいくつかの重要な示唆を提供すると考えられる。ここでは，主に以下の3点の示唆について述べていきたい。

13.3.1 他者の意見文を評価することの重要性

　研究3では，マイサイドバイアスを克服した意見文と，そうでない意見文とを相対的に評価する「意見文評価介入」を実行し，マイサイドバイアスを克服した意見文を説得的だと評価する学習者ほど，マイサイドバイアスを克服した意見文を産出する傾向にあることを示した。このことは，評価者として他者の意見文を読み比べることが意見文スキーマの獲得に効果的な活動となる可能性を示すものといえる。学校教育では「読み手」として意見文を読み，著者の主張や論の展開について考えていくことはあるが，他者の意見文を「評価者」として読む機会はそれに比べてはるかに少ないと思われる[46]。特に，1つの論題について書かれた複数の文章を読み比べて評価する活動はほとんど行われていないだろう。その点で，評価者として意見文を読むことが学習者の意見文スキーマを変化させる契機となることを示す本研究の結果は，学校教育における作文指導に新たな実践方法を提案するものといえる。無論，本稿の意見文評価介入は，何の教示もせず，単に意見文を相対評価法において評価させる内容のものであるため，マイサイドバイアスの克服に対する効果は小さかったといえる。それでも，マイサイドバイアスを克服した意見文を説得的だと評価するだけでも，その後の意見文産出に変化がみられ

---

[46] こうした現状の背景には，「教科書に出ている教材文は，少なくとも従来は『模範的なもの』として取り扱われており，それを批判したり，反論を述べたりするための素材とはしにくかった」（市川，2001，p.249）ことがあるかもしれない。

たことは，意見文評価介入の有用性と今後の発展可能性を示す結果だといえるだろう。

　また，この結果は，「読み手として読む」ことと，「評価者として読む」ことが質的に異なる可能性を示している。研究3に参加した高校生は，日常生活や学校生活の中である程度は意見文の読解を行ってきたと考えられる。それでも，評価者として読むことで意見文産出に変化がみられたことは，それまでの「読者としての読み」と「評価者としての読み」とが質的に異なる活動であり，意見文スキーマの変化を促す上で，特に評価者としての読みが効果的であったことを示している。評価者の視点から読むことは，著者の主張を理解することにとどまらず，著者の主張が適切な論理展開に基づいているか，主張に適したデータを選択できているかなど，批判的読解（市川，2001；井上，1998）を行うことにつながっていたと推察される。そのために，自分が意見文の書き手になった場合にも，同様の観点から自分の意見文を捉え直すことができ，マイサイドバイアスを克服した意見文産出が実現していたのではないだろうか。

　したがって，意見文産出におけるマイサイドバイアスの克服を促す上では，学習者が評価者として意見文を読む活動を重視し，「読み」と「書き」とを関連づけた活動が必要になると考えられる。具体的には，学習者が査読者としての観点から論文を批判的に読むといった授業（市川，1997b）を，高等教育のみならず，中等教育，初等教育へと下ろしていくことは効果的な実践となる可能性があるだろう。もちろん，その際には各学年に合わせた課題内容や実施方法の工夫が必要となる。たとえば，クラスメイトが全員で1つの論題について意見文を書き，評価者として読み合うという活動は，小学校2年生の低学年児童にも実施することができ，自分の意見文の不足点への気づきを促すことが明らかになっている（小野田・松村，2016）。また，他者の論の展開と，自分の論の展開との相対的な比較を促すため，リレー作文（小野田，2012）の形式で意見文を書き合うといったことも実践の方法として考えられる。「読

み」と「書き」とを関連づける実践について，本稿の知見は十分なものとはいえないが，今後，これらの実践を積み重ねることによって，学校教育における新たな作文指導の方法を提案することができると考えられる．

13.3.2 介入に自由度を持たせることの重要性

第2章でも述べたように，マイサイドバイアスを克服するための最も直接的かつ効果的な方法は意見文の「型」を提示する（Englert & Mariage, 1991; 清道, 2010）ことだと考えられる．あるいは，目標提示であっても，反論想定や再反論の数を指定するなど，より直接的な目標を提示することも（Nussbaum & Kardash, 2005; Ferretti et al., 2000; 2009），マイサイドバイアスの克服を促す効果的な方法となるだろう．それに対して本稿では「あなたの意見と反対の意見の人が納得してくれるように書きましょう」といった目標と，「あなたと反対の意見にも良いところがあるかもしれません．自分の好ききらいにかかわらず，反対意見の良いところも考えましょう」といった方略を提示するなど，先行研究に比べて解釈の自由度[47]が高い介入を行った．研究7，研究9の目標達成支援介入の効果検証において，介入を行ったにもかかわらず反論想定や再反論を行わない学習者が確認されたのは，こうした目標や方略の自由度の高さが一因となっているとも考えられるだろう．

ただし，こうした介入は，学習者自身が意見文に工夫できる余地を残し，自発的な工夫を喚起できるという特徴を有していた．たとえば，Table 10.7やTable 12.5の意見文例からも見て取れるように，本稿で目標達成支援介入を受けた参加者のほとんどは，「たしかに…．しかし…．」といった紋切り型の意見文は産出しておらず，賛成論より先に反論を提示して自分の意見を提示したり，問いかけや具体例を産出したりするなど，目標達成の必要性を理

---

[47] ここでは，目標をいかに解釈し，それをいかに意見文に反映するかについて学習者側に委ねる程度を「自由度」として表現している．たとえば，型に沿って意見文を書く場合，その型から外れて問いかけや具体例を出すことは学習者側に許されていないため，自由度は低いと考えられる．

解しながらも，柔軟に意見文を産出していた。それは，書き方を強制するのではなく，自由度の高い目標を設定していたためだと考えられる。

「書く」という行為は読み手を想定しながら対話的に行われるものであり（茂呂，1988），本質的には読み手や状況に合わせた，しなやかな活動であると思われる。そうした活動の中に「書く」ことの楽しさや，価値が発見されるのではないだろうか。その意味において，たとえ数量的に反論想定や再反論の産出数が増えるとしても，特定の型にはまった意見文産出を求める指導は，あくまで入門期の短期的指導に適するものであり，「書く」ことの意味を伝えるために長期的に実行すべき教育支援方法とはいえないかもしれない。その点で，反論想定や再反論の産出を促しながらも，学習者独自の工夫を引き出すことにも成功した目標達成支援介入は，「書く」ことの自由度を書き手に与えながら目標達成を促す点で，バランスの良い介入であったと考えられる。また，書き方を固定化しないという目標達成支援介入の特徴は，学校教育における様々な意見文産出活動への応用可能性の高さにつながるといえるだろう。

もちろん，筆者は型の提示や，直接的な目標提示が学校教育において不適切だと主張しているわけではない。学校教育において，意見文産出能力を短期的に最低限の水準以上に高めることは重要な指導である。また，型や直接的な目標を提示したからといって，学習者の工夫が全く見られなくなるわけではなく，そうした型や目標を基盤として独自性のある意見文を書けるようになる学習者もいるだろう。しかし，こうした指導に効果が認められているからこそ，より自由度の高い介入であってもマイサイドバイアスの克服を促す効果があり，さらには学習者の柔軟な意見文産出を促すことができるという本稿の結果は重要な意義を有すると考えられる。なぜなら，そうした直接的で「剛い」介入だけでなく，自由度が高く「柔らかい」介入にも効果があると示すことで，実践者が学校教育で用いる指導方法の選択肢の幅を広げられるためである。そうすることで，特定の作文指導法に固執するのではなく，

内容や段階に合わせた指導方法の選択が可能になり，作文指導がより一層充実すると考えられる。本稿における目標達成支援介入の提案は，そうした意味において，学校教育に対して有意味なものといえるだろう。

13.3.3 学校教育を通してマイサイドバイアスの克服支援を行うことの必要性

第1章でも述べたように，本邦の学校教育，とりわけ義務教育期の作文指導では，反論想定や再反論の産出が重視されてこなかったといえる。少なくとも，学習指導要領に照らしてみれば，小学校と中学校では反論を考えることについて指導する必要性については明示されておらず，高等学校学習指導要領の「話すこと・聞くこと」においてようやく反論想定の必要性に言及されるなど，反論想定や再反論の産出能力は市民が獲得すべき基礎的なスキルというよりも，発展的なスキルとして捉えられてきたことが示唆される。このように，反論想定や再反論の産出指導の開始時期が遅く，基礎的スキルとして学習者が身につける機会が十分に担保されてこなかったために，レポートライティング（鈴木, 2009）や，アカデミックライティング（関西地区FD連絡協議会・京都大学高等教育研究開発推進センター, 2013）のように，高等教育において基礎的な文章構成の指導を行う必要が生じているのだと考えられる。こうした現状は，初等教育からマイサイドバイアスを克服した意見文産出の必要性が指摘され，具体的な指導方法が提案されている（e.g., Ferretti et al., 2000; 2009），国際社会の動向に照らすと，脱却すべき状況だといえるだろう。

本稿ではこうした現状をふまえ，小学校から高校の作文指導において実行可能なマイサイドバイアスの克服支援方法について提案することを目的とし，目標達成支援介入によって小学生から高校生までマイサイドバイアスの克服を促進することが可能であることを示した。その中でも，学校教育の作文指導を考える上で重要な結果だといえるのは，児童であっても反対立場の読み手を想定して反論を産出できたこと（研究8），そして中学生や高校生と

同じ目標達成支援介入によって，全員ではないものの再反論の産出が促進されていたことである（研究9）。この結果は，小学校の段階から反対立場の読み手を想定した意見文産出が十分に可能であり，学校教育の早期からマイサイドバイアスを克服するための支援を継続的に実行できることを示している。したがって，本稿の結果は，学習者が意見文産出におけるマイサイドバイアスの克服能力を基礎的スキルとして獲得する上で，初等教育の段階から反論想定と再反論を含めた意見文産出指導を実行することが望ましく，またそれが可能であることを示すものだといえるだろう。

　言うまでもなく，こうした指摘は「指導時期が早ければ早いほどよい」という主張ではない。他の学習と同様に，発達に応じて文章産出能力として獲得すべきスキルは異なり，扱われる論題も変化するため，指導の内容は発達に応じて変化させていく必要があるだろう。しかし，その一方で，小学校から高校以降までの意見文産出指導において，一貫して重要になる目標や方略を提示できることは，学校教育を通した意見文産出能力の構築，維持において重要になると考えられる。たとえば，継続的な指導によって，学習者が「意見を伝えるときには反論を想定する必要がある」という考えを有するだけでも，マイサイドバイアスの克服のしやすさは高まるのではないだろうか。その点で，児童から高校生にまで用いることのできる目標達成支援介入には実践的な意義があると考えられる。

13.4　本稿の限界と展望

13.4.1　方法論の問題

　本稿では，主として研究者が実施する課題による実験と，教師が実施する授業内実験による検討を行ってきた。具体的には，文章構造が説得力評価に与える要因を検討するために，意見文評価課題を用いた実験研究を行い（研

究1，研究2），説得力評価と意見文産出との関連を検討するために授業内実験を行った（研究3）。また，理由想定（研究4，研究5）や意見文産出（研究7，研究8，研究9）は全て授業内実験として行い，研究6についてはレポート課題として実験を行った。このように，本稿では，意見文の評価傾向については実験課題への回答内容から把握を試み，立場選択や目標達成支援介入の影響については，生態学的妥当性の高い授業場面での実験によって検証した。そうすることで，一般的に認められる傾向に基づいて，学校教育での実行可能性が高い支援方法を提案できたと考えられる。そういった意味で，これらの研究方法は本稿の長所として捉えることができる。

　しかし，授業内実験では実際の授業時間を用いて課題を実施することになるため，実践上の制約が強くなり，研究間で課題の実施状況が大きく異なりうるという問題点もある。たとえば，実験として複数の文章構造を比較する意見文評価課題（研究1）と，授業内で意見文を評価者として読む意見文評価課題（研究3）は，同じ「意見文評価活動」であっても，学習者にとって意味の異なる活動であり，前者の研究結果をそのまま後者の研究にも当てはまるものとすることは難しいかもしれない。

　こうした問題に対し，本稿ではある研究の結果が他の研究においても再現されるかどうかを検討することで対処した。たとえば，研究1の独立評価法において得られた結果については，研究1とはターゲット文章の数も，意見文評価として行われる活動も異なる研究2において再現されることが示された。また，理由想定についても，研究5では授業内実験により「理由想定のための理由産出」を求め，研究6ではレポート課題において「意見文産出のための理由産出」を求めることで，研究5の結果が全く異なる条件下の研究6においても再現されることを確認している。このように，本稿では研究間で結果の再現性を検討することにより，研究間の連続性を保証できるように工夫した。

　こうした研究方法上の工夫を行うことは，結果の再現性を示すだけでなく，

結果の「不安定さ」を示す上でも重要であったと考えられる。たとえば，「相対評価法であればマイサイドバイアスを克服した意見文が高く評価される」という研究1の結果は，同じく相対評価法による意見文評価介入を行った研究3においては確認されず，賛成論の数を増やすなどの変化によって，賛成論だけの意見文もマイサイドバイアスを克服した意見文と同程度の評価を受ける可能性が示された。こうした結果は，「なぜ学習者はマイサイドバイアスを克服することの有効性の認知をもちにくいのか」という問いについて考える上で重要な意味をもっていた。その点で，研究間で結果の再現性を確認することは，本稿の結果の頑健性を示す上でも，また研究間での結果の齟齬から有意味な推論を導き出す上でも大きな利点を有していたと考えられる。

　また，マイサイドバイアスの克服支援方法の効果検証は，いずれも授業内実験により行われた。授業内実験は，実際の学校教育で行われる授業ときわめて近い条件下で行われるため，生態学的妥当性の高さが保証できる一方で，対象とする学級によって課題の実施状況が大きく異なる可能性もある。それは，介入や実験的操作の影響を検出するためには不利な条件だといえるだろう。ただし，本稿の目的は学校教育において利用可能なマイサイドバイアスの克服支援方法を提案することにあるため，厳密な実験場面ではなく，学級や学年間で実施状況に差がある中で一定の効果を期待できることが重要になる。その点で，実施条件が異なる研究間で共通して確認される傾向や効果に意味があると考えることもできるだろう。したがって，研究間で再現されたいくつかの結果については，本稿とは異なる学校教育の実施状況においても再現されることが期待できる結果として評価することができるのではないだろうか。

　ただし，こうした研究プロセスをたどったとしても，方法論や実験場面の差異の影響について十分に検討されたというわけではない。たとえば，学級で重視されている目標 (Wentzel, 1994) や，学級のグラウンドルール (Edwards & Mercer, 1987; 松尾・丸野, 2007; 2008) によって，学習者の課題に対する取り組

みは大きく異なる可能性がある（秋田，2004）。したがって，目標達成支援介入の効果を高めていく上で，今後は学級の要因を考慮に入れながら介入の効果について検討を加えることも必要になるといえるだろう。

13.4.2 対象の問題

本稿では，小学校から高校の作文指導で実行可能なマイサイドバイアスの克服支援方法の提案を目的とした。すなわち，支援方法の効果を想定する母集団としては，小学生から高校生を設定した。そして実際に，中高生（研究7）や小学生（研究9）に対して目標達成支援介入がマイサイドバイアスの克服を促進する効果を有していたことから，目標達成支援介入の効果については，小学生（中学年以上）から高校生にかけてある程度の一般化が可能だと考えられる。

しかし，ある集団に対して効果的だった介入が他の集団にも効果的だったからといって，それは介入の効果がどの集団に対しても同じように期待できるということではない。たとえば，小学生と高校生ではそれまでに読み・書きした意見文の数が異なるため，高校生は小学生よりも強く「説得的な意見文のスキーマ」を有していると予想される。そのため，意見文スキーマの修正は高校生よりも小学生において達成しやすく，目標達成支援介入の効果も高校生に比べ，小学生において強まるといった可能性が考えられる。実際に，目標達成支援介入を行った後の意見文得点が小学生において最も高かったことは，介入の効果がそうしたスキーマの修正のしやすさによって調整されていた可能性を示唆するものかもしれない。また，目標達成支援介入では「反対立場の優勢性の検討」を目標として提示しているが，どの程度多様な理由を想定できるかは，その論題に対する学習者の知識量や，知識を再生する能力に規定されると考えられる。したがって，小学生に比べ，中学生や高校生の方が多様な反論を想定できていた可能性は高いと推察される。それゆえに，限られた時間内での意見文産出では，多様な反論を想定していた中学生

や高校生の方がマイサイドバイアスの克服に困難さを示していた可能性もあるだろう。

　ただし，このような影響の「程度」が発達によって異なるとしても，目標達成支援介入が小学生から高校生まで効果を有していたことは，本稿が想定したマイサイドバイアスの生起メカニズムのモデルが発達にかかわらず，ある程度の妥当性を有していることを示すと考えられる。なぜなら，目標達成支援介入の効果の程度に発達的な差異があるとしても，介入によって意見文のマイサイドバイアス傾向が改善されるということは，そのモデルで想定されている影響関係に一定の妥当性があるためだと考えられるためである。すなわち，介入の効果の程度は発達的要因を含む様々な個人差要因によって異なると考えられるが，介入が意見文産出に影響を与えるプロセスは発達や個人差によって大きく異なるものではないと考えられる。したがって，本稿で想定したマイサイドバイアスの生起メカニズムのモデルは，小学生から高校生にかけての適用可能性が高いと結論できる。

　しかし，発達的差異と関連して検討すべき課題も残されている。それは，想定される母集団の全てについてデータを収集しているわけではないため，「本来存在するはずの発達的差異」を見落としている可能性があるという点である。たとえば，本稿では大学生を対象とした研究によって，独立評価法と相対評価法とでは文章構造が説得力評価に与える影響が異なることを明らかにし，そこから「マイサイドバイアスを克服した意見文は必ずしも即時的な説得力評価に寄与しない」という結論を得ている。この結論は，「ゆえに，マイサイドバイアスを克服した意見文が説得的だという教示が必要である」という論へとつながっていくが，そもそもこうした意見文の説得力評価の傾向が小学生から高校生にも同様に確認されるかどうかについては検討できていない。もし，他の対象において異なる評価の傾向が認められるのだとすれば，そうした評価の傾向を活かしてマイサイドバイアスの克服支援方法を検討することも可能になるだろう。したがって，今後はそうした発達的差異と

その影響について，さらに知見を積み重ねていくことが必要になる。

　また，本稿では，小学校から高校まで広く応用できるマイサイドバイアスの克服支援方法の提案を目指し，全く同じ介入を小学生から高校生に対して実行してきた。そのため，「どの学年でもある程度の効果を期待できるマイサイドバイアスの克服支援方法」は提案できた一方で，「ある特定の対象に対して最大限に効果が期待できるマイサイドバイアスの克服支援方法」については提案できていない。その点で，本稿が提案するマイサイドバイアスの克服支援方法は完成形ではなく，対象や学級の状況に合わせて様々な工夫と改良を加えることが可能なプロトタイプだといえる。したがって，各学年，各学級において目標達成支援介入の効果を最大限に引き出すためにも，発達的差異に着目して目標達成支援介入の効果をより緻密に検証することが重要になるといえるだろう。

13.4.3　論題の問題

　本稿では，賛成・反対という立場が明確化する「対立的論題」を理由産出や意見文産出の課題に用いた。こうした論題を用いることで，学習者にとっての賛成立場 (my-side) が明確化し，マイサイドバイアスを明確な基準によって捉えることができたと考えられる。しかし，現実社会には対立的論題だけでなく，問題解決型の論題（e.g., 原発に依存しない社会システムの構築方法を考える）や，問題提起型の論題（e.g., なぜいじめはなくならないのかを論じる）など，様々な論題が存在するため，本稿はきわめて限定的な論題における意見文産出の様相を捉えたに過ぎないという批判があるかもしれない。また，論題の内容についても本稿で用いた社会的，道徳的論題のみならず，科学的論題も存在するため（e.g., Chin & Osborne, 2010; Erduran et al., 2004; Osborne, 2010; Osborne et al., 2004; Topcu et al., 2010），本稿の知見を一般化できる範囲は限定的だという指摘はありうるだろう。

　しかし，問題解決型の論題であろうと，問題提起型の論題であろうと，社

会に存在する論題には必ず「対立の構造」が含まれていると考えられる。たとえば，問題解決型の論題であれば，単一の解決策を示すだけでなく，その解決策が他の解決策に比べて，どの点で，どの程度優れているかを論じることが必要不可欠であろう。また，問題提起型の論題であっても，問題に対する既存の解釈とは異なる解釈を提案し，自分の解釈が既存の解釈と比べてどの程度説明力のあるものとなっているかを示す必要がある。すなわち，反論の可能性とそれに対する再反論を考え，自分の意見と他の意見を比較検討することは，社会的論題か科学的論題かにかかわらず重視されるべき「科学的思考」の基本的態度であり（平川，2010；戸田山，2011），あらゆる意見産出活動において共通して重要な活動になると考えられる。言い換えれば，「対立の構造」はあらゆる思考や，あらゆる意見産出に含まれる（あるいは，含まれるべき）構造だといえる[48]。ゆえに，対立的論題とはあらゆる論題に含まれている「対立の構造」を抽出，明確化した論題であり，その論題において得られた知見は，他の意見文産出課題においても十分に適用しうるものだと考えられる。したがって，無論，他の論題において本稿の知見が再現されるかどうかを検討することは重要であるものの，対立的論題を用いたこと自体が知見の適用範囲を過度に限定化するという指摘は，本稿の価値を脅かすものとはいえないだろう。

13.4.4 モデルの問題

むしろ，本稿について重要な指摘となるのは，本稿が「意見文スキーマ」と「理由想定」という2つの要因を中心としたモデルを想定しており，その

---

[48] 無論，ここでは全ての論題について賛成・反対といった対立的立場に分かれることが重要だと主張しているわけではない。むしろ，ここでの「対立の構造の必然性・必要性」とは，特定の立場に固執しないために，自分の意見を絶対視するのではなく，対立する意見が存在することを想定することの必要性を指摘するものである。もし，自分の意見に対立する意見を想定したり，認めたりすることができなければ，意見の異なる他者と対話的な意見交流を行うことは実現しないと考えられる。こうした相互行為のプロセスが生まれるためにも，その土台として「対立する立場・意見がある」と想定することは必要不可欠だといえるだろう。

他の要因の影響については検討していないという点である。第2章でも述べたように，マイサイドバイアスは合理的思考や批判的思考と深く関連する現象であり，マイサイドバイアスが思考の開放性や，認知欲求といった合理的思考と深く関連する要因によって予測できる可能性も指摘され始めている（e.g., Toplak et al., 2014）。したがって，こうした要因の影響を考慮した検討を行うことで，本稿の知見はより精緻化できたと考えられる。たとえば，研究1では文章構造が意見文評価に与える影響に個人差があることを明らかにしたが，文章構造の影響を強く（あるいは，弱く）受ける学習者の特徴については検討しておらず，学習者間の変動を説明することができていない。ここで，学習者側の個人差を説明する変数として，上述の合理的思考と関連する変数を扱うことができれば，より精緻なモデルを構築できたかもしれない。

　また，「意見文スキーマ」や「理由想定」に影響を与える要因についても検討を加える必要がある。たとえば，本稿では理由想定に影響を与える要因として立場選択に着目したが，学習活動には学習者個人の動機づけ要因も影響を与えるため（e.g., 上淵, 1995），論題に対する書き手の興味（e.g., Renninger, 2009; Renninger & Hidi, 2011）や価値づけ（e.g., Eccles & Wigfield, 1995）といった要因も理由想定に影響を与える可能性がある。本稿では，参加者がある程度の興味をもって取り組むことのできる論題を選択することで，これらの要因の影響を低減できるよう試みたが，実践を考える上ではこれらの要因についても考慮し，動機づけや自己調整のモデル（Zimmerman, 1989）など，学習活動を説明する理論，モデルと関連づけながらマイサイドバイアスの生起メカニズムのモデルを精緻化する必要があると考えられる。

　このように，本稿で示したモデルにはさらなる検討の余地が多分に残されている。ただし，本稿のモデルはあくまでも「意見文スキーマ」と「理由想定」が意見文産出に与える影響を捉える第一歩として想定したものであり，それだけでマイサイドバイアスの生起メカニズムを十全に説明することができると想定しているわけではない点には留意が必要である。すなわち，本稿

のモデルに他の要因が含まれていないからといって，それは本稿が他の要因の影響を無視して完成形としてのモデルを提案したことを意味しているわけではない。むしろ，本稿のモデルを想定することで学習者の意見文スキーマを修正することや，立場にかかわらず理由を想定するように促すことがマイサイドバイアスの克服に寄与すると示されたことから，今後はそのモデルを基盤としながら，他の要因の影響を加えてモデルを精緻化していくことが必要だと考えられる。そうすることで，意見文産出におけるマイサイドバイアスについてより深い理解を得られるだろう。

　また，こうした観点は目標達成支援介入の効果を検証する上でも重要になると考えられる。たとえば，はじめから合理的思考の能力が高い学習者や，批判的思考態度を有している学習者に対して，目標達成支援介入の効果はさほど高くないかもしれないが，合理的思考能力が低い学習者や，批判的思考態度を有していない学習者に対して，目標達成支援介入はそれらの能力や態度を補う効果を有するかもしれない。こうした介入と学習者特性の適性処遇交互作用は，学習指導や臨床的介入を行う上で考慮すべき重要な問題となる（南風原，2011）。したがって，目標達成支援介入がどのような書き手にとって効果的であるのかという効果の個人差を明らかにしていくことは，学術的にも，実践的にも重要な知見をもたらすと考えられる。ここまでに，3つの観点から本稿の限界や課題を述べてきたが，それらの検討を行う際に，こうした個人差要因へと視野を広げた検討を行うことで，より効果的なマイサイドバイアスの克服支援方法の提案が可能になるだろう。

13.4.5　マイサイドバイアスを克服することの効果を検討する必要性

　本稿では，意見文産出におけるマイサイドバイアスの克服支援方法の提案を目的とした検討を行ってきた。そのため，意見文産出において反論想定や再反論を産出できるようになることまでを検討の範囲としており，そのことが学習者にどのような影響を与えるかについては検討していない。反論想定

とそれに対する再反論は，論題に対する思考を深める上で重要な行為となることが指摘されている（Baron, 1995; Chin & Osborne, 2010; Kuhn, 1991; 2005; Nussbaum & Edwards, 2011; Osborne, 2010; Osborne et al., 2004）。したがって，教育目標としては，反論想定と再反論の産出を単なる意見産出のスキルとして獲得させるのではなく，そうした活動を通して学習者が論題を批判的に捉え，反論を想定しながら立場や主張の正当性を吟味できるようになることまでを目標とするほうが望ましいと思われる。そこで，今後の課題として，マイサイドバイアスを克服することが学習者の思考や態度にどのような影響を与えるかについて検討する必要性が挙げられる。そうすることで，学校教育全体を通した合理的，批判的思考の育成支援と，作文指導におけるマイサイドバイアスの克服支援とを関連づけ，通教科的な包括的議論が可能になると考えられる。

13.5 終わりに

「自分と反対の人がどう思うかを考える」ことや「独りよがりの思考から抜け出す」ことは学業場面のみならず日常生活においても重要である。こうした見解は，国際的にも（e.g., グリフィン・マクゴー・ケア, 2014; OECD, 2013; Rychen & Salganik, 2003），本邦においても共有されており（e.g., 中央教育審議会, 2008; 経済産業省, 2007），学校教育を通した育成が目指されている。しかし，学校教育において実行可能なマイサイドバイアスの克服支援方法については知見が乏しく，マイサイドバイアスという現象の存在自体も，本邦の研究界，実践界には十分に浸透していないと考えられる。だからこそ，作文活動や話し合い活動など，学校教育の中でマイサイドバイアスを克服する機会は多くあったはずであるのに，それが達成されないまま大学生でもマイサイドバイアスが確認され続けてきたのかもしれない。

このような現状は，マイサイドバイアスを克服する必要性が十分に共有さ

れていないことに加え，第1にマイサイドバイアスの生起メカニズムをふまえた効果的な支援方法が提案されていないこと，そして第2に，研究者側が効果的な克服支援方法を提案したとしても，それを学校教育に取り入れる上でいくつかの超えるべきハードルがあり，そのために実践が困難化すること，の2点の問題にも起因すると考えられる。これらの問題は，本稿のみならず，学習に対する介入方法の提案と効果検証を行う教育心理学研究全般に共通する問題だといえるだろう。

そこで本稿では，これらの問題を乗り越えるために，「意見文スキーマ」と「理由想定」という要因に焦点を当て，マイサイドバイアスの生起するメカニズムについて検討するとともに，そこで得た結果から目標達成支援介入を導出し，授業内実験によりその効果検証を行った。また，そのプロセスでは，常に実践者とともにマイサイドバイアスという問題を見つめ，論題や介入の方法を考案し，介入の結果を共に考察するなど，実践者と協働でマイサイドバイアスの克服支援を検討した（その協働のプロセスについては小野田・松村（2016）を参照されたい）。だからこそ，本稿では実証的知見に基づいて，すぐにでも学校教育で実行可能なマイサイドバイアスの克服支援方法を提案できたのだと考えられる。本稿では，マイサイドバイアスの生起メカニズムの一端を明らかにし，効果的なマイサイドバイアスの克服支援方法を提案したが，そうした成果だけでなく，実践者と協働で問題に取り組み，解決方法を探っていくというプロセス自体にも，教育心理学の研究として重要な意味と価値があると筆者は考えている。

ここまでに述べてきたように，本稿には様々な限界点が残されている。したがって，今後もこれまでと同様に実践者の先生と共にそれらの限界点に取り組み，さらなる検討を重ね，学校教育に資する知見を提供し続けていきたい。

引 用 文 献

秋田喜代美(2004). 授業への心理学的アプローチ—文化的側面に焦点をあてて— 心理学評論, 47, 318-331.

秋田喜代美(2007). 教室談話を通したメタ認知機能の育成 心理学評論, 50, 285-296.

Allen, M. (1991). Meta-analysis comparing the persuasiveness of one-sided and two-sided messages. *Western Journal of Speech Communication*, 55, 390-404.

Anderson, R. C., Chinn, C., Waggoner, M., & Nguyen, K. (1998). Intellectually stimulating story discussions. In J. Osborn & F. Lehr (Eds.), *Literacy for all: Issues in teaching and learning* (pp. 170-186). New York: Guilford.

Anderson, R. C., Nguyen-Jahiel, K., McNurlen, B., Archodidou, A., Kim, S., Reznitskaya, A., Tillmanns, M., & Gilbert, L. (2001). The snowball phenomenon: Spread of ways of talking and ways of thinking across groups of children. *Cognition and Instruction*, 19, 1-46.

Baayen, R. H., Davidson, D. J., & Bates, D. M. (2008). Mixed effects modeling with crossed random effects for subjects and items. *Journal of Memory and Language*, 59, 390-412.

Baron, J. (1994). *Thinking and deciding* (2nd ed.). New York: Cambridge University Press.

Baron, J. (1995). Myside bias in thinking about abortion. *Thinking and Reasoning*, 1, 221-235.

Bates D., Maechler M., Bolker B., & Walkers. (2015). Fitting linear mixed-effects models using lme4. *Journal of Statistical Software*, 67, 1-48.

Bereiter, C., & Scardamalia, M. (1987). *The psychology of written composition*. Hillsdale, NJ: Erlbaum.

Bettinghaus, E. P., & Baseheart, R. J. (1969). Some specific factors affecting attitude change. *Journal of Communication*, 19, 27-238.

Bigelow, B. J. (1977). Children's friendships expectations: A cognitive-developmental study. *Child Development*, 48, 246-253.

Chaiken, S. (1980). Heuristic versus systematic information processing and the use of source versus message cues in persuasion. *Journal of Personality and Social*

Psychology, 39, 752-766.
Cheng, P. W., & Holyoak, K. J. (1985). Pragmatic reasoning schemas. *Cognitive Psychology,* 17, 391-416.
Chin, C., & Osborne, J. (2010). Supporting argumentation through students' questions: Case studies in science classrooms. *The Journal of the Learning Sciences,* 19, 230-284.
Cohen, J., & Cohen, P. (1983). *Applied multiple regression / correlation analysis for the behavioral sciences (2nd ed.).* Hillsdale, NJ: Erlbaum Associates.
Cohen, M. & Riel, M. (1989). The effect of distant audience on student's writing. *American Educational Research Journal,* 26, 149-159.
Coirer, P., Andriessen, J., & Chanquoy, L. (1999). From planning to translating: The specificity of argumentative writing. In J. Andriessen & P. Coirier (Eds.), *Foundations of argumentative text processing* (pp.1-28). Amsterdam: Amsterdam University Press.
Cronbach, L. J. (1987). Statistical tests for moderator variables: Flaws in analyses recently proposed. *Psychological Bulletin,* 102, 414-417.
中央教育審議会 (2008). 学士課程教育の構築に向けて http://www.mext.go.jp/b_menu/shingi/chukyo/chukyo4/houkoku/080410.htm (2015. 9. 12)
Damasio, A. R. (1994). *Descarte's error: Emotion, reason, and the human brain.* New York: Grosset / Putnam. (田中三彦 (訳) (2000) 生存する脳―心と脳と身体の神秘―講談社)
Dipboye, R. L. (1977). The effectiveness of one-sided and two sided appeals as a function of familiarization and context. *Journal of Social Psychology,* 102, 125-131.
Duncan, S., & Barrett, L. F. (2007). Affect is a form of cognition: A neurobiological analysis. *Cognition and Emotion,* 21, 1184-1211.
Eccles, J. S., & Wigfield, A. (1995). In the mind of the actor: The structure of adolescents' achievement task values and expectancy-related beliefs. *Personality and Social Psychology Bulletin,* 21, 215-225.
Edwards, D., & Mercer, N. (1987). *Common Knowledge: The Development of Understanding in the Classroom.* Abingdon: Routledge.
Englert, C.S., & Mariage, T.V. (1991). Shared understandings: Structuring the writing experience through dialogue. *Journal of Learning Disabilities,* 24, 330-342.
Ennis, R. (1987). A taxonomy of critical thinking dispositions and abilities. In J. B. Baron & R. J. Sternberg (Eds.), *Teaching thinking skills: Theory and practice* (pp.

9-26). New York: Freeman.

Epley, N. (2008). Solving the (real) other minds problem. *Social and Personality Psychology Compass, 2*, 1455-1474.

Erduran, S., Simon, S., & Osborne, J. (2004). TAPping into argumentation: Developments in the application of Toulmin's argument pattern for studying science discourse. *Science Education, 88*, 915-933.

Fahnestock, J., & Secor, M. (1991). The rhetoric of literary criticism. In C. Bazerman & J. Paradis (Eds.), *Textual dynamics of the professions: Historical and contemporary studies of writing in professional communities* (pp. 74-96). Madison: University of Wisconsin Press.

Ferretti, R. P., Lewis, W. E., & Andrews-Weckerly, S. (2009). Do goals affect the structure of students' argumentative writing strategies? *Journal of Educational Psychology, 101*, 577-589.

Ferretti, R. P., MacArthur, C. A., & Dowdy, N. S. (2000). The effects of an elaborated goal on the persuasive writing of students with learning disabilities and their normally achieving peers. *Journal of Educational Psychology, 92*, 694-702.

Field, A. (2009). *Discovering statistics using SPSS (3rd ed.)*. London: SAGE.

深田博己(1998).心理的リアクタンス理論（3） 広島大学教育学部紀要，第一部（心理学），47, 19-28.

グリフィン, P.・マクゴー, B.・ケア, E.（編）三宅なほみ（監訳）益川弘如・望月俊男(2014). 21世紀型スキル―学びと評価の新たなかたち― 北大路書房.

南風原朝和(2011).量的研究法（臨床心理学を学ぶ7） 東京大学出版会.

南風原朝和(2014).続・心理統計学の基礎 有斐閣.

Haidt, J. (2001). The emotional dog and its rational tail: A social intuitionist approach to moral judgment. *Psychological Review, 108*, 814-834.

Haidt, J. (2007). The new synthesis in moral psychology. *Science, 316* (5827) 998-1002.

Haidt, J. (2012). *The righteous mind*: Why good people are divided by politics and religion. New York: Pantheon.

原岡一馬(1967).メッセージ特性の意見変化に及ぼす遅行効果 佐賀大学教育学部研究論文集, 15, 45-60.

Harris, P., & Nunez, M. (1996). Understanding of permission rules by pre-school children. *Child Development, 67*, 1572-1591.

Hass, R.G. & Linder, D.E. (1972). Counterargument availability and the effects of message structure on persuasion. *Journal of Personality & Social Psychology*, 23, 219-233.

服部雅史(2010). 演繹推論と帰納推論　日本認知心理学会（監修）楠見孝（編）思考と言語（pp. 2-29）　北大路書房.

Hayes, J. (1996). A new framework for understanding cognition and affect in writing. In M. Levy & S. Ransdell（Eds.）, *The science of writing: Theories, methods, individual differences, and applications*（pp. 1-27）. Mahwah, NJ: Erlbaum.

Hayes, J. (2006). New directions in writing theory. In C. A. MacArthur, S. Graham, & J. Fitzgerald（Eds.）, *Handbook of writing research*（pp. 28-40）. New York: Guilford.

Hayes, J. R., & Flower, L. S. (1980). Identifying the organization of writing processes. In L. Gregg & E. R. Steinberg（Eds.）, *Cognitive processes in writing*（pp. 3-30）. Hillsdale, NJ: Erlbaum.

平川秀幸(2010). 科学は誰のものか―社会の側から問い直す―　日本放送出版協会.

平山るみ・楠見孝（2004）．批判的思考態度が結論導出プロセスに及ぼす影響―証拠評価と結論導出課題を用いての検討―　教育心理学研究, 52, 186-198.

Hidi, S., & McLaren, J. (1991). Motivational factors in writing: The role of topic interestingness. *European Journal of Psychology of Education*, 6, 187-197.

樋口裕一（2005). 樋口 裕一の小論文トレーニング―書かずに解ける新方式でいつでもどこでもパワーアップ！（大学受験合格請負シリーズ）―　ブックマン社.

Hock, R. R. (1995). *Forty studies that changed psychology: Explorations into the history of psychological research*. Englewood Cliffs, NJ: Prentice Hall.（ホック・梶川達也・花村珠美（訳）（2007）心理学を変えた40の研究　p. 253　ピアソンエデュケーション）

Holliway, D. R., & McCutchen, D. (2004). Audience perspective in young writers' composing and revising. In L. Allal, L. Chanquoy, & P. Largy（Eds.）, *Revision of written language: Cognitive and instructional processes*（pp. 87-101）. Norwell, MA: Kluwer.

Honaker, J., King, G., & Blackwell, M. (2011). Amelia II: A Program for Missing Data. *Journal of Statistical Software*, 45, 1-47.

本間優子・内山伊知郎（2013). 役割（視点）取得能力に関する研究のレビュー―道徳性発達理論と多次元共感理論からの検討―　新潟青陵学会誌, 6, 97-105.

Hovland, C. I., Lumsdaine, A. A., & Sheffield, F. D. (1949). *Experiments on mass communication*. Princeton, NJ: Princeton University Press.

市川伸一（1997a). 考えることの科学―推論の認知心理学への招待―　中公新書.

市川伸一（1997b）．学生が論文の査読者になるゼミ　赤堀侃司（編）ケースブック―大学授業の技法―　有斐閣選書．

市川伸一（2001）．批判的に読み，自分の主張へとつなげる国語学習　大村彰道（監）秋田喜代美・久野雅樹（編）文章理解の心理学―認知，発達，教育の広がりの中で―北大路書房．

井上尚美（1998）．思考力育成への方略―メタ認知・自己学習・言語論理―　中公新書．

Kahneman, D. (2011). *Thinking, fast and slow*. Farrar, Straus and Giroux, New York.

関西地区FD連絡協議会・京都大学高等教育研究開発推進センター（編）(2013)．思考し表現する学生を育てるライティング指導のヒント　ミネルヴァ書房．

経済産業省（2007）．社会人基礎力　http://www.meti.go.jp/policy/kisoryoku/index.html（2015.3.26）

Kellner, D., & Share, J. (2005). Toward critical media literacy: Core concepts, debates, organizations and policy. *Discourse: Studies in the Cultural Politics of Education*, 26, 369-386.

岸　学（2009）．適切な説明表現を支援するための教授介入　吉田甫，エリック・ディコルテ（著）子どもの論理を活かす授業づくり―デザイン実験の教育実践心理学―127-142. 北大路書房．

Kitchener, K. S., King, P. M., Wood, P. K., & Davison, M. L. (1989). Sequentiality and consistency in the development of reflective judgment: a six-year longitudinal study. *Journal of Applied Developmental Psychology*, 10, 73-95.

Klaczynski, P. A. (2000). Motivated scientific reasoning biases, epistemological beliefs, and theory polarization: a two-process approach to adolescent cognition. *Child Development*, 71, 1347-1366.

Klaczynski, P. A., & Gordon, D. H. (1996). Self-serving influences on adolescent's evaluations of belief-relevant evidence. *Journal of Experimental Child Psychology*, 62, 317-339.

Klayman, J., & Ha, Y. (1987). *Confirmation, disconfirmation, and information in hypothesis testing. Psychological Review*, 94, 211-228.

Knudson, R. E. (1992). The development of written argumentation: An analysis and comparison of argumentative writing at four grade levels. *Child Study Journal*, 22, 167-183.

Kochman, T. (1981). *Black and white styles in conflict*. Chicago: University of Chicago Press.

Kohlberg, L. (1963). The development of children's orientations toward a moral order: I. Sequence in the development of moral thought. *Vita Humana*, 6, 11-33.

Kohlberg, L. (1976). Moral Stages and Moralization. In T. Lickona (Ed.), *Moral Development and Behavior: Theory, Research and Social Issues* (pp. 31-53). New York: Hot, Rinehart and Winston.

久保ゆかり(2008).児童期の感情 上淵寿(編著)感情と動機づけの発達心理学(pp.105-112),ナカニシヤ出版.

Kuhn, D. (1991). *The skills of argument.* Cambridge. England: Cambridge University Press.

Kuhn, D. (2005). *Education for Thinking.* Cambridge, MA: Harvard University Press.

Kuhn, D., Shaw, V., & Felton, M. (1997). Effects of dyadic interaction on argumentive reasoning. *Cognition and Instruction*, 15, 287-315.

楠見孝(2010).批判的思考とは 楠見孝・子安増生・道田泰司(編)批判的思考力を育む―学士力と社会人基礎力の基盤形成―(pp.2-24)有斐閣.

楠見孝・子安増生・道田泰司(2010).批判的思考力を育む―学士力と社会人基礎力の基盤形成― 有斐閣.

Leitão, S. (2000). The potential of argument in knowledge building. *Human Development*, 43, 332-360.

Li, Y., Anderson, R. C., Nguyen-Jahiel, K., Dong, T., Archodidou, A., Kim, I., et al. (2007). Emergent leadership in children's discussion groups. *Cognition and Instruction*, 25, 75-111.

Macpherson, R., & Stanovich, K. E. (2007). Cognitive ability, thinking dispositions, and instructional set as predictors of critical thinking. *Learning and Individual Differences*, 17, 115-127.

Marttunen, M. (1994). Assessing argumentation skills among Finnish university students. *Learning and Instruction*, 4, 175-191.

松本哲・森田諭・山添村立やまぞえ小学校(2011).思考法に着目した実践研究―「新聞記事の読み比べ(国語科)」を通して― 奈良教育大学教職大学院研究紀要「学校教育実践研究」,3,61-71.

松尾剛・丸野俊一(2007).子どもが主体的に考え,学び合う授業を熟練教師はいかに実現しているか―話し合いを支えるグラウンド・ルールの共有過程の分析を通じて― 教育心理学研究,55,93-105.

松尾剛・丸野俊一(2008).主体的に考え,学び合う授業実践の体験を通して,子どもは

グラウンド・ルールの意味についてどのような認識の変化を示すか 教育心理学研究, 56, 104-115.
McCombs, B. L. (1988). Motivational skill training: Affective learning strategies. In C. E. Weinstein, E. T. Goetz, & P. A. Alexander (Eds.), *Learning and study strategies: Issues in assessment, instruction, and evaluation*. San Diego: Academic Press. pp. 141-165.
McCutchen, D. (2006). Cognitive factors in the development of children's writing. In C. A. MacArthur, S. Graham, & J. Fitzgerald (Eds.), *Handbook of writing research* (pp. 115-130). New York: Guilford.
McGuire W. J. (1985). Attitudes and attitude change. In G. Lindzey & E. Aronson (Eds.), *The Handbook of Social Psychology 3rd ed. Vol. 2 Special fields and applications.* (pp. 233-346). New York: Random House.
McNeill, K. L., & Krajcik, J. (2009). Synergy between teacher practices and curricular scaffolds to support students in using domain specific and domain general knowledge in writing arguments to explain phenomena. *Journal of the Learning Sciences*, 18, 416-460.
道田泰司(2010). 良き学習者を目指す批判的思考教育 楠見孝・子安増生・道田泰司（編）批判的思考力を育む―学士力と社会人基礎力の基盤形成―（pp. 187-224）有斐閣.
文部科学省（2008）. 小学校学習指導要領 国立印刷局.
茂呂雄二(1988). なぜ人は書くのか 東京大学出版会.
邑本俊亮(1992). 要約文章の多様性―要約産出方略と要約文章の良さについての検討― 教育心理学研究, 40, 213-223.
村山 航(2003). 学習方略の使用と短期的・長期的な有効性の認知との関係 教育心理学研究, 51, 130-140.
Murayama, K., Sakaki, M., Yan, V. X., & Smith, G. M. (2014). Type-1 error inflation in the traditional by-participant analysis to metamemory accuracy: A generalized mixed-effects model perspective. *Journal of Experimental Psychology: Learning, Memory, and Cognition*, 40, 1287-1306.
Mynatt C.R., Doherty, M.E., & Tweney, R.D. (1977). Confirmation bias in a simulated research environment: An experimental study of scientific inference. *Quarterly Journal of Experimental Psychology*, 29, 85-95.
Mynatt C.R., Doherty, M.E., & Tweney, R.D. (1978). Consequences of confirmation and

disconfirmation in a simulated research environment. *Quarterly Journal of Experimental Psychology*, 30, 395-406.

内閣府(2014). 青少年のインターネット利用環境実態調査 http://www8.cao.go.jp/youth/youth-harm/chousa/net-jittai_list.html(2015. 9.12)

難波博孝(2008). 国語教育とメタ認知 現代のエスプリ, 497, 192-201.

Nolen, S. B., & Haladyna, T. M. (1990). Personal and environmental influences on students'beliefs about effective study strategies. *Contemporary Educational Psychology*, 15, 116-130.

Nussbaum, E. M. (2008). Using argumentation vee diagrams (AVDs) for promoting argument/counterargument integration in reflective writing. *Journal of Educational Psychology*, 100, 549-565.

Nussbaum, E. M. (2011). Argumentation, dialogue theory, and probability modeling: Alternative frameworks for argumentation research in education. *Educational Psychologist*, 46, 84-106.

Nussbaum, E. M., & Edwards, O. V. (2011). Critical questions and argument stratagems: A framework for enhancing and analyzing students' reasoning practices. *The Journal of the Learning Sciences*, 20, 443-488.

Nussbaum, E. M., & Kardash, C. M. (2005). The effects of goal instructions and text on the generation of counterarguments during writing. *Journal of Educational Psychology*, 97, 157-169.

OECD (2013). Draft Collaborative Problem Solving Framework. http://www.oecd.org/pisa/pisaproducts/pisa2015draftframeworks.htm (2015.9.12)

岡田猛・横地早和子(2010). 科学と芸術における創造 日本認知心理学会(監修)楠見孝(編)思考と言語(pp. 161-188) 北大路書房.

O'Keefe, D. J. (1999). How to handle opposing arguments in persuasive messages: A meta-analytic review of the effects of one-sided and two-sided messages. In M. E. Roloff (Ed.), *Communication yearbook*, 22, 209-249. Thousand Oaks, CA: Sage.

O'Keefe, D. J. (2004). Trends and prospects in persuasion theory and research. In J.S. Seiter and R. H. Gass (Eds.), *Perspectives on persuasion, social influence, and compliance gaining* (pp.31-43). Boston: Person/Allyn and Bacon.

小野田亮介(2012). 初等教育において習慣化可能な作文課題および実施方法の検討—リレー作文を使用して— 教育心理学研究, 60, 402－415.

小野田亮介(2014). 説得対象者の差異が校則に関する児童の意見文産出に与える影響

―社会的領域理論における領域調整の観点から―　発達心理学研究, **25**, 367-368.
小野田亮介(2015a).児童の意見文産出におけるマイサイドバイアスの低減-目標提示に伴う方略提示と役割付与の効果に着目して-　教育心理学研究, **63**, 121-137.
小野田亮介(2015b).対立的論題における立場選択が理由の産出とその評価に与える影響-反論の産出に着目して-　読書科学, **57**, 35-46.
小野田亮介(2015c).意見文産出における目標達成支援介入の効果とその個人差の検討-意見文産出に対する書き手の期待・価値に着目して-　読書科学, **57**, 63−74.
小野田亮介(2015d).討論活動における児童の聴き方と発話内容の関連―賛成論と反論に対する聴き方の偏りに着目して―　発達心理学研究, **26**, 358−370.
小野田亮介・松村英司(2016).低学年児童を対象とした意見文産出指導―マイサイドバイアスの克服に焦点を当てた実践事例の検討―　教育心理学研究, **64**, 407−422.
Onoda, R., Miwa, S., & Akita, K. (2015). Highlighting effect: The function of rebuttals in written argument. *Proceedings of the EuroAsianPacific Joint Conference on Cognitive Science*, 175-180.
小野田亮介・篠ヶ谷圭太(2014).リアクションペーパーの記述の質を高める働きかけ―学生の記述に対する授業者応答の効果とその個人差の検討―　教育心理学研究, **62**, 115−128.
小野田亮介・鈴木雅之(2017).アーギュメント構造が説得力評価に与える影響―論題と評価方法に着目して―　教育心理学研究, **65**, 433-450.
Osborne, J. (2010). Arguing to learn in science: The role of collaborative, critical discourse. *Science*, **328**, 463-466.
Osborne, J., Erduran, S., & Simon, S. (2004). Enhancing the quality of argument in school science. *Journal of Research in Science Teaching*, **41**, 994-1020.
小塩真司(2011).SPSSとAmosによる心理・調査データ解析（第2版）　東京図書.
Palincsar, A. S., & Ladewski, B. G. (2006). Literacy and the learning sciences. In The R. K. Sawyer (Ed.), *Cambridge handbook of the learning sciences* (pp.299-315). Cambridge, U.K.: Cambridge University Press.
Papageorgis D. (1963). Bartlett effect and the persistence of induced opinion change. *Journal of Abnormal and Social Psychology*, **67**, 6-67.
Paul, R. P., & Elder, L. (2001). *The miniature guide to critical thinking*. Santa Rosa, CA: Foundation for Critical Thinking (www.criticalthinking.org).
Perkins, D. N. (1985). Postprimary education has little impact on informal reasoning. *Journal of Educational Psychology*, **77**, 562-571.

Perkins, D. N. (1989). Reasoning as it is and could be: An empirical perspective. In D. M. Topping, D. C. Crowell, & V. N. Kobayashi (Eds.), *Thinking across cultures: The third international conference on thinking* (pp.175-194). Hillsdale, NJ: Erlbaum.

Perkins, D. N., Farady, M., & Bushey, B. (1991). Everyday reasoning and the roots of intelligence. In J. Voss, D. N. Perkins, & J. Segal (eds.), *Informal reasoning* (pp. 83-105). Hillsdale, NJ: Lawrence erlbaum.

Perner, J., & Wimmer, H. (1985). John thinks that Mary thinks that…: Attribution of Second-order biliefs by 5- to10-year old children. *Journal of Experimental Child Psychology*, 39, 437-471.

Petty, R. E., & Cacioppo, J. (1986). The elaboration likelihood model of persuasion. In L. Berkowitz (Ed.), *Advances in experimental social psychology* (pp. 123-205). San Diego, CA: Academic Press.

Popper, K. R. (1959). *The logic of scientific discovery*. New York: Routledge.

Qin, J. & Karabacak, E. (2010). The analysis of Toulmin elements in Chinese EFL university argumentative writing. *System*, 38, 1-13.

Renninger, K. A. (2009). Interest and identity development in instruction: An inductive model. *Educational Psychologist*, 44, 105-118.

Renninger, K. A., & Hidi, S. (2011). Revisiting the conceptualization, measurement, and generation of interest. *Educational Psychologist*, 46, 168-184.

Reznitskaya, A., & Anderson, R. C. (2002). The argument schema and learning to reason. In C. C. Block & M. Pressley (Eds.), *Comprehension-instruction: Research-based best practices* (pp. 319-334). New York, NY: Guilford.

Reznitskaya, A., Anderson, R. C., McNurlen, B., Ngyuen-Jahiel, K., Archodidou, A., & Kim, S. (2001). Influence of oral discussion on written argument. *Discourse Processes*, 32, 155-175.

Rohman, D. G. (1965). Pre-writing: The stage of discovery in the writing process. *College Composition and Communication*, 16, 106-112.

Rosenthal R, Rosnow R, & Rubin D, B (2000). *Contrasts and effect sizes in behavioral research: a correlational approach*. Cambridge: Cambridge University Press.

Rychen, D. S., & Salganik, L. H. (2003). *Key competencies for a successful life and a well-functioning society*. Göttingen, Germany: Hogrefe & Huber Publishers.

崎濱秀行(2013). 文章産出スキル育成の心理学　ナカニシヤ出版.

Sandel, M. (2009). *Justice: What's the right thing to do*. New York: Farrar, Straus and

Giroux.

佐藤　純(1998). 学習方略の有効性の認知・コストの認知・好みが学習方略の使用に及ぼす影響　教育心理学研究, 46, 367-376.

Selman, R. (1976). Social-cognitive understanding. In T. Lickona (Ed.), *Moral development and behavior: Theory, research, and social issues* (pp.299-316). New York: Holt, Rinehart & Winston.

島袋恒男・廣瀬等・井上厚(1996). 沖縄県の児童・生徒の将来の職業選択とその関連要因に関する研究　琉球大学教育学部紀要, 49, 189-199.

進藤聡彦・麻柄啓一・伏見陽児（2006）．誤概念の修正に有効な反証事例の使用方略－－「融合法」の効果－　教育心理学研究, 54, 162-173.

清道亜都子（2010). 高校生の意見文作成指導における「型」の効果　教育心理学研究, 58, 361-371.

Smagorinsky, P., & Mayer R. E. (2014). Learning to be literate. In R. K. Sawyer (Ed.), *The Cambridge handbook of the learning sciences second edition* (pp. 605-625). New York, NY: Cambridge University Press.

Sokol-Hessner, P., Hsu, M., Curley, N. G., Delgado, M. R., Camerer, C. F., & Phelps, E. A. (2009). Thinking like a trader selectively reduces individuals' loss aversion. *Proceedings of the National Academy of Sciences*, USA, 106, 5035-5040.

Soley, L. C. (1986). Copy Length and industrial advertising readership. *Industrial Marketing Management*, 15, 245-251.

Stapleton, P. (2001). Assessing critical thinking in the writing of Japanese university students. *Written Communication*, 18, 506-548.

Stein, N. L. & Bernas, R. (1999). The early emergence of argumentative knowledge and skill. In J. Andriessen & P. Coirier (Eds.), *Foundations of argumentative text processing* (pp.97-116). Amsterdam: Amsterdam University Press.

鈴木宏昭(2009). 学びあいが生みだす書く力─大学におけるレポートライティング教育の試み─　丸善出版.

田中優子・楠見　孝(2007). 批判的思考の使用判断に及ぼす目標と文脈の効果　教育心理学研究, 55, 514-525.

Tetlock, P. E. (1992). The impact of accountability on judgment and choice: Toward a social contingency model. In *Advances in Experimental Social Psychology* (Vol. 24, pp. 331-376). New York: Academic Press.

寺井正憲・成家亘宏（編）（2008）．いま身につけさせたい「言葉の力」と指導の実際

図書文化社.

Tobias, S. (1994). Interest, prior knowledge, and learning. *Review of Educational Research*, 64, 37-54.

戸田山和久(2002).知識の哲学　産業図書.

戸田山和久(2011).「科学的思考」のレッスン―学校で教えてくれないサイエンス― NHK出版.

富田英司・丸野俊一(2004).思考としてのアーギュメント研究の現在　心理学評論, 47, 187-209.

Topcu, M. S., Sadler, T. D., & Yilmaz-Tuzun, O. (2010). Preservice science teachers' informal reasoning about socioscientific issues: The influence of issue context. *International Journal of Science Education*, 32, 2475-2495.

Toplak, M. E., & Stanovich, K. E. (2003). Associations between myside bias on an informal reasoning task and amount of post-secondary education. *Applied Cognitive Psychology*, 17, 851-860.

Toplak, M. E., West, R. F., & Stanovich, K. E. (2014). Rational thinking and cognitive sophistication: Development, cognitive abilities, and thinking dispositions. *Developmental Psychology*, 50, 1037-1048.

Toulmin, S. E. (1958). *The Uses of Arguments*. Cambridge, England, Cambridge University Press.

Toulmin, S. E. (2003). *The uses of argument* (2nd ed.). New York, NY: Cambridge University Press.(スティーヴン・トゥールミン　戸田山和久・福澤一吉（訳）(2011). 議論の技法－トゥールミンモデルの原点－東京図書)

上淵　寿(1995).達成目標志向性が教室場面での問題解決に及ぼす影響　教育心理学研究, 43, 392-401.

Vosniadou, S., & Brewer, W. F. (1992). Mental models of the earth: A study of conceptual change in childhood. *Cognitive Psychology*, 24, 535-585.

Wason, P. (1960). On the failure to eliminate hypotheses in a conceptual task. *Quarterly Journal of Experimental Psychology*, 12, 129-140.

Wason, P. (1969). Regression in reasoning? *British Journal of Psychology*, 60, 471-480.

Wentzel, K. R. (1994). Relations of social goal pursuit to social acceptance, classroom behavior, and perceived social support. *Journal of Educational Psychology*, 86, 173-182.

Westfall, J., Kenny, D. A., & Judd, C. M. (2014). Statistical power and optimal design in experiments in which samples of participants respond to samples of stimuli. *Journal of Experimental Psychology: General*, 143, 2020-2045.

Wolfe, C. R. (2012). Individual differences in the "Myside bias" in reasoning and written argumentation. *Written Communication*, 29, 477-501.

Wolfe, C. R., & Britt, M. A. (2008). Locus of the myside bias in written argumentation. *Thinking & Reasoning*, 14, 1-27.

Wolfe, C. R., Britt, M. A., & Butler, J. A. (2009). Argumentation schema and the myside bias in written argumentation. *Written Communication*, 26, 183-209.

Wood, W., Kallgren, C. A., & Preisler, R. M. (1985). Access to attitude-relevant information in memory as a determinant of persuasion: The role of message attributes. *Journal of Experimental Social Psychology*, 21, 73-85.

Zimmerman, B. J. (1989). A social cognitive view of self-regulated academic learning. *Journal of Educational Psychology*, 81, 329-339.

初 出 一 覧

本稿に収録した成果の一部は，下記の論文において発表した。

第4章
小野田亮介・鈴木雅之 (2017). アーギュメント構造が説得力評価に与える影響―論題と評価方法に着目して― 教育心理学研究, 65, 433-450.

第5章
Onoda, R., Miwa, S., & Akita, K. (2015). Highlighting effect: The function of rebuttals in written argument. *Proceedings of the EuroAsianPacific Joint Conference on Cognitive Science*, 175-180.

第8章
小野田亮介 (2015b). 対立的論題における立場選択が理由の産出とその評価に与える影響―反論の産出に着目して― 読書科学, 57, 35-46.

第10章
小野田亮介 (2015c). 意見文産出における目標達成支援介入の効果とその個人差の検討―意見文産出に対する書き手の期待・価値に着目して― 読書科学, 57, 63-74.

第11章
小野田亮介 (2014). 説得対象者の差異が校則に関する児童の意見文産出に与える影響―社会的領域理論における領域調整の観点から― 発達心理学研究, 25, 367-368.

第12章
小野田亮介 (2015a). 児童の意見文産出におけるマイサイドバイアスの低減―目標提示に伴う方略提示と役割付与の効果に着目して― 教育心理学研究, 63, 121-137.

小野田亮介 (2015b). 対立的論題における立場選択が理由の産出とその評価に与える影

響─反論の産出に着目して─　読書科学, **57**, 35-46.

付　録

本文では記載できなかった実験材料を記載する。

付録1：研究1で用いたターゲット文章の主張部分

- テレビは子どもの肥満問題の一因になっている
- ポルノグラフィーは違法とすべきではない
- 同性愛者の権利を守るための特別な差別撤廃法案が必要だ
- 死刑制度は廃止されるべきである
- 暴力的な表現を含むテレビゲームを，未成年者に売るべきではない
- 学校では，音楽教育に使う時間を増やすべきだ。
- 性的な描写を含む番組は，夜の9時以降にのみ放送するべきだ
- 小学生には，あまり宿題を与えるべきではない
- 動物実験は禁止すべきだ
- 日本の学生は，第二外国語を必修として学ぶべきだ
- 私たちはフィクションの小説を読む時間をもっと確保するべきだ
- プロ野球選手の年俸に上限を設けるべきだ
- ソフトウェア会社はコンピュータウイルスの排除に責任を持つ必要がある
- テロ対策では，無作為に選んだ一部の航空客対象の検査を行うなど，テロリストが予測できない要素を含むべきだ。
- 高校生はアルバイトをするべきではない
- 「相棒」がテレビ番組の中で一番良い番組だ
- 9月から授業を始める大学が多くなるべきだ
- 噛みたばこは禁止されるべきだ。

付録2：研究1で用いたターゲット文章例（再反論文）

【9月入学】
　「9月から授業を始める大学が多くなるべきだ。なぜなら，現代のグローバル社会では，より一層高い教養を身につけた労働力が必要とされているからである。たしかに，夏休みは学業達成が不十分な点を補う機会になり，夏休みを短くすると学業達成が阻害されるという意見もある。しかし，多くの大学生は，夏休みを学業的なことには使っていない。だから，9月開始の大学が広まるべきだ。」

【暴力的なテレビゲーム】
　「暴力的な表現を含むテレビゲームを，未成年者に売るべきではない。なぜなら，それらは想像の世界と現実の世界を十分に区別できない子どもを暴力的にするからだ。たしかに，テレビの暴力シーンを見てもほとんどの子どもたちは悪影響を受けないため，暴力シーンにさらされることは，必ずしも悪い結果をもたらすわけではないという意見もある。しかし，暴力の影響は，例えば子どもが人の痛みに鈍感になるなどの気づきにくいものであることもあり，深刻な問題であってもすぐに顕在化するわけではない。だから，暴力的な表現を含むテレビゲームを，未成年者に売るべきではない。」

【宿題】
　「小学生には，あまり宿題を与えるべきではない。なぜなら，宿題は家族交流の時間を減らすからだ。たしかに，学習スキルは実際の学習を通してしか伸びず，宿題をする子どもは学力テストで良い成績をとる傾向にあるため，宿題は必須だという意見もある。しかし，学校には学習スキルを伸ばすための時間が十分にあり，多くの宿題は必要にならない。だから，小学生には，あまり宿題を与えるべきではない。」

【読書】
　「私たちはフィクションの小説を読む時間をもっと確保するべきだ。なぜなら，読書を楽しむことによって，私たちは自由に使える語彙の数を増やすことが出来るからだ。たしかに，空想上の物語よりも，現実世界を体験できるノンフィクションの方を読むべきだという意見もある。しかし，ノンフィクションはしばしば面白みに欠け，読者の興味をかきたてることができない。だから，私たちはフィクションの小説を読む時間をもっと確保するべきだ。」

【ドラマ】

「『相棒』はテレビ番組の中で一番良い番組だ。なぜなら，たくさんの賞をとっているからである。たしかに，バラエティー番組のように，笑いを提供する番組がテレビでは一番だという意見もある。しかし，多くのバラエティー番組は似たり寄ったりで，飽き飽きしたおきまりの流れで進むことも多い。だから，『相棒』がテレビ番組の中で一番良い番組だ。」

付録3：研究2の遅延評価課題におけるTrue文とFalse文例

【9月入学】
〈True文〉
「グローバル社会では，より一層高い教養を身につけた労働力が必要とされている」
「多くの大学生は，夏休みを学業的なことには使っていない」
〈False文〉
「優秀な留学生を入学させるためにも，大学の9月入学は必要だ」
「日本の大学の力を高めるためには，9月入学にする必要がある」

【暴力的なテレビゲーム】
〈True文〉
「暴力的なTVゲームは，想像の世界と現実の世界を十分に区別できない子どもを暴力的にする」
「暴力的なTVゲームの影響は，子どもが人の痛みに鈍感になるなどの気づきにくいものであることもあり，深刻な問題であってもすぐに顕在化するわけではない」
〈False文〉
「暴力的なTVゲームの影響は，遊びの中に現れる」
「暴力的なTVゲームはますます増加しており，その影響も少しずつ現れ始めている」

【読書】
〈True文〉
「読書を楽しむことによって，自由に使える語彙の数を増やすことができる」
「ノンフィクションはしばしば面白みに欠け，読者の興味をかきたてることができない」
〈False文〉
「フィクションの小説を読むことで，現実世界では体験できないことも体験できるようになる」
「想像力を育む上では，ノンフィクションの小説よりもフィクションの小説を読む方が効果的だ」

【死刑】

〈True文〉

「DNA鑑定などに代表される新しい科学的手法によって，無実の罪で死刑になった人が多くいることが判明している」

「殺人事件の多くは制御できない一時の気持ちの高ぶりから生じる，衝動的な犯行である」

〈False文〉

「死刑制度があったとしても，犯罪の数は減らないだろう」

「死刑を恐れて犯罪をやめるような人は，そもそも犯罪を犯すことがないため，死刑制度は犯罪を抑止しない」

謝　　辞

　本稿は，東京大学大学院教育学研究科に受理された博士学位論文（平成27年度）に加筆修正を行ったものです。本稿の執筆と刊行にあたり，多くの方々のご指導，ご協力を賜りました。

　本稿の完成には，研究へのご協力を快くお引き受けくださった先生方のご助言，ご指導が欠かせませんでした。学校の校長先生をはじめ，授業を見せていただいた先生方，私が提案する指導方法にコメントをくださり，それを実践してくださった先生方に深く感謝申し上げます。先生方がいなければ「いつもの授業で」「いつもの先生」が指導を行う授業内実験は，本稿の中心的なアプローチになり得ませんでした。今後も，先生方にご意見を頂きながら，より良い教育の在り方を考え続けていきます。誠にありがとうございました。

　また，課題に取り組んでいただいた子どもたちにも，心から感謝致します。一生懸命に文章を書く姿，せっかく書いた文章を一気に消して悩む姿，自分の書いた文章を他者に読まれるときの複雑な表情は，研究の新たなアイデアを提供してくれると同時に，人が人に意見を伝えることの難しさや，価値を考えさせてくれました。彼らの生き生きとした反応がなければ，本稿の研究は前進しなかったと思います。ありがとうございました。

　本稿の執筆に際し，修士課程からご指導頂いた秋田喜代美先生に，心より感謝を申し上げます。先生には，学校教育における実践との関わり方から，研究者としての視点の持ち方まで，教育心理学者としての基礎を教えていただきました。多くの実践者の方々と関わりながら本稿を完成させられたのは，先生の後ろ姿をみて進んで来ることができたためだと感じております。本当にありがとうございました。

博士学位論文の審査では，東京大学大学院教育学研究科の市川伸一先生，南風原朝和先生，藤村宣之先生，藤江康彦先生に大変お世話になりました。研究の不足点や改善点だけでなく，私自身も気づいていなかった本稿の価値や，今後の研究展開につながる重要なご指摘を頂いたことは私の財産です。その他にも，東京大学大学院教育学研究科教育心理学コースの先生方からは，大変多くのご指導，ご助言を頂きました。論文検討会で先生方から降り注ぐ「素朴な」質問の鋭さからは，本質を見失わないことの重要性を実感することができました。振り返ると，その鋭さを噛みしめることで，少しずつ成長できたのだと思います。そうした素晴らしい環境に身をおけたことは，とても幸せなことであり，私の誇りです。誠にありがとうございました。

　公私にわたってお世話になった秋田研究室の皆様にも感謝申し上げます。研究結果に対して一喜一憂を繰り返す私でしたが，適度な放置とケアにより，とても楽しく研究生活を送ることができました。また，教育心理学コースの仲間にも大変お世話になりました。「この人がいなければ本稿は完成しなかっただろう」という先輩・後輩の顔が次々に浮かんできます。特に，「若手動機づけ勉強会」でお世話になった篠ヶ谷圭太さん，深谷達史さん，論文の書き方や分析方法について何度も相談に乗っていただいた宇佐美慧さん，鈴木雅之さんには大変お世話になりました。卒業後も，会えばすぐ昔に戻って楽しく過ごせる大学院の方々は，私にとってかけがえのない存在です。

　研究活動の遂行にあたっては，独立行政法人日本学術振興会科学研究費補助金（特別研究員奨励費）を頂戴しました。本稿の刊行にあたっては，独立行政法人日本学術振興会平成29年度科学研究費助成事業（科学研究費補助金）（研究成果公開促進費　課題番号17HP5191）より補助を頂きました。心より感謝申し上げます。また，風間書房の風間敬子社長，斉藤宗親さんには，私の我が儘な要望にお応えいただき，大変お世話になりました。誠にありがとうございました。

　最後に，いつも私を支えてくれた家族に感謝します。興味先行でやりたい

ことを全部やりたい私は,普通よりはるかに遠回りして大学院に入りました。そんな私を理解し,ゆっくり見守ってくれる家族がいたからこそ,安心して研究を進められたのだと思います。言葉に尽くせぬほどの感謝の思いがあります。本当にありがとう。研究と教育の実践に真摯に取り組み,貢献することで恩返しできるよう邁進していきます。

2017年11月

小野田　亮介

<著者略歴>

小野田　亮介（おのだ　りょうすけ）

2009年	明治大学文学部　卒業
2011年	東京学芸大学大学院教育学研究科　修士課程修了
2013年	東京大学大学院教育学研究科　修士課程修了
2016年	東京大学大学院教育学研究科　博士課程修了，博士（教育学）
	立教大学大学教育開発・支援センター　学術調査員
2017年	山梨大学大学院総合研究部　准教授
	現在に至る

意見文産出におけるマイサイドバイアスの生起メカニズム
――その克服支援方法の検討――

2018年2月15日　初版第1刷発行

　　　　　　著　者　　小野田　亮　介
　　　　　　発行者　　風　間　敬　子
　　発行所　　株式会社　風　間　書　房
　　〒101-0051　東京都千代田区神田神保町1-34
　　　　　　電話03(3291)5729　FAX 03(3291)5757
　　　　　　振替00110-5-1853

　　　　　印刷　藤原印刷　　製本　井上製本所

©2018　Ryosuke Onoda　　　　　NDC分類：140
ISBN978-4-7599-2201-1　　Printed in Japan

[JCOPY]〈(社)出版者著作権管理機構　委託出版物〉
本書の無断複製は，著作権法上での例外を除き禁じられています。複製される場合はそのつど事前に，(社)出版者著作権管理機構（電話03-3513-6969，FAX 03-3513-6979, e-mail: info@jcopy.or.jp）の許諾を得て下さい。